영화로 만나는 현대중국

아시아총서 06

영화로 만나는 현대중국

초판 1쇄 펴낸날 2012년 2월 27일

지은이 곽수경 외
펴낸이 강수걸
펴낸곳 산지니
등록 2005년 2월 7일 제14-49호
주소 부산광역시 연제구 거제1동 1498-2 위너스빌딩 203호
전화 051-504-7070 | **팩스** 051-507-7543
sanzini@sanzinibook.com
www.sanzinibook.com

ISBN 978-89-6545-172-3 94680

* 책값은 뒤표지에 있습니다.
* 이 도서의 국립중앙도서관 출판시도서목록(CIP)은
e-CIP 홈페이지(http://www.nl.go.kr/cip.php)에서 이용하실 수 있습니다.
(CIP 제어번호 : CIP 2012000682)

아시아총서 06

영화로 만나는
현대중국

곽수경 엮고 씀

김명석 | 김언하 | 김태만 | 김효영 | 박재형
박춘식 | 우강식 | 이시활 | 정원호 함께 씀

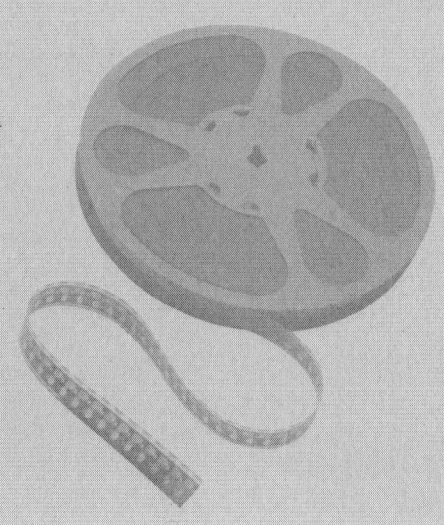

산지니

영화는 현대사회에서 가장 영향력 있는 대중문화이자 매체의 하나가 된 지 이미 오래다. 그에 따라 학계에서도 많은 연구자들이 영화에 대해 관심을 가지고 영화를 학문의 대상이나 교육의 수단으로 삼는 경향이 늘어나고 있다. 중국학 분야에서도 이런 경향은 마찬가지다. 이에 개별 연구자들의 관심을 공유하고 학문적으로 접근해보자는 생각을 하게 되었다. 그리하여 2009년 12월, 부산 등 근교지역의 일부 중국영화 연구자들과 중국영화에 관심을 가지고 있는 연구자들을 중심으로 '중국영화공부모임'을 꾸리게 되었다. 월례발표와 토론회의 형태로 이루어지던 모임은 올해부터 '중국영화포럼-부산'으로 재정비하면서 좀 더 활발하고 다양한 활동을 준비 중이다.

이 책은 이런 배경하에서 탄생했다. 즉 '중국영화포럼-부산'의 구성원들이 지난 2년여의 시간 동안 축적한 학습 성과를 중국영화에 관심을 가지고 있는 학생이나 일반대중과도 함께 할 수 있는 방법은 없을까 고민했고, 먼저 중국영화를 매개로 중국사회를 이해할 수 있는 책을 집필하기로 했던 것이다.

책을 기획하면서 몇 가지 원칙을 세웠는데, 영화를 매개로 했다는 것은 어차피 쉽고 재미있게 주제에 접근하겠다는 것이므로 최대한 쉽게 써야 한다는 것과, 대상으로 삼을 영화는 반드시 쉽게 구할 수 있고 비교적 최근의 작품이며 재미있어야 한다는 것이었다. 물론 시대를 초월한 좋은 영화, 중국을 전형적으로 이해할 수 있는 영화는 이런 원칙을 고집하지는 않았다.

이 책은 크게 세 부분으로 나뉘어 있다. 중국현대사, 개혁개방과 사회, 대중문화가 그것으로, 역사, 경제, 정책, 사회, 문화를 골고루 이해할 수 있게 기획했다. 제1부에서 〈인생〉은 아주 재미있게 1940년대부터 1970년대 말까지 중국현대사의 윤곽을 그려낼 수 있는 영화이다. 이 영화를 통해 중국현대사의 전체적인 틀을 이해한 다음 〈건국대업〉을 보면 중화인민공화국의 건국 과정을 더 자세히 이해할 수 있을 것이다. 〈티벳에서의 7년〉은 중국영화가 아닌 서양인 감독이 찍은 영화이다. 그럼에도 불구하고 이 영화를 선정한 이유는 소수민족과 중국정부의 관계를 이해할 수 있는 중국영화를 찾기가 쉽지 않은 데다가 중국에 대한 서방세계의 시각을 이해하는 것도 좋을 것이기 때문이었다. 그리고 〈첨밀밀〉에서 중국대륙과 홍콩의 관계를 통해 중국은 소수민족을 포함한 중국대륙만이 아니라 홍콩과 마카오, 그리고 타이완과 화교까지 아울러야 완성된다는 점을 설명하고자 했다.

제2부는 주로 개혁개방정책으로 인한 사회의 변화와 그것의 사각지대에 놓인 사람들, 문제점, 사회 정책 등을 이해할 수 있도록 구성했다. 먼저 〈플랫폼〉은 개혁개방 이후 변화하는 중국사회에서 방황하는 젊은이들을 다룬 영화로, 이 영화를 통해 개혁개방의 윤곽을 그려볼 수 있다. 〈책상서랍 속의 동화〉와 〈북경자전거〉는 개혁개방

이 가져온 그늘을 다룬 영화로, 각각 교육과 농민공 문제를 다루었다. 〈입춘〉에서는 농민공 문제의 배경이 되는 호구문제를 설명하고 있다. 〈대지진〉에서는 인구문제를 다루었는데 산아제한정책과 현대화로 인해 초래된 가족관계, 그리고 정부의 입장을 이해할 수 있을 것이다.

제3부에서는 대중문화를 다루었다. 〈천하무적〉을 통해 1990년대 이후 급격하게 변화를 가져온 대중문화와 중국영화계의 경향을 전반적으로 이해할 수 있다. 〈동사서독〉은 중국의 고유한 장르이자 현대에도 여전히 사랑을 받고 있는 무협문화에 대한 이해를 도와준다. 〈공자〉를 통해 전 세계적으로 공자학원을 설립하고 공자평화상을 제정하는 등 공자를 전면에 내세우고 있는 중국정부의 의도를 이해할 수 있을 것이다.

이처럼 이 책에서는 한 편의 영화에 대해 하나의 주제를 중심으로 중국을 설명하고 있지만 또 다른 각도에서 영화를 본다면 중국의 또 다른 측면도 이해할 수 있을 것이다. 더욱이 각 글 마지막에 해당 주제와 관련된 다른 영화들을 추천해두었으므로 언급된 영화들을 함께 보면 더욱 많은 것을 이해할 수 있을 것이다.

부디 이 책이 영화를 좋아하고 중국을 이해하고자 하는 독자들에게 도움이 되기를 바란다. 아울러 선뜻 출판을 허락해주신 산지니 대표님, 빠듯한 일정에 휴일도 없이 작업을 해주신 편집부에 감사드린다.

2012년 2월
저자들을 대표해서 곽수경 씀

| 차례 |

머리말

제1부 중국현대사와 중화의 형성

제2부 개혁개방과 현대사회

제3부 대중문화와 전통의 소환

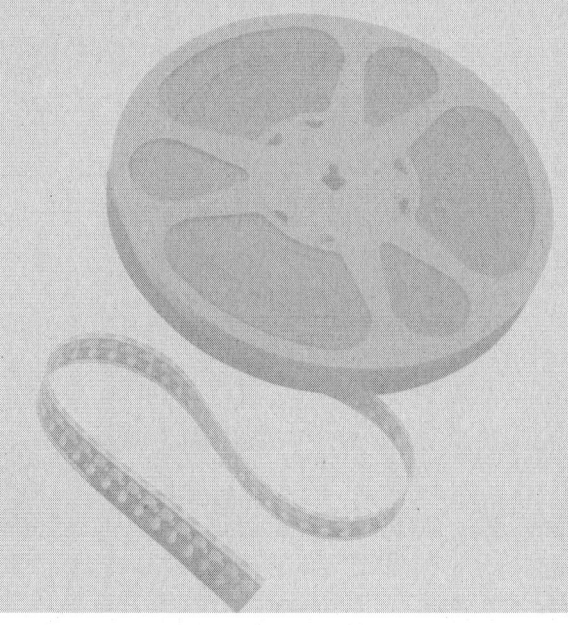

1
중국현대사와
중화의 형성

중국현대사

인생 活着
(張藝謀, 1994)

김 언 하

1. 한 개인의 가족사와 중국현대사의 절묘한 조응

영화 〈인생活着〉은 장이머우(張藝謀) 감독이 1994년에 만든 작품이다. 장이머우는 이 영화로 1994년 칸영화제에서 심사위원대상과 박애주의상을 받았으며, 주연배우 거유(葛優)는 남우주연상을 수상했다. 하지만 중국에서는 오랫동안 상영금지 처분을 받아 정작 중국인들은 이 영화를 관람할 기회가 없었다. 세계 3대 영화제 가운데 하나인 칸영화제에서 높은 평가를 받은 것과 중국 내에서 상영금지 처분을 받은 것은, 이 영화가 지닌 양면적 속성을 가늠하게 해준다. 즉, 영화 〈인생〉에는 서유럽의 예술영화 심사위원에게는 호감을, 반대로 중국의 영화 검열당국에게는 반감을 불러일으킬 요소가 들어 있었다는 말이다. 물론 장이머우의 영화가 이런 곤경에 처한 것은 이

번이 처음은 아니었다. 장이머우 감독의 〈인생〉에 대한 평가가 이처럼 상반되는 이유는 여러 가지를 들 수 있겠지만, 무엇보다 먼저 영화 자체가 지니고 있는 요소에 주목할 필요가 있다.

〈인생〉은 부잣집 망나니로 살아가던 푸구이(福貴)라는 인물의 가족사를 1940년대에서 1980년대에 이르는 격동의 중국 현대사를 배경으로 그린 작품이다. 1940년대의 국공내전(國共內戰), 1950년대의 대약진운동(大躍進運動), 1960년대의 문화대혁명(文化大革命), 1970년대 말부터 시작된 사회주의 신시기(社會主義新時期)라는 굵직굵직한 시대배경이 영화에서는 '40년대', '50년대', '60년대', '이후…'라는 간단한 표제어와 함께 스크린에 등장한다. 이처럼 푸구이의 가족사를 중국의 현대사라는 배경과 연관 지어 그리고 있다는 점에서, 이 영화는 관객으로 하여금 한 개인의 가족사의 희비극을 보면서 그 배경에 있는 사회사의 중대 사건을 떠올려보라고 유도하고 있는 것 같다. 개인의 운명은 크게 보아서 사회적 조건의 자장(磁場)을 벗어나지 못하는 것이 사실이다. 예를 들어 전쟁이나 혁명과 같은 엄중한 시대를 만났을 때, 개인의 삶은 어쩔 수 없이 전쟁과 혁명의 소용돌이에 휘말려 들어가기 마련이다. 그러나 개인의 삶이 사회의 격동에 지나치게 휘둘릴 때, 우리는 운명의 기구함을 느끼는 것과 동시에 개인사의 특수한 진행과정이 마치 사회사의 보편적 진행과정과 절묘하게 조응하고 있는 것처럼 느끼게 된다. 이런 측면에서 〈인생〉은 푸구이라는 한 개인의 특수한 가족사이면서 동시에 중국 현대사의 보편적 상징이 되는 것이다.

문제는 영화의 완성도가 대단히 높고, 비록 따뜻한 시선으로 그리고는 있지만 이야기가 너무나 비극적이기 때문에 관객이 영화를 보면서 자신도 모르게 중화인민공화국의 역사를 주도한 중국공산당

의 통치행위에 대한 감독의 준엄하고 따뜻한 비판에 공감할 가능성
이 증폭될 수 있다는 것이다. 이것이 서유럽의 영화제 심사위원에게
는 높은 평가와 호감을, 중국의 검열당국에게는 상영금지 처분과 반
감을 불러일으킨 기본적 요인일 것이다.

2. 푸구이 집안의 몰락과 중국 민족 전통의 비참한 운명

먼저 한 개인의 특수한 가족사라는 측면에서 〈인생〉은 주인공
푸구이가 겪은 파란만장한 인생역정을 스크린 위에 남김없이 보여
준다. 1940년대, 철딱서니 없는 부잣집 도련님 푸구이는 주사위 노
름에 미쳐 아버지의 질책과 아내의 권고에도 아랑곳하지 않고 인생
을 탕진하면서 패가망신의 위기가 다가오는 것을 느끼지 못한다. 하
지만 푸구이는 심각한 범죄나 파렴치한 악행을 일삼는 악인은 아니
다. 그저 세상물정을 모르는 철부지로서 부모가 물려준 유산을 믿고
일없이 빈둥거리며, 자신의 처지가 허용하는 범위에서 인생의 단맛
을 즐기느라 여념이 없었던 것뿐이다. 간단히 말해서 푸구이는 도박
과 그림자극(皮影戱)에 푹 빠져, 실제의 생존경쟁과 참된 인생에서
비켜나 있었던 것이다. 그는 자신에게 주어진 소중한 것들, 즉 사회
적 대우, 늙었지만 건강한 부모, 아름다운 아내, 귀여운 딸, 멋진 대
저택, 비싼 옷과 안락한 생활이 점차 허물어지고 있다는 사실을 깨
닫지 못한다. 그가 노름판에서 밤을 지새우고 돌아온 어느 날 아침
에 아버지는, "말해봐, 네깐 놈이 그것 말고 할 줄 아는 게 뭐 있어?"
라고 호통치고 그를 '망할 놈'이라고 욕하지만, 푸구이는 오히려 지
지 않고 "늙은 망할 놈이 없었으면 젊은 망할 놈이 어디서 나왔겠어

요?"라며 대든다. 아버지와 아들 사이의 말다툼에 이골이 났는지 어머니는 "어서 죽이나 드세요." 하면서 수건으로 남편의 얼굴을 훔치며 이 사단을 중단시킨다. 아내 자전(家珍)이 뱃속의 아이를 봐서라도 도박을 그만 하라고 눈물 어린 하소연을 하고, 직접 도박장까지 찾아가 같이 집으로 돌아가자고 권고하지만, 푸구이는 말로만 약속을 하며 슬그머니 넘어가거나, 자전이 사람들 앞에서 망신을 주었다고 불같이 화를 내며 거칠게 "꺼져"라고 내뱉는다. 누구의 말도 듣지 않고 고집스럽게 자신의 길을 가던 푸구이는 마침내 예정된 것이나 다름없는 운명의 날을 맞이한다.

이 운명의 날을 영화에서는, 노름빚으로 저당 잡힌 집이 넘어가던 날 저녁, 임신 중인 자전이 딸 펑샤(鳳霞)를 데리고 도박장 밖에서 오랫동안 기다리다 푸구이에게 작별을 고하고 환영(幻影)처럼 친정으로 떠나도록 극적으로 꾸며놓았다. 푸구이는 자신의 삶을 지탱해주던 기둥 두 개가 일시에 무너지는 느낌을 받게 되고, 거의 실성하여 "다 없어 졌어!"라며 울부짖는다. 그의 무료한 삶을 받쳐주고 있던 경제적 기초와 가정적 기초가 사라진 것이다. 운명의 쇠 채찍을 맞고 정신이 번쩍 든 푸구이를 기다리고 있는 것은 대저택이 노름빚으로 넘어간 것에 격분을 이기지 못한 아버지의 어처구니없는 죽음이다. 이 부분에서 관객은 헛웃음이 나온다. 노름빚 청산을 위해 집 문서에 손도장을 찍고 양도하는 순간 "이 집에서 죽을 수 있을 거라 생각했는데"라며 혼잣말로 중얼거리던 노인은 울분을 참지 못해 지팡이로 아들을 때리려고 발버둥을 치다가 갑자기 쓰러지고, 다음 장면에서는 영정 속에 들어가 있다. 노인은 결과적으로 자신이 원하던 대로 그 집에서 죽을 수 있었다. 또 그를 기다리고 있던 것은 화병으로 몸져누운 어머니, 얼굴을 들 수 없는 사회적 멸시, 그리고 빈민가로 나앉을 수밖에 없는 경제적 빈곤이었다. 그처럼 안온하던 가정이 순진하고 철없는 망나니 하나 때문에 하루아침에 풍비박산이 나버린 것이다.

병든 노모를 모시고 남은 골동품을 내다 팔아 겨우 연명하던 푸구이에게 새로운 희망이 생겨난 것은 도박을 끊지 못하는 남편에게 절망하여 집을 나갔던 아내가 한 해를 훌쩍 넘긴 후 새로 태어난 아들을 데리고 펑샤와 함께 돌아온 사건이었다. 영화는 펑샤를 안고 즐거워하며 날 듯이 집으로 달려가는 푸구이의 영상을 통해 그가 처음으로 인생의 참된 행복을 느끼는 순간을 훈훈하게 그려내고 있다. 몸져누워 있던 노모가 자리에서 일어나 오랜만에 환하게 웃고, 가족이 한자리에 모여 다정한 눈길과 즐거운 농담을 주고받는 평범한 일상의 행복이 다시 찾아온 것이다. 아들의 이름을 묻는 푸구이의 물음에 자전이 능청스럽게 도박을 안 한다는 뜻의 '부두(不賭)'라고 대답한다. 순간 영화를 보는 관객도 즐거운 웃음을 터뜨린다. 하지만 지은 죄가 무거운 까닭에 그저 감지덕지인 푸구이는 그래도 그 이름이 좋다고 맞장구치고, 이름이 아무래도 마땅치 않은 시어머니의 확인에 자전이 그제야 농담이라고 실토하면서 유칭(有慶)이라는 진짜 이름을 알려주자 다들 환하게 웃는다. 질병과 가난으로 찌든 가정에 유쾌한 농담이 한 줄기 햇살처럼 비치는 순간이다.

푸구이는 순진한 폭군에서 이제 순진한 노예로 변한다. 자신이 사회경제적 권력을 쥐고 있을 때는 다른 사람의 눈치를 보지 않고 제멋대로 굴었던 인간이 이제는 거꾸로 사회경제적 권력을 가지고 있는 사람이라면 누구에게든지 머리를 조아릴 준비가 된 것이다. 그는 무엇보다 경제적 기초와 가정적 기초를 중시하게 되었으며, 이

두 가지를 튼튼하게 할 수 있다면 어떤 고난과 모욕도 감내할 준비가 되어 있다. 그는 자신의 저택을 앗아가고 자신을 파산시킨 그림자극 단장이자 노름친구였던 룽얼(龍二)을 찾아가 장사 밑천을 구걸하다가 그림자극 인형 상자를 빌리게 된다. 그리하여 자신의 하인이었던 춘성(春生)과 그림자극 극단을 꾸려서 대륙 전역을 떠돈다. 푸구이는 난생 처음 실제의 생존경쟁과 참된 인생에 뛰어들게 되는데, 아이러니하게도 예전에 자신의 인생을 남의 연극처럼 방관하던 그가 지금은 남의 연극인 그림자극을 자신의 인생처럼 열심히 공연한다. 예전에 그는 그림자극을 도박장의 여흥을 북돋는 단순한 오락정도로 생각하고 있었다. 하지만 지금은 그것이 목숨만큼 소중한 것일수도 있다는 사실을 몸으로 깨닫게 되었다. 예술의 가치에 대한 일종의 새로운 개안(開眼)이 이처럼 삶을 탕진한 대가로 주어진다는 것은 참 쓸쓸한 아이러니가 아닐 수 없다. 이 새로운 개안 때문에 푸구이는, 국공내전 시기에 국민당 군대와 공산당 군대를 막론하고 총칼로 그림자극 단원을 몰아대고, 그림자극을 전쟁에 지친 군인들의 오락거리 이상으로 간주하지 않는 난폭한 분위기 속에서도 그림자극 인형 상자를 목숨처럼 지켜낼 수 있었다.

영화는 국공내전을 그리면서도 참혹한 전쟁 통에서 끝까지 살아남아 가족이 기다리는 집으로 돌아가려는 푸구이의 염원과 그림자극 상자를 지켜내려는 집요한 노력에 초점을 맞추고 있다. 푸구이와 춘성은 어느 날 공연 도중 은막이 대검에 쭉 찢기며 국민당 군대에 끌려가 노역에 동원되고, 병사들을 위해 그림자극을 공연한다. 그들은 참혹한 전장에서도 다행히 고향사람인 라오취안(老全)을 만나 따뜻한 보살핌을 받는다. 그들은 춘성이 죽은 병사에게서 벗겨 온 방한 군복을 껴입고 추위를 견디며, 죽은 장교의 몸에서 찾아낸 술로

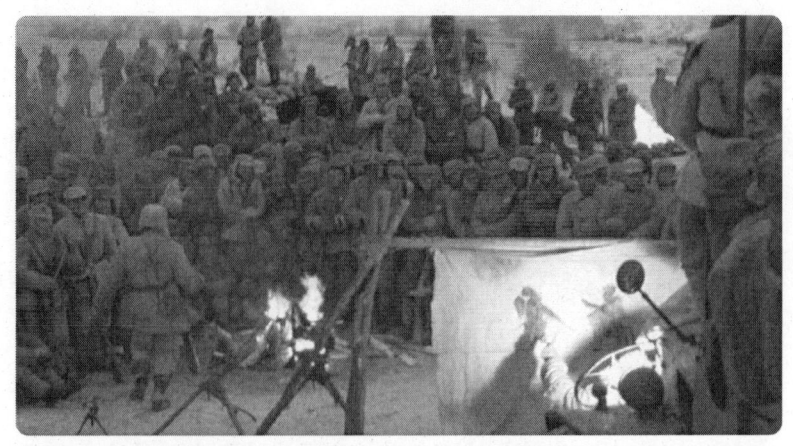

국민당 군대로 끌려갔다가 다시 해방군 군대로 가서 그림자극을 공연하는 푸구이와 춘성

잠깐의 즐거움을 맛본다. 춘성이 가져온 방한복을 받아 들고 좋아하던 푸구이가 죽은 병사에게서 벗겨 왔다는 사실을 알고 께름칙하게 여기는 장면에서 관객은 웃음을 터뜨린다. 공산당 군대의 진격을 피해 밤사이에 국민당 군대가 중화기(重火器)와 차량 등을 내버리고 퇴각한 후, 잠에서 깨어난 푸구이와 춘성은 공산당은 포로에게 잘해준다는 라오취안의 말을 믿고 공산당 군대에 잡히기로 작정하며 전장을 둘러본다. 춘성은 버려진 군용차에 올라타 경적을 울리며 핸들을 잡고 신나게 운전하는 시늉을 한다. 그는 운전만 할 수 있다면 죽어도 좋다고 생각한다. 하지만 푸구이는 아내와 자식이 무엇보다 좋고 어떻게 해서든 살아서 돌아가야 한다고 믿는다. 그들이 새카맣게 밀려오는 공산당군을 피해 달아나다 손을 들고 투항했을 때, 인민해방군 병사는 눈밭에 떨어진 그림자극 인형을 대검으로 푹 찔러 공중에 들어올린다. 그들은 이때부터 공산당 군대에 끌려가 그림자극을 공연하다가 국공내전이 공산당의 승리로 귀착된 후에야 자유의 몸이 된다.

이제 푸구이 집안의 몰락을 중국현대사에 조응시켜 바라볼 수 있는 이유를 살펴보면 다음과 같이 정리된다. 첫째, 푸구이(福貴)라는 이름이 지닌 상징성 때문이다. 복이 많고 귀한 몸이라는 뜻의 푸구이는 전통적으로 중국민족의 보편적 이상이었다. 따라서 푸구이 집안은 전통적 중국민족 또는 중국민족의 전통을 가리키는 것으로 보아도 별 무리가 없다. 둘째, 푸구이 집안의 몰락사가 중국민족의 전통이 현대사에서 겪어낸 운명과 유사하다는 것이다. 복이 많고 귀한 몸이라는 이상은 영화의 40년대 장면에서도 다소 남아 있지만, 그보다 훨씬 예전에는 단순한 이상이 아니라 중국민족의 현실이기도 했던 아름다운 시절도 있었다. 하지만 현대로 접어들면서 중국민족의 전통은 푸구이 집안과 마찬가지로 그 사회경제적 지위를 상실하고 헛된 이름만 남긴 채, 연속되는 가난과 불운 속에서 몸부림치는 운명을 맞이했던 것이다. 가족사로 민족사를 풀어내는 이러한 방식은 상징과 함축에 뛰어난 중국의 문화적 전통과 잘 부합된다. 셋째, 몰락한 푸구이에게 남아 있는 유일한 자산이 그림자극이고, 또 푸구이가 예술에 대한 새로운 개안(開眼)을 바탕으로 이것에 의지해서 살아갈 수 있는 것과 마찬가지로 중국민족에게도 그 우수한 전통이 그림자극으로 대표되는 전통예술의 형태로 남아 있으며, 또 이것에 의지해서 살아갈 수 있다는 것이다. 물론 중국의 전통예술을 대하는 태도는 국민당과 공산당을 막론하고 폭력적이며, 그 가치를 전쟁이라는 참혹한 생존경쟁에 지친 군인들에게 제공하는 오락거리 이상에서 찾지 않는다.

3. 아들 유칭의 죽음과 대약진운동이라는 미숙한 국정 운영

1950년대 초, 푸구이는 전쟁터에서 구사일생으로 살아 돌아와 마침내 가족과 재회한다. 동이 채 트지 않은 겨울 새벽, 끓인 물을 배달하는 급수차 곁에서 유칭을 업은 자전과 푸구이가 얼싸안는 장면은 무척 감동적이다. 자전의 울음소리에 놀란 사람들이 집집마다 문을 열고 골목에 나와 구경하는 장면에서는 저절로 웃음이 난다. 안타까운 것은 귀여운 평샤가 벙어리가 되어 말을 하지 못한다는 것, 전쟁통에 임종도 보지 못하고 병든 어머니가 돌아가셨다는 것이다. 푸구이는 마을의 뉴읍장(牛鎭長)에게 증명서를 보여주고 해방전쟁에 기여한 공로를 인정받으며, 중화인민공화국의 인민으로 새로운 삶을 시작한다. 얼마 후 자신의 저택을 노름으로 앗아간 룽얼이 정부의 자산 몰수 조처에 항의하여 집을 불사르고 이로 인해 악질반동지주로 몰려 공개적으로 총살당한다. 공포에 질린 푸구이는 오줌을 싸다가 총성에 놀라 전봇대를 붙들고 바지에 오줌을 지린다.

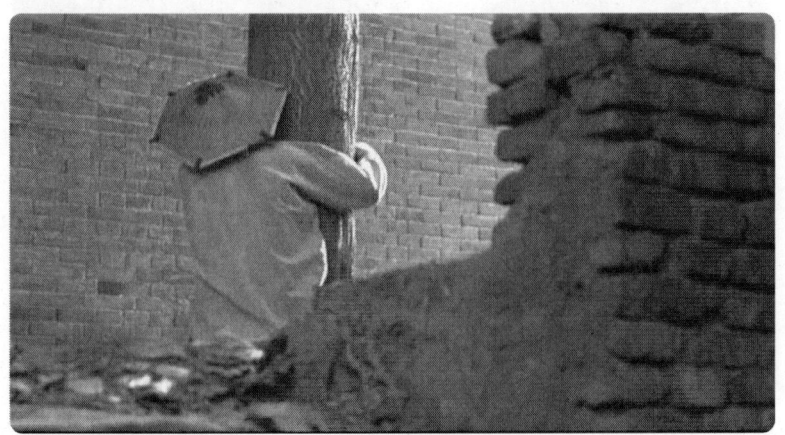

룽얼을 처단하는 총소리에 겁을 먹고 바지에 오줌을 지리는 푸구이

관객은 푸구이가 총성이 울릴 때마다 마치 자신이 총에 맞은 것처럼 흠칫흠칫 놀라는 장면에서 웃음을 참지 못한다. 겁에 질린 그는 총알같이 집으로 돌아가 자전에게 "다섯 발이야"라고 숨넘어가는 소리를 하고, 노름으로 집이 룽얼에게 넘어가지 않았다면 자신이 죽었을 거라며 안도의 숨을 내쉰다. 푸구이와 자전은 다급해진 나머지 혁명증서를 찾고, 빨래하느라 담가놓은 군복에서 황급히 젖은 문서를 꺼내 액자에 넣어 잘 보존하기로 한다. 푸구이 부부는 자신들의 신분이 도시빈민이라는 사실에 안도한다.

1950년대 말, 대약진운동이 벌어지던 시절 집집마다 쇠붙이를 걷어 갈 때 푸구이의 그림자극 상자와 인형도 하마터면 사라질 뻔한다. 유칭이 어린아이다운 열성으로 정부의 정책을 충실하게 따르고자 그림자극 소품에 붙어 있는 쇠붙이를 지목했고, 그런 것이 무슨 소용이 되겠냐는 푸구이에게 뉴읍장은 아버지의 각오가 아들만 못하다고 나무라며 뜯어내라고 지시한다. 자전의 재치로 대약진운동

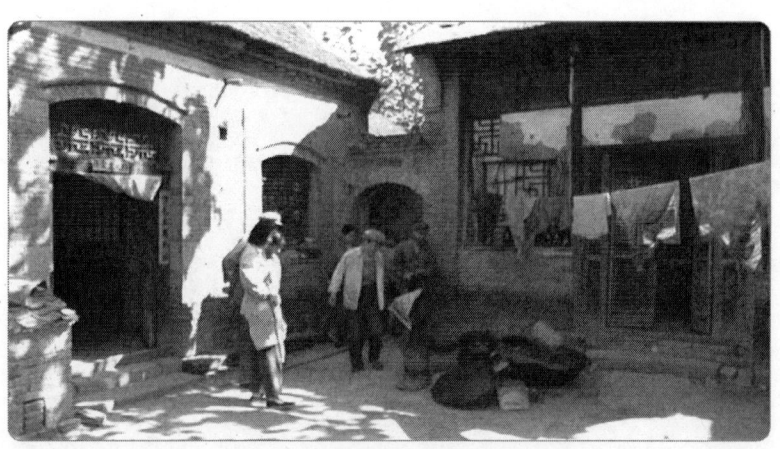

대약진 운동 시기 촌장이 집집마다 돌아다니며 철을 수거해 간다.

에 참가하는 대중의 사기 진작을 위해 그림자극을 공연하기로 하면서 그림자극 상자는 간신히 해체될 운명을 모면한다. 푸구이가 아들에게 "너 때문에 뜯길 뻔했잖아, 이런 나쁜 놈" 하는 뜻을 담아 혼내주는 시늉을 하는 장면에서 관객은 웃음을 참지 못한다.

가족의 단란한 삶은 벙어리 누나 평샤를 골려먹는 동네 조무래기들과 의연히 맞서는 의협심이 강한 어린 남동생 유칭을 통해 잘 드러난다. 말 못하는 여자아이를 괴롭히는 데서 쾌감을 느끼는 철부지 아이들의 연기와 이를 징벌하기 위해 쏜살같이 달려가는 유칭의 모습은 웃음을 자아내기에 충분하다. 유칭은 동네 조무래기와 맞붙지만 수적 열세를 이기지 못하고 징벌에 실패한다. 유칭이 공동식당에서 사발에 면발을 가득 담아 달라고 요구하고, 간장 고춧가루 소스를 듬뿍 넣는 과정은 또 한 번 관객의 웃음을 자아낸다. 어린아이가 배짱이 남다르기 때문이다. 유칭은 이를 가지고 자신의 누이를 괴롭힌 동네아이의 머리 위에 들이부음으로써 통쾌하게 복수한다.

사건의 전말을 모르는 그 아이의 아버지는 과도한 비난을 퍼붓는다. "이건 아이들의 짓이 아니야"라거나, "공동식당을 파괴하는 것은 대약진운동을 파괴하는 것이야"라며 푸구이의 공포심을 부채질한다. 푸구이는 유칭을 찾아내 사과하라고 하지만 유칭은 끝내 거절한다. 화가 치민 푸구이는 신발을 벗어 들고 아들 유칭을 때리기 시작한다. 보다 못한 자전이 나서서 말리고 신발을 빼앗는다. 집에 돌아와 자전이 푸구이를 나무라자 그는 자신의 행위가 집안을 위한 것이었다고 물러서지 않는다. 자전이 유칭을 데려와 또 때려보라고 하면서 신발을 던져주고, 사정도 모르고 유칭을 두들겨 팬 푸구이를 나무란다. 언제 집을 생각한 적이 있었다고 이제 와서 괴롭힘을 당하는 벙어리 누나를 위해 복수한 유칭을 그렇게 혼내느냐고, 또 다른 사람이 반혁명이라고 한다고 그가 정부도 아닌데 그렇게 벌벌 떠느냐고 따진다.

사정을 알게 된 푸구이는 화해의 손짓으로 유칭을 어루만져주려 하지만 유칭은 세차게 거부한다. 푸구이는 아들에게 무안을 당하고도 저녁에 그림자극을 보러 오라고 한다. 자전은 남편의 속없는 행동에 마음이 풀렸지만 "유칭은 안 가, 무슨 되지도 않은 연극을" 하면서 예쁘게 눈을 흘기고, 푸구이는 바보 같은 웃음으로 얼버무린다. 그날 저녁 아버지에게 분이 풀리지 않은 유칭은 숙제를 하며 그림자극을 보러 갈 생각이 없는데, 푸구이는 자전을 통해 유칭을 자꾸 찾는다. 자전이 그림자극을 보러 가자고 유칭을 설득하는 장면도 재미있다. 안 간다고 세차게 머리를 가로젓던 유칭이 아버지를 골탕 먹이자는 자전의 제안에 얼른 태도를 바꾸고, 푸구이에게 갖다 줄 차에 식초와 고추장을 듬뿍 넣기를 요구하는 장면에서 관객의 웃음이 터진다. 그림자극 공연 도중에 멋모르고 아들이 갖다 준 식초 고추장 차를 마시다가 은막에 뿜어내는 장면이며, 아버지를 골탕 먹인 아들을 잡으려고 부자(父子)가 쫓고 쫓기는 장면에서 화면은 느리게 바뀌면서 대약진운동의 무거운 피로감은 가뿐하게 씻겨나간다.

이렇게 열성적이고 의협심이 강하며 배짱이 좋은 아들이기에, 유칭의 비참하고 난데없는 죽음은 더욱 아프게 다가오는 것이리라. 구장(區長)의 시찰이 있다는 통지를 받자 "낙오되어서는 안 돼"라며 잠든 아들을 깨워 등에 업고 억지로 학교에 데려다 주던 날, 아버지와 아들은 마지막이 될 대화를 나눈다. "병아리가 자라면 닭이 되고, 닭이 자라면 거위가 되고, 거위가 자라면 양이 되고, 양이 자라면 소가 되지." "소 다음은요?" "소 다음은 바로 공산주의야, 그러면 날마다 만두를 먹고 날마다 고기를 먹을 수 있단다." 이렇게 학교에 보낸 아

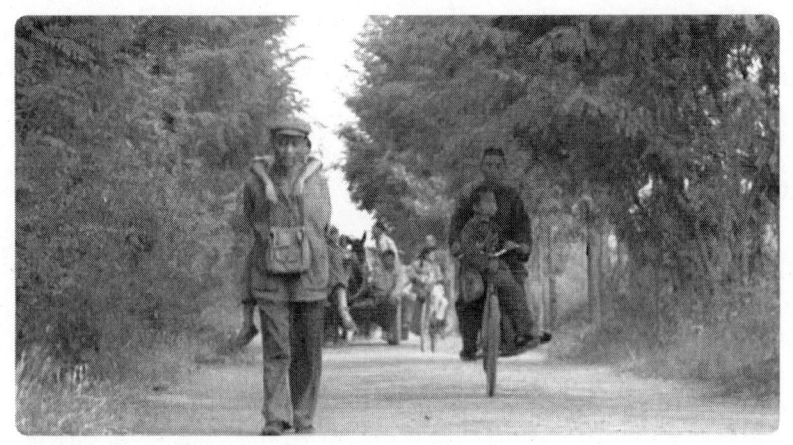
유칭은 힘든 노동에 동원되었다가 잠에 곯아떨어진다. 친구들이 구장이 시찰을 오기 때문에
학교에 가야 한다고 하자 푸구이는 유칭을 업고 학교로 데려간다.

들이 담벼락에 깔려 죽은 처참한 시신으로 돌아오고, 아들의 죽음
앞에 푸구이와 자전은 아들의 이름을 부르며 처절하게 몸부림친다.
아들의 무덤 앞에서 자전은 푸구이가 유칭을 데리고 가지 못하도록
말렸어야 했다고, 유칭을 학교에 가지 못하게 해야 했다고, 다 엄마
가 나빴던 탓이라고 자책한다. 눈물 없이는 볼 수 없는 명장면이다.

유칭의 무덤을 찾아온 구장은 뜻밖에도 처음에는 푸구이의 하인
이었고, 다음에는 그림자극단 동료였고, 전쟁 통에는 전우였던 춘성
이다. "운전을 어떻게 한 거야?"라며 거칠게 항의하는 푸구이를 사
람들이 말린다. 춘성이 읍장을 시켜 무덤에 화환을 바치고, 위로금
을 내밀지만 자전은 아들을 죽인 사람이 왜 찾아오느냐며 화환을 거
절하고, 위로금을 내던진다. 자전은 "유칭은 당신이 해췄어요. 잊지
말아요, 당신은 우리에게 목숨 하나를 빚졌어요"라고 엄중하게 경
고한다. 쫓기듯 춘성이 돌아가는데, 구장이 타고 온 지프차의 유리
창이 깨져 있고, 펑샤가 운전사에게 제지당하는 장면이 나온다. 구

장은 운전사에게 아이를 놓아주라고 소리치고, 운전사가 놓아주면 차를 부술 텐데 차는 어떡하느냐고 묻자 "안 타"라고 소리치고 걸어 간다. 이 장면에서도 웃음이 난다. 가난하지만 단란한 삶을 꾸려가 던 푸구이 가족에게 외아들의 죽음이라는 감당하기 어려운 뜻밖의 재난이 다시 닥쳐온 것이다.

1950년대 푸구이의 가족사를 중국현대사에 조응시켜 살펴보면 이렇게 정리된다. 중국민족의 남성적 전통은 푸구이가 그랬듯이 국공내전을 겪으면서 구사일생으로 살아남아 사회주의 중국으로 간신히 그 명맥을 이어간다. 중국민족의 여성적 전통은 자전에 의 해 고달픈 처지에서도 건강하고 아름답게 유지되지만, 그 절반은 펑샤의 처지를 통해 드러나듯이 공산당의 지배라는 급격한 사회체 제의 전환 속에서 목소리를 빼앗긴 세대가 되고 만다. 대낮에 바지 에 오줌을 지릴 정도로 공포에 짓눌린 남성적 전통과 절반은 벙어 리가 되어버린 여성적 전통을 통해서 우리는 중화인민공화국의 수 립이 중국민족의 전통에 가져다 준 부담은 결코 적지 않았다는 사 실을 알 수 있다. 하지만 이것은 더 거대한 비극의 전주곡에 불과 했다.

못난 아버지 푸구이와 달리 배짱 좋고 의협심 강한 총명한 아들 유칭은 기적처럼 새롭게 성장하고 있는 중국민족의 남성적 전통을 대표하기에 충분하다. 유칭은 벙어리 누나 펑샤의 불행한 운명에 깊 이 공감하고 누나의 불행을 놀림감으로 삼는 다른 집 아이들에 저항 함으로써 중국민족의 남성적 전통과 여성적 전통의 새로운 차원의 결합을 기대해볼 수 있는 유망한 아들이었다. 이처럼 하늘 같은 아 들 유칭은 대약진운동 속에서 죽음을 맞이한다. 물론 그것은 사고사 였다. 하지만 이 뜻밖의 사고를 낸 장본인이 하필이면 예전의 하인에서 지금의 상전으로 뒤바뀐 공산당 간부 춘성이라는 점으로부터 우리는 감독이 새롭게 성장하고 있는 중국민족의 남성적 전통을 요절시킨 책임을 준엄하게 공산당의 잘못된 국정 '운전' — "운전을 어떻게 한 거야?" —에서 찾고 있음을 알 수 있다. 공산당의 잘못된 국정운영과 아버지 푸구이의 맹목적 굴종— "낙오되어서는 안 돼!" — 이 합작으로 빚어낸 이 참혹한 비극에 대한 준엄한 질책을 누그러뜨리는 힘은 아들의 무덤 앞에서 보여주는 건강하고 아름다운 어머니 자전의 눈물 없이는 볼 수 없는 속 깊은 자책이다. 여기에 이 영화가 도달한 보기 드문 미덕이 있다. 그것은 다른 사람의 잘못에 대한 준엄한 고발을 놓치지 않으면서, 동시에 잘못을 저지를 수밖에 없는 인간 운명에 대한 깊은 공감에서 나오는 참된 화해의 눈물도 아울러 보여주는 점일 것이다.

4. 딸 펑샤의 죽음과 잘못된 혁명으로서의 문화대혁명

1960년대 푸구이의 가족은 아들 유칭을 잃은 슬픔을 간직한 채 그런대로 단란하게 살아간다. 문화대혁명 시기에 상부의 지시를 전달하러 찾아온 뉴읍장은 "오래된 것일수록 반동적이야"라며 마오쩌둥(毛澤東) 주석의 말을 따라 그림자극 인형을 태워버리라고 권고한다. 국공내전과 대약진운동을 거치면서도 살아남은 그림자극이지만, 마침내 문화대혁명의 광포한 불길 속에서 빈 상자만 남고 인형들은 잿더미가 되고 만다. 그림자극은 시대에 따라 유한계급의 여흥을 위해, 군대의 사기 진작을 위해, 대중의 오락을 위해 그 존재 가치를 다르게 부여받았지만, 문화대혁명 시기에 이르러서는 어떤 존재

가치도 인정받지 못했다. 문화대혁명은 중국의 전통 예술 나아가 전통 문화에 가장 적대적이었던 것이다. 말하자면 문화대혁명은 중국인이 중국인으로서 살아가는 것을 죄악시했던 것이다.

그림자극 이야기가 나오자 유칭에 대한 기억 때문에 자리를 피한 자전이 펑샤의 혼사 문제를 끄집어내는 뉴읍장에게 다시 불려 나온다. 신랑감은 완얼시(萬二喜)라는 이름을 가진 남성으로 시내에 살고 임금을 받는 공장노동자이며 작업반장이라고 한다. 푸구이가 조건이 이렇게 좋은데 펑샤를 좋아하겠느냐고 우려하자, 뉴읍장은 그에게도 다리를 저는 흠이 있다고 알려준다. 자전이 심하게 저는지, 걷는 데는 문제가 없는지 묻자, 읍장이 걷는 건 문제 없고, 급하면 뛸 수도 있다고 하는 장면에서 관객의 웃음이 터진다.

마침내 선을 보는 날, 완얼시는 마오쩌둥 선집과 배지를 잔뜩 들고 와 선물로 주고, 펑샤와 잠깐 얼굴을 대면한 다음 밥도 먹지 않고 가버린다. 확인한 것이 있다면 완얼시가 3대가 노동자인 당당한 노

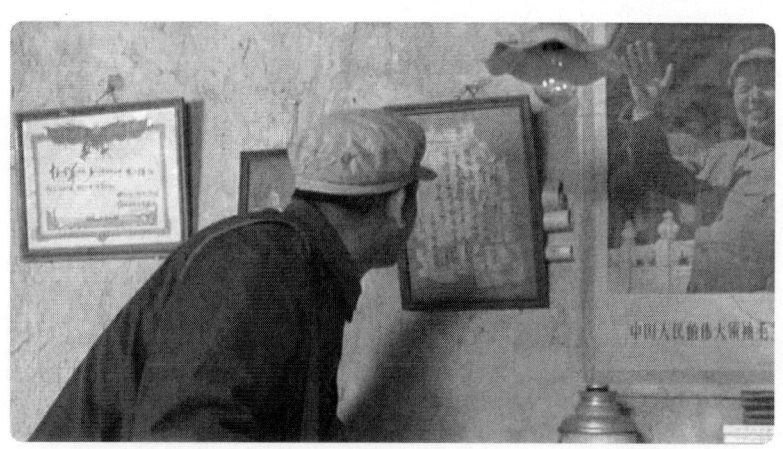

선을 보러 온 완얼시가 푸구이의 혁명증명서를 들여다보고 있다.
집안에는 온통 마오쩌둥 사진과 혁명 관련 사진 및 문구들이 걸려 있다.

동자계급이고, 푸구이 집안도 혁명증명서가 있어서 출신성분에 문제가 없다는 사실이다. 어느 날 자전과 푸구이가 포목점에서 옷감을 고르고 있을 때 이웃이, 혁명파 사람들이 몰려와 푸구이 집을 부수고 있다는 소식을 전해준다. 우두머리가 절름발이라는 말을 듣고 푸구이 부부는, 그렇다면 그 사람은 완얼시가 분명한데 펑샤가 마음에 들지 않는다고 남의 집을 부수냐며 의아해한다. 관객의 웃음이 터지는 대목이다. 요즘에 무슨 일이 불가능하겠느냐, 그가 무슨 반장이라고 하지 않았느냐며 서둘러 집에 와보니, 완얼시와 펑샤는 담벼락에 마오쩌둥의 초상화를 그리면서 다정하게 눈길을 교환하는 중이다. 완얼시가 동료들을 데리고 와서 처가가 될 집을 구석구석 수리해준 것이다. 푸구이 부부의 얼굴에 안도의 미소가 퍼진다.

결혼식 날, 인민해방군 복장을 예복으로 입은 신랑신부는 소박하기 짝이 없는 예식을 올리고, 하객들은 뉴읍장의 지휘에 맞춰 결혼축가로 마오 주석과 공산당 찬가를 흥겹게 합창한다. 장인, 장모와 신혼부부는 '노동계급이 모든 것을 지도한다'는 글귀가 씌어 있는 벽화를 배경으로 파도를 헤치고 나아가는 배 그림 뒤에 서서 마오쩌둥 어록을 들고 가족사진을 찍는다. 부부는 마오쩌둥 초상화 앞에서 절을 하고 완얼시가 "마오 주석님, 펑샤를 아내로 데리고 가겠습니다"라고 보고하는 것으로 결혼식이 끝난다. 춘성은 펑샤의 결혼을 축하하러 왔지만 자전이 여전히 자신을 만나려 하지 않는 것을 알고, 선물만 놓고 간다. 자전은 푸구이에게 선물을 돌려주라고, 그의 선물은 필요 없다고 말한다. 푸구이가 대형 마오쩌둥 사진을 들고서 "마오 주석이야"라고 하는 모습이 화면에 잡힌다. 역시 웃음이 나는 장면이다. 마오쩌둥이 필요 없다는 말이 된 것이다.

어느 날 완얼시가 술과 음식을 가지고 와서 식탁을 차린다. 펑샤가 아이를 가진 것이다. 다시 푸구이 집안에 훈훈한 기운이 넘쳐흐른다. 진찰 결과 산모가 아주 건강하다는 소식도 전하면서 가족이 함께 모여 술을 마시며 축하한다. 자전은 그래도 가볍게 생각해서는 안 된다고 말하고, 산달이 되면 친정에 와서 지내라고 일러준다. 완얼시는 또 춘성이 주자파(走資派, 자본주의 길을 걷는 당내 실권파)로 색출되어 비판대회가 열렸다는 소식을 전하며, 그와 분명하게 선을 그어야 한다고 알려준다. 어느 날 밤 춘성이 찾아와 유칭의 장례 때 주려고 했던, 돈을 저축한 통장을 건네며 평생의 마음의 짐을 내려놓고 싶다고 말한다. 춘성은 아내의 자살 통지를 받았다는 소식도 함께 전한다. 푸구이는 저금통장을 받지 않고, 살고 싶지 않다는 춘성에게, 아직 남은 날이 많고, 살고 싶지 않아도 살아야 하고, 마음을 크게 먹고 참고 살아야 한다고 다독인다. 자전이 문을 열고 나와 화해의 손짓을 하며 밖이 추우니 집에 들어와서 이야기를 하자고 한다. 춘성은 몰래 도망쳐 나와서 돌아가 봐야 한다고 사양한다. 자전은 떠나는 춘성에게 "당신은 우리에게 아직도 목숨 하나를 빚졌어요."라고 말하며 꼭 살아야 한다고 당부한다.

시대는 점점 알 수 없게 변하고 있다. 펑샤의 결혼을 중매한 뉴 읍장에게 펑샤가 곧 아이를 낳게 된다고 인사차 찾아갔던 자전 부부는 읍장 부인이 울면서 짐을 싸는 모습을 본다. 읍장은 이제 자신을 더 이상 읍장이라고 부르지 말라 한다. 그도 주자파로 몰렸다는 것이다.

펑샤가 아이를 낳는 병원을 찾은 푸구이 부부는 아무래도 마음이 놓이지 않는다. 홍위병(紅衛兵) 완장을 찬 간호사들이 위세는 등등하지만 새파랗게 어린 학생들이기 때문이다. 나이 많은 의사들은 모두 타도당하여 벌써 외양간이라고 불리는 사설 감옥에 갇혔던 것이다.

자전과 푸구이는 완얼시를 설득하여 만일을 위해서 경험이 많은 의사를 데려오게 한다. 완얼시가 의사 왕빈(王斌)을 병원에 데리고 오자 홍위병 간호사들이 준엄하게 따지고, 완얼시는 한바탕 연극으로 위기를 넘긴다. 왕빈은 자신을 데려온 이유를 알고 나서도 겁에 질려 '반동적인 학술권위'라고 쓰인 팻말도 벗으려고 하지 않고, 나무 의자에 탈진한 듯 늘어져 있다. 푸구이는 사흘 동안 굶어서 그렇다는 사실을 알게 된 후 만터우(속에 아무것도 들어 있지 않은 찐 밀가루 빵) 일곱 개를 사다 준다. 초조한 시간이 흐르는 가운데도 웃음은 또 양념처럼 들어가 있다. 자전은 아이가 벙어리이거나 절름발이는 아닐까 하는 기우를 품다가 푸구이에게서 불길한 소리는 그만하고 시간이 있으면 아이 이름이나 생각하자는 제안을 받는다. 자전이 무슨 이름이 좋겠는지 말해보라고 하자 푸구이는 부두(不睹)라고 부를까 하고 능청을 떨고, 순간 관객은 웃음을 터뜨린다. 이번에는 푸구이가 자전에게 묻자 그녀는 만터우로 부르자고 하고, 옛날 어른들이 어린아이 이름을 동물이나 사물에서 따다가 지은 이치를 들려준다.

이렇게 긴장된 시간이 흐르고, 마침내 분만실에서 아이의 울음소리가 들려온다. 간호사가 가족을 찾고 남자아이에 3.6kg이라고 알려준다. 푸구이와 자전은 간호사에게 사정사정하여 평샤를 흘낏 보게 되고, 급하면 뛸 수도 있다던 완얼시가 정말 뛰어오는데, 산모와 아기 모두 건강하다는 소식을 전해준다. 완얼시는 동료들의 축하를 받고 기뻐서 입을 다물 줄 모른다. 이제 의사 왕빈을 보내도 되지 않겠는가 하는 찰나, 만터우 일곱 개를 급하게 먹다가 목이 메어 숨이 넘어갈 지경에 처한 왕빈의 모습을 보고 푸구이는 보온병의 물을 따라 주어 마시게 한다. 이때 유리창 깨지는 소리, 산모의 피가 멈추지 않아서 큰일 났다는 홍위병 간호사의 다급한 외침이 들려온다. 어떻게

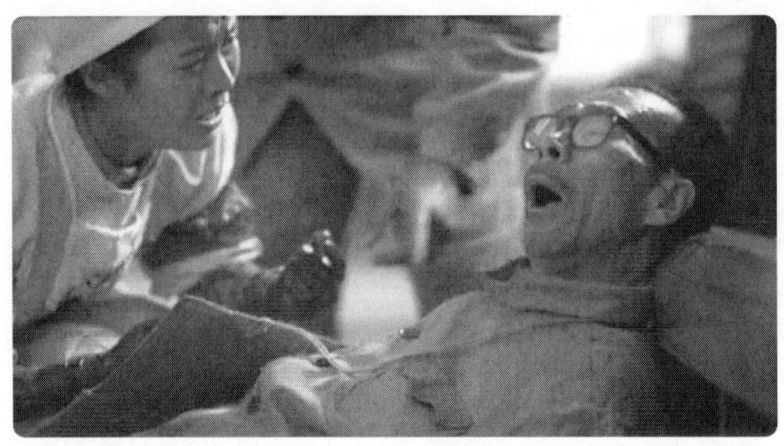

평샤가 출산을 하면서 문제가 생기자 홍위병들이 어쩔 줄 모르며 늙은 반동권위자라고 비판했던 노교수 왕빈에게 도움을 청한다. 하지만 왕빈은 사흘을 굶다가 한꺼번에 만터우 7개를 먹고 급체하여 정신을 차리지 못하고 있다. 다시 환자에게 달려갔다가 산소통을 옮겼다가 수술도구를 꺼냈다가 우왕좌왕하는 모습은 상당히 코믹하게 느껴지지만 문혁의 성격을 가장 잘 나타내주는 장면이다.

해보라는 완얼시의 격한 외침에 그제야 간호사들은, 자신들은 학생이라 경험이 없다고 실토한다. 왕빈은 교수니까 할 수 있을 거라는 말에 왕빈을 데리러 몰려가지만, 그는 축 늘어져 인사불성이 된 상태다. 왕빈을 흔들어보지만 소용이 없고 다시 이리저리 우왕좌왕하며 몰려다니는 사이 산모의 침대에서는 검붉은 피가 끊임없이 흘러내리면서 산소통을 옮긴다, 왕빈을 다시 데려간다, 정신없이 허둥대는 사람들이 카메라에 잡힌다. 입술이 창백해지며 죽어가는 딸을 붙잡고 처절하게 울부짖는 자전의 모습은 눈물 없이는 볼 수 없을 지경이다. 세상에 없는 해프닝은 이렇게 끝이 난다.

1960년대 푸구이의 가족사는 문화대혁명(1966~1976)을 중심으로 전개되는데, 이를 중국민족의 현대사와 조응시켜보면 이렇게 정리된다. 중국민족의 여성적 전통은 한 세대를 펑샤처럼 벙어리로 살았다. 그녀에게 짝 지워진 것은 비록 남성적 근대를 대표하는 절름발이 노동자 완얼시였지만, 펑샤 부부는 타고난 순박함 때문에 행복한 가정을 꾸릴 수 있었다. 완얼시가 한쪽 다리가 성치 못해 제대로 걸을 수 없는 절름발이라는 사실은 문화대혁명 시기에 이른바 홍위병으로 대표되는 공산당의 지배 아래에서 제대로 자기 운명의 주인이 될 수 없었던 노동자의 처지에 대한 훌륭한 비유이다. 사회주의를 전복시켜 자본주의의 길로 나아가려는 주자파를 타도한다는 명분을 내세웠던 문화대혁명이 중국민족에게 남긴 가장 큰 상처는 벙어리로 살고 있던 펑샤마저 끝내 죽음으로 내몬 것이었다.

펑샤의 출산은 중국민족의 여성적 전통과 남성적 근대의 이질적 결합이 이루어낸 새로운 결실을 대표하는 것이다. 하지만 출산 과정에서 홍위병 간호사들의 무지와 과다출혈로 끝내 펑샤가 숨지게 된 것은 따지고 보면 문화대혁명이 반동으로 몰아 타도했던 유능한 인재의 부재 때문이었다. 남성적 근대를 대표하는 노동자 완얼시의 기회주의적 속성—그는 대세에 따라 주자파 타도에 동조하기도 하지만 자신의 아내가 출산을 앞두었을 때에는 또 주자파를 이용하려고 한다—은 남성적 전통을 대표하는 푸구이의 맹목적 굴종의 태도와 크게 다르지 않다. 이 때문에 푸구이는 총명한 아들을 잃었고, 완얼시는 순박한 아내를 잃었다. 혁명도 출산처럼 새로운 사회를 낳기 위해서 어느 정도 고통의 피를 흘리지 않을 수 없겠지만, 그렇다고 해서 여성적 전통의 산모가 반드시 죽어야 하는 것은 아니다. 잘못된 혁명으로서의 문화대혁명에 대한 감독의 준엄한 고발은 산모의 몸에서 끊임없이 흘러내리는 피로 가득한 분만실 화면으로, 또 불행한 인간 운명에 대한 고통스러운 공감은 자전의 처절한 울음으로 재연된다. 이제 중국민족의 남성적 전통과 여성적 전통을 대표하는 한

세대가 거짓말처럼 역사에서 완전히 지워진 것이다.

5. 외손자 만터우의 성장과 되살아나는 중국민족의 전통

문화대혁명이 끝난 이후, 외삼촌 유칭을 닮아 퍽 똘똘하게 생긴 만터우가 외할아버지 푸구이를 도와 뜨거운 물을 나르고, 외할머니 자전에게 약도 갖다 줄 정도로 자랐다. 자전은 해마다 아이 사진을 찍어주라고 펑샤에게 했던 당부를 자신이 지켜가고 있다. 올해 새로 찍은 만터우의 사진을 보여주기 위해 완얼시와 함께 펑샤의 무덤을 찾은 푸구이 부부는 지나간 재난의 세월을 회상한다.

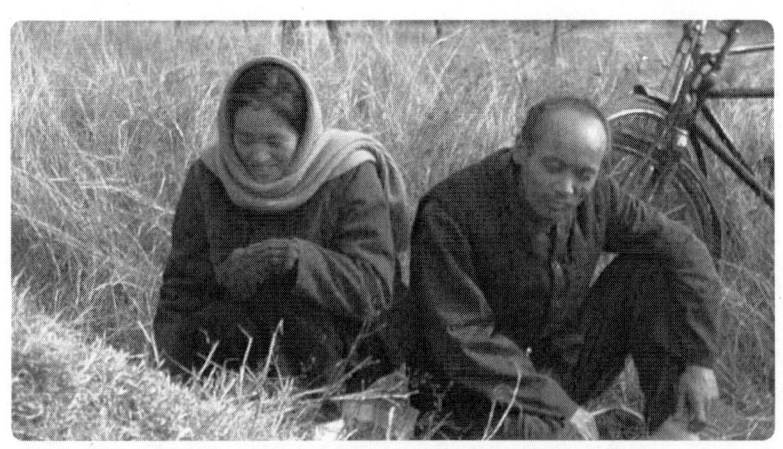

문혁의 막바지 유칭과 펑샤의 무덤을 찾은 노부부. 옛이야기를 하며 씁쓸한 웃음을 짓는다.

하지만 회상은 잔잔하고 해학적이다. "그때 의사 왕빈에게 만터우만 사다 주지 않았더라면, 아니 물만 먹이지 않았더라면, 교수인 그는 틀림없이 펑샤를 살릴 수 있었을 텐데. 만터우 1개가 물을 마시면 뱃속에서 7개로 불어난다고 하니 한꺼번에 49개를 먹은 셈이야, 어떻게 탈이 안 나겠어, 왕빈은 지금도 만터우를 안 먹는다고, 아니 만터우뿐만 아니라 밀가루로 만든 것은 아무것도 안 먹어, 쌀이 밀가루보다 비싼데 생활비가 많이 들겠군". 이런 식이다. 푸구이가 만터우에게 병아리 집으로 그림자극 인형 상자를 찾아주면서 그 옛날 아들 유칭과 나누었던 대화를 반복한다. "병아리가 자라면 닭이 되고, 닭이 자라면 거위가 되고, 거위가 자라면 양이 되고, 양이 자라면 소가 된다." "소 다음은요?" 푸구이는 잠시 생각하더니 "소 다음은 만터우가 기차를 타고, 비행기를 탈 거야, 그러면 살림이 점점 더 좋아질 거야." 공산주의가 자리해 있던 곳에 기차와 비행기로 대표되는 물질문명이 들어와 있다.

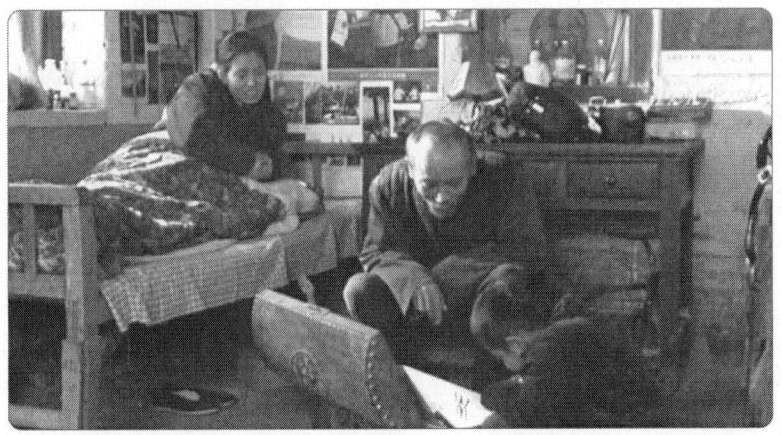

그림자극 인형 상자는 병아리집이 되고 유칭을 마지막으로 업고 학교를 가면서 했던 이야기를 손자와 나눈다. 하지만 사회주의는 살림이 좋아질 거라는 말로 대체되면서 개혁개방을 암시한다.

푸구이의 가족사를 중국현대사와 전체적으로 조응시켜 살펴보면 이렇게 정리된다. 푸구이 일가와 중국민족의 현대사는 똑같이 파란만장한 역정을 드러냈다. 푸구이로 대표되는 남성적 전통은 자신의 잘못으로 사회경제적 지위를 상실하고 문화예술적 지위만을 보존했을 뿐이다. 그것도 자전으로 대표되는 여성적 전통이 잘못을 저지른 남성적 전통을 용서하고 수용했기 때문이다. 남편 푸구이가 순진한 폭군에서 순진한 노예로 바뀌는 동안 자전은 가정을 지키는 건강하고 아름다운 아내의 역할을 변함없이 수행했다. 중국민족의 전통을 바라보는 감독의 시선이 남성적인 것보다 여성적인 것에 우호적임을 알 수 있다.

중국민족의 남성적 전통은 국공내전 시기에 위기를 겪었지만 구사일생으로 살아남을 수 있었다. 중화인민공화국의 수립이 중국민족의 전통에 안겨준 부담은 적지 않았다. 남성적 전통은 푸구이에게서 보듯이 대낮에 바지에 오줌을 지릴 정도로 공포에 짓눌려 있었고, 여성적 전통은 그 절반이 벙어리로 변한 평샤를 통해 알 수 있듯이 목소리를 빼앗긴 세대가 되고 말았다. 하지만 이것은 더 거대한 비극의 전주곡에 불과했다. 대약진운동은 기적처럼 새롭게 성장하고 있던 차세대 남성적 전통을 요절시키는 비극을 연출했다. 감독은 이 비극의 책임을 공산당의 잘못된 국정운영뿐만 아니라 순진한 노예로 변한 남성적 전통의 맹목적 굴종에서도 찾고 있다. 하지만 감독의 어조는 준엄한 질책이 아니라 여성적 전통에 기대어 속 깊은 자책으로 드러나고 있다.

문화대혁명은 먼저 그림자극으로 대표되는 중국의 문화적 전통을 불살랐다. 반동적이라는 꼬리표를 붙여 중국인이 중국인으로 살아가는 것을 죄악시했던 것이다. 문화대혁명은 또 목소리를 빼앗긴 여성적 전통이 다리를 저는 남성적 근대와 결합하여 소박한 결실을 이루어내는 순간 여성적 전통을 죽음으로 몰았다. 감독은 이 비극의 책임도 홍위병의 잘못된 혁명(수술)뿐만 아니라 자기 운명의 주인이 되지 못한 남성적 근대의 기회주의에서도 찾고 있다. 하지만 감독의 어조는 여전히 일방적이지 않다. 잘못된 혁명으로서의 문화대혁명에 대한 준엄한 고발은 산모의 몸에서 끊임없이 흘러내리는 피로 가득한 분만실 화면으로, 또 불행한 인간 운명에 대한 고통스러운 공감은 자전의 처절한 울음으로 재연된다. 문화대혁명을 겪으면서 중국민족의 전통은 최대의 위기를 맞이했다. 남성적 전통과 여성적 전통의 차세대, 그리고 문화적 전통이 완전하게 사라짐으로써 중국민족의 전통은 명맥이 끊어질 뻔했다. 여성적 전통의 차세대와 남성적 근대가 결합하여 일구어낸 방계의 차차세대 전통이 요절한 차세대 남성적 전통을 닮아 건강하게 자라고 있고, 문화적 전통의 껍데기가 물질문명의 소망을 키우고 있는 것이 1980년대 중국의 현실이다.

추천 영화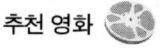

• 푸른 연 藍風箏(톈좡좡, 1993)

영화는 철두라는 어린 소년이 가족과 함께 1953년부터 1960년대 말까지 혼란스러웠던 시대를 겪어나가는 과정을 구체적으로 그리고 있다. 철두의 친아빠는 반우파투쟁 때 친구들과 술자리에서 했던 이야기가 빌미가 되어 우파로 지명되어 노동개조를 떠났다가 살해당한다. 새아빠는 대약진운동 때 힘든 노동과 영양실조로 세상을 떠난다. 엄마는 철두를 위해 고급당간부이자 부유한 남자와 세 번째 결혼을 하지만 세 번째 아빠도 문혁시기 홍위병들에게 끌려가 비판을 받다가 심장마비로 죽는다. 영화는 이처럼 아빠와 연을 만들어 날리고 싶어 했던 평범한 아이 철두에게 그런 작은 기쁨마저 빼앗아간 현실을 통해 시대상을 그리고 있다.

• 패왕별희 覇王別姬(천카이거, 1993)

리비화의 동명소설을 영화화했다. 영화는 1925년부터 1976년까지의 중국현대사를 배경으로 두 남자 경극배우를 중심으로 이야기가 전개된다. 어린 청데이와 단샤오러우는 고된 훈련 끝에 최고의 경극배우가 된다. 이들이 주로 공연하는 경극은 항우와 우희의 비극적인 사랑을 노래한 이야기이다. 우희 역을 연기하며 그 역할에 푹 빠져 지내는 데이는 어린 시절부터 자신을 보살펴주던 샤오러우를 사랑한다. 샤오러우가 홍등가의 주산과 결혼을 하자 질투에 힘겨워하기도 한다. 이들은 중일전쟁, 국민당 통치, 문화대혁명 등 굵직굵직한 역사적 사건을 거치며 간첩행위나 동성애 행위를 했다는 등 오해와 모함으로 시련을 겪기도 하고 서로를 고발하는 지경에까지 이르게 된다. 이 과정에서 주산은 자살한다. 시대의 광풍이 지나가고 문화대혁명이 막바지에 접어든 1976년, 샤오러우와 '패왕별희'를 연습하던 데이는 무대 위에서 자살한다.

• 부용진 芙蓉鎭(셰진謝晉, 1989)

1963년, 작은 마을 부용진. 오금이라는 여성은 마음씨 착한 남편과 두부 가게를 운영한다. 두 사람은 고생 끝에 돈을 모아 가게를 신축하지만 부르주아로 몰리게 된다. 오금이 잠시 몸을 피했다 돌아오니 남편은 이미 죽었고 자신은 부농이라고 낙인이 찍혀 있다. 문화대혁명의 광풍 속에서 오금과 극우파로 몰린 진서전은 아침 일찍 거리를 청소하는 일을 하게 된다. 두 사람 사이에 애정이 싹트고 임신을 한다. 하지만 두 사람을 징역을 선고받아 서로 헤어지고 오금은 혼자 아이를 낳는다. 마침내 문혁이 끝나고 1982년 두 사람은 재회를 하게 되고 부용진에서 조용히 살고자 한다.

• 햇빛 쏟아지던 날들 陽光燦爛的日子(장원姜文, 1994)

문화대혁명이 한창이던 1970년대 여름, 전쟁영웅이 되는 것이 꿈인 마소군은 공부에는 도통 관심이 없는 열여섯 살 소년이다. 마소군은 또래 친구들과 어울려 다니며 말썽을 부리고 남의 집 자물쇠를 열고 다른 사람들의 삶을 훔쳐보는 것을 좋아한다.

어느 날 어떤 집에서 연상의 여자인 미란의 사진을 발견하고 그녀를 짝사랑한다. 결국 두 사람은 가까운 사이가 되지만 미란은 마소군을 동생처럼 대할 뿐이다. 게다가 미란은 마소군의 패거리인 유의고와 가까워진다. 그로 인해 마소군은 유의고와 싸움을 하기도 한다. 하지만 그들은 여전히 아름다운 청춘의 추억거리를 만들어나간다. 미란은 결국 어디론가 떠나고 유의고에게는 새 여자친구가 생긴다. 20년 후 마소군은 과거의 친구들과 다시 만난다.

참고자료

레이 초우 저/정재서 역(2004), 『원시적 열정』, 이산, 서울
슈테판 크라머 저/황진자 역(2000), 『중국영화사』, 이산, 서울
위화(余華) 저/백원담 역(1997), 『살아간다는 것』, 푸른숲, 서울

이욱연(2008),『중국이 내게 말을 걸다』, 창비, 서울
인홍(尹鴻) 저/이종희 역(2002),『중국 영상문화의 이해』, 학고방, 서울
임대근 외 지음(2008),『중국영화의 이해』, 동녘, 서울
한국중국현대문학학회(2006),『영화로 읽는 중국』, 동녘, 서울

영화로 만나는 현대중국

중화인민공화국의 탄생

건국대업建國大業
(韓三平 외, 2009)

박춘식

1. 헌정영화 〈건국대업〉

　주선율(主旋律)의 사전적 의미인 "음악에서 주도적인 역할을 하
는 선율"에서 국가이데올로기를 다룬 영화를 '주선율'이라 명명한
관방의 속내를 가늠해본다면, 시대의 조류나 유행을 주도하는 주류
영화가 되기를 바라는 욕망이 내장되어 있다고 할 수 있지 않을까?
할리우드에서 주류영화는 흥행에 목표를 둔 상업영화나 대중들의
기호에 영합하는 오락영화라는 의미로 해석되며, 이러한 관점에서
거칠게나마 주선율영화에 대한 정의를 내리자면, 제도권의 프레임
에서 국가이데올로기에 대한 주제를 상업적 외피로 포장하여 제작
한 영화 장르로 파악된다. 최근에는 제도권의 프레임 즉, 관방에 의
해 기획, 제작된 영화뿐만 아니라 상업, 예술영화라 할지라도 그 내

용이 국가가 지향하는 이데올로기를 담고 있다면 주선율영화의 범주에 포함하기에 이르렀다. 주선율영화의 이전, 즉 홍색영화(紅色電影)에서는 혁명과 영웅에서 발현되는 애국주의, 집단주의, 사회주의 등에 무게를 두었다면 1990년대 후반부터는 중화주의와 민족주의, 전통문화, 공공질서 등의 주제로 주선율영화의 외연을 넓히고 있다. 할리우드영화 〈포레스트 검프〉, 〈아폴로13호〉, 〈아마겟돈〉, 〈인디펜던스데이〉, 〈라이언 일병 구하기〉와 한국영화 〈포화 속으로〉, 〈공공의 적〉, 〈우리 생애 최고의 순간〉 등은 중국에서 말하는 주선율영화에 속하는 예로 볼 수 있다.

관방에 의해 기획되고 제작된 주선율영화는 일반적으로 헌정영화의 성격을 띤다. 그에 따라 1987년 인민해방군 건군 60주년, 1989년 건국 40주년, 1991년 당 창건 70주년, 1993년 마오쩌둥(毛澤東) 탄생 100주년, 1995년 세계 반파시스트 전쟁 승리(2차 세계대전 종전) 50주년, 2009년 중국 건국 60주년과 중국인민정치협상회의(中國人民政治協商會議) 제1차 전체회의 개최 60주년, 2011년 중국공산당 창당 90주년 기념 등 국가경축일에 맞추어 영화가 제작되었다. 2009년도의 헌정영화로는 〈건국대업〉, 〈시월 위성十月圍城〉, 〈톈안먼天安門〉, 〈사랑스런 중국可愛的中國〉, 〈경천동지驚天動地〉, 〈바

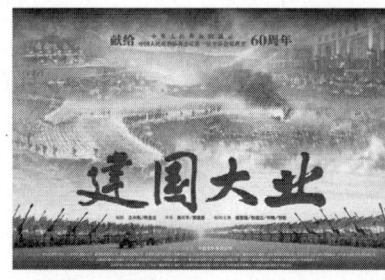

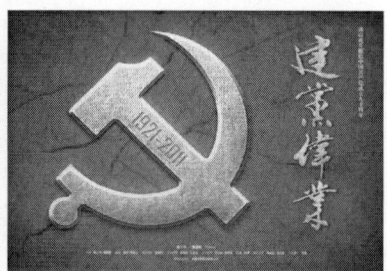

〈건국대업〉(한싼핑, 2009)   〈건당위업〉(한싼핑, 2011)

람의 소리風聲〉, 〈수학능력시험1977高考1977〉, 〈철인鐵人〉, 〈전쟁 중의 여인-기몽 6자매戰爭中的女人-沂蒙六姐妹〉 등의 영화가 상영되었다. 그중에서 〈건국대업〉은 청룽(成龍)과 류더화(劉德華), 리밍(黎明), 량차오웨이(梁朝偉), 리롄제(李連杰), 장쯔이(章子怡) 등의 스타와 영화감독 천카이거(陳凱歌), 펑샤오강(馮小剛) 등 172명이 노개런티로 출연하면서, 최근

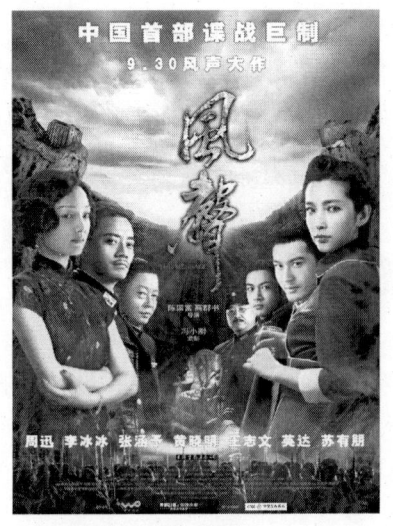

〈바람의 소리〉(가오췬수, 2009)

가장 흥행에 성공한 주선율영화 중의 하나로 평가 받고 있다.

영화 〈건국대업〉은 1945년부터 1949년 중화인민공화국 건국까지의 중국 현대사를 다루고 있다. 1945년 8월 일본의 패망 후 공산당의 마오쩌둥은 국민당 장제스(蔣介石)와 평화교섭회담을 하기 위해 충칭(重慶)으로 향했다. 양측은 여러 민주당파를 비롯한 사회 지도층 인사들과 함께 국공내전을 피하고, 정치협상을 기반으로 한 연합정부를 구성하기 위해 10월 10일 쌍십협정(雙十協定)을 체결했다. 1946년 1월에는 정치협상회의가 열려 새로운 정부 수립을 위한 결의가 채택되었다. 그러나 장제스는 이러한 협의를 무시하고 국민당 단독으로 국민대회를 열고 제헌작업을 강행하는 한편, 1946년 7월부터 미국의 지원을 받은 우세한 전력을 바탕으로 공산당의 통치구역을 무력으로 접수하고자 했다. 중국은 다시금 전면적인 내전으로 돌입하는 상황이 되었다. 압도적인 화력으로 우세를 유지하던 국민

당은 내부의 파벌대립과 부패, 그리고 이로 인한 대중들의 외면으로 인해 1948년이 되자 전선의 상황이 완전히 역전되기에 이르렀다. 반면 공산당은 1946년 10월 그들의 통치구역에서 지주의 토지 사유(私有)를 폐지하고 모든 농민에게 토지를 균등하게 배분하는 토지개혁을 실시했다. 이로 인해 농민들은 해방군의 대열에 적극적으로 동참했고, 공산당은 농민의 절대적인 지지아래 동북지방과 화중지방에 주둔해 있던 국민당의 주력군을 제압해나가면서 그 세력을 더욱 확대했다. 1949년 1월 해방군은 베이핑(北平, 지금의 베이징)에 입성했으며, 장제스는 마오쩌둥에게 제안한 평화회담을 거절당하자 타이완으로 철수했다. 그해 4월 공산당의 해방군은 창장(長江)을 도하하여 국민당의 수도인 난징(南京)을 함락했으며, 10월 1일 베이징 톈안먼광장에서 중화인민공화국의 수립을 선포했다. 건국 선언에 앞서 9월에 열린 중국인민정치협상회의에서 국기, 국가, 국명, 수도가 결정되고 헌법이 통과되었다. 국가 주석은 마오쩌둥, 부주석에는 류샤오치(劉少奇), 주더(朱德), 쑹칭링(宋慶齡), 리지선(李濟深), 장란(張瀾), 가오강(高崗)이 선출되었다.

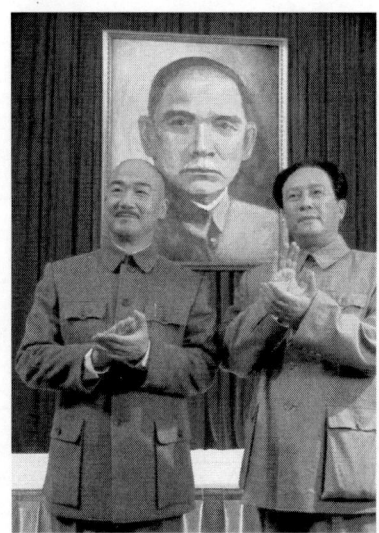

영화 〈건국대업〉의
장제스(좌)와 마오쩌둥(우)

일본이 패망한 1945년에서 1949년까지 4년 동안 신중국 건국을 위한 국민당과 공산당 그리고 여러 민주당파의 정치

● 제1차 국공합작(1924~1927)은 반제국주의, 반군벌의 국민혁명운동 전개를 위하여 맺어졌다. 그러나 1927년 장제스가 상하이에서 300여 명의 공산당원을 학살하는 4·12정변을 일으킴으로써 국공합작이 결렬되었다.

● 제2차 국공합작(1937~1941)은 1936년 12월, 시안에서 장쉐량(張學良)이 장제스를 감금한 뒤 공산당 토벌보다는 일본과의 항전을 약속받았는데, 그 후 장제스는 공산당과 항일통일전선을 결성하면서 국공합작을 맺었다. 그러나 1941년 국민당이 공산당의 신사군(新四軍)을 습격해 약 9천 명 중 겨우 1천여 명이 살아남은 환난사변(皖南事變)이 발생함으로써 국공합작이 결렬되었다.

● 전국인민정치협상회의(약칭 '정협')은 '인민민주통일전선' 조직이라고 할 수 있다. 1946년 1월 국민당, 공산당, 청년당 등 각 당파와 민주인사들이 전후 평화와 건국 방안을 토의하려 준비했던 것이 정협이었지만, 국민당과 공산당의 내전으로 별 활동을 하지 못하고 해산되었다. 그러나 1949년 공산당의 승리가 확실시되면서 공산당의 제안으로 각 민주당파, 인민단체, 인민해방군 및 소수민족과 화교, 기타 애국단체 등 총 45개 단위를 대표하는 각계대표 662명이 참여하는 '중국인민정치협상회의'가 개최되었고, 중국공산당은 정협을 통해 건국사업을 주도했다. 그러나 1954년 '전국인민대표대회'가 정식으로 구성되고 국가기구가 완비되면서, 정협은 본래의 '인민민주통일전선' 조직으로서 갖는 기능과 임무만 수행하게 되었다. 다시 말해서 공산당을 중심으로 각 정파와 단체 대표자들이 참석해 주요 국가정책에 대해 토의하고 의견을 개진하는 자문 보조 기구의 역할을 수행하고 있는 것이다.

협상회의를 중심으로 전개되는 〈건국대업〉은 마오쩌둥과 장제스를 중심으로 장란, 리지선, 쑹칭링 등 여러 사회 지도자층과 벌이는 정치협상회의 과정을 핍진하게 그려내고 있다. 간간히 삽입되는 흑백의 전투장면은 실제 영상자료와 맞물리면서 현대사의 사실성을 극대화하고 있다. 다큐멘터리적인 영화기법 이외에도 등장인물에 대한 묘사는 기존 주선율영화들과 차이가 있다. 가령 마오쩌둥이 부하의 죽음을 애도하고 딸의 공부를 도와주며 인민들과 격의 없이 어울리고 다수의 당파들을 포용하는 장면 등은 근엄한 영웅의 영역에 머물던 마오쩌둥을 인간적이고 소탈한 성격을 지닌 인물로 묘사한 것이다. 특히 장제스의 부침에 밀착하는 카메라는 그의 내면을 새롭게 조명하였다. 내부의 부패로 인해 딜레마에 빠져버린 장제스, 지도층의 부패를 척결하려는 장제스의 아들 장징궈(蔣經國)의 심리적 갈등을 다루는 부분은 전례가 없던 장면이다. 장제스는 과거 중국의 계획경제체제하에서는 '제국주의의 앞잡이'라는 조롱을 받았지만, 현재의 시장경제체제에 이르러서는 국가와 민족의 장래를 고민했던 '국민당 정부의 총통'으로 거듭나고 있는 셈이다. 영화 〈건국대업〉은 장제스를 객관적으로 조명함으로써 오히려 공산당에 의한 중국 건국의 정통성과 적법성을 인정받고, 중국인의 정체성과 자긍심을 생산하는 하나의 정신적 촉매로 작용하는 셈이다.

2. 주선율영화와 국가이데올로기

영화는 누구의 손을 거치느냐에 따라 만드는 이의 가치관과 목적이 서로 다르게 녹아 있는 예술이다. 관객이 스크린에 압도되어 흥분과 경이로움을 느낄 때 만든 사람의 의도가 관객 모르게 차곡차곡 쌓이는 눈발같이 말이다. 살아남은 자의 고통을 다룬 전쟁의 참혹함 혹은 죽은 자의 숭고한 희생에서 발현되는 애국심. 제작자가 어디에 방점을 두는가에 따라 그 시각은 고스란히 관객에게 전이된다. 한국의 6·25전쟁을 소재로 한 〈공동경비구역 JSA〉(2000)나 〈태극기 휘날리며〉(2003), 〈웰 컴 투 동막골〉(2005)과 같이 국군과 북한군 사이에 오가는 인간미를 그린 영화와 전통적인 애국주의를 부각시키려는 〈포화 속으로〉(2010)의 제작시기가 각각 당시 정부의 대북정책과 닮은꼴인 것이 과연 우연일까? 현재의 영화는 상업적인 동시에 정치적이지만, 세계영화사를 살펴보면 냉전시기에 수많은 나라에서 제작된 국책영화에서는 농후하게 이식되어 있는 그 나라의 정치적 이념을 발견할 수 있다.

과거 중국에서는 공산당의 전통성과 사회주의 이념의 우월성을 고양하기 위한 목적으로 사회주의 혁명의 영웅이나 사건을 단선적이고 일방적으로 다룬 홍색영화가 제작되었다. 그것이 1980년대 후반에 들어서면서 시대적인 분위기에 의해 주선율영화로 정립되었다고 할 수 있다. 주선율영화에는 '사회주의를 찬양'하는 영화와 '사회의 공공적 규범을 표방'하는 영화가 있다. 나라를 찬양하고 공공을 강조하는 것이 무엇이 나쁜가? 그러나 문제는 정말 국가와 사회의 공익을 위한 가치를 주장하는 것인지, 소수를 위한 맹목적인 희생과 애국심만을 강조하는 것인지, 그 어디에 방점을 찍느냐이다.

갈수록 진화한 주선율은 그 자장(磁場)을 상업영화로 확장하면서 은밀하고 조심스럽게 관객들의 감정을 파고든다. 상업 속에 마오쩌둥이 있고, 마오쩌둥 속에 상업이 있는 것이다. 관객에게는 혼돈의 상황이 벌어진다. 애절한 사랑을 노래하는 멜로드라마 〈운수요雲水

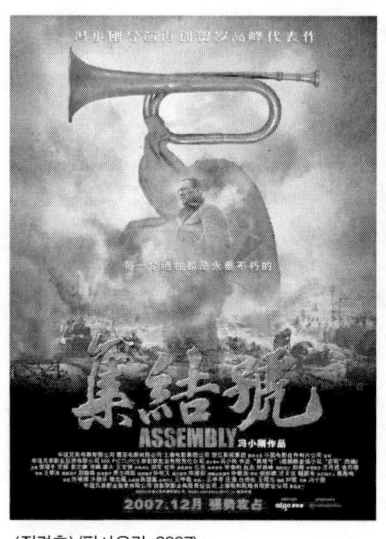

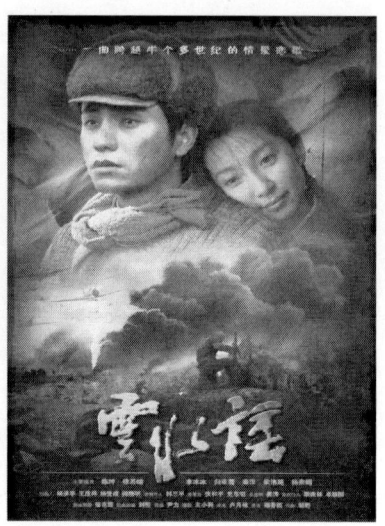

〈집결호〉(펑샤오강, 2007)　　　　　　　〈운수요〉(인리, 2006)

謠)가 주선율의 새로운 시도였다는 것을 매체를 통해서 알게 되고, 단지 화염에 휩싸이는 전쟁영화라는 이유만으로 〈집결호集結號〉는 주선율로 오인되기도 한다(상업영화 〈집결호〉는 이후 주선율이 추구해야 할 전쟁영화의 모델로 제시되었다). 전쟁영화라는 장르가 애국심을 고취하고 대중을 단합하는 이데올로기의 수단으로 다루어진다는 관념이 머릿속에 각인된 탓이다. 또한 멜로드라마는 상업영화의 고유한 장르 중의 하나라는 인식이 멜로로 포장한 주선율영화를 상업영화로 오인하게 하는 원인이 되기도 한다.

　한때 우리나라에도 국방부에서 만든 반공선전영화가 있었다. 국방영화의 훈도 아래 인간적 고뇌를 하는 북한병사는 없다. 그들은 빨간색 짐승이었다. 또한 우리는 일찍부터 할리우드의 정치성과 폭력성을 경험해왔다. 표면적으로는 세계 평화와 정의를 내세우지만 내면에는 미국의 이해관계가 얽혀 있는, 그리고 그들이 지칭하는

'악의 축'이 있다. 한국의 국방영화가 시대적 상흔의 유물로 잔존하고, 할리우드영화가 정치성보다는 상업성에 무게를 두거나 혹은 감독의 정치적 표현이 자발적이라는 점을 고려한다면, 중국의 주선율영화는 철저하게 정부에 의해 기획되는 점이 다르다고 할 수 있다.

이와 같이 주선율영화는 기존의 사회주의 국가에서 영화제작의 방법으로 제시하던 사회주의 리얼리즘 원칙을 뛰어넘어 상업성과 대중성의 포섭을 기도하는 하나의 영화 범주로 자리 매김하고 있다. 주선율영화의 두 가지 주제 중 하나인 '사회주의 찬양'은 1950년대부터 나타난 혁명적 리얼리즘 원칙으로, 또 다른 하나인 '사회규범 표방'은 과거 '문이재도(文以載道)'의 전통으로 대입할 수 있는데, 이런 점에서 본다면 주선율영화의 이데올로기는 지극히 공적이고 집단적인 가치를 위한 것임이 분명하다고 하겠다.

앞에서 언급했듯이 중국에서 주선율영화가 생겨나기 이전에는 '홍색영화' 장르만이 존재했다고 볼 수 있다. 홍색영화에서 '홍색'은 '혁명정신'을 지칭하며, 홍색영화의 정치적 도구화는 중국 공산당의 문예 창작 지침에 기반을 두고 있다. 1942년 5월 옌안(延安)에서 마오쩌둥이 문학과 예술은 정치의 도구여야 한다는 내용을 담고 있는 「문예강화文藝講話」로 약칭되는 「옌안 문학예술좌담회에서의 연설」에서 예술적 기준에 대한 정치적 기준의 우위를 공식적으로 제기하면서 시작되었다. 이후 문화대혁명(1966~1976)의 극좌이념투쟁 시기에는 장칭(江青)이 만들어 배포했던 '삼돌출(三突出)', 즉 "많은 인민 형상 중 긍정적인 인물을 부각시키고, 긍정적 인물 중 영웅적 인물을 부각시키며, 영웅적 인물 중에서도 가장 긍정적인 영웅을 부각시켜야 한다"는 공산당의 또 다른 문예 창작 지침은 문화대혁명이 끝날 때까지 예술작품이 정치성의 범주를 벗어나지 못하는 굴레로 작용했다. 현재 「문예강화」와 '삼돌출'은 지나간 과거의 유물로 존재하지만 주선율영화에서는 변함없이 그 영향력을 행사하고 있다. 과연 주선율은 '정치적 구호'의 역할을 충실히 수행하고 있는 것일까? 아니면 또 다른 꿈을 꾸고 있는 것일까?

3. 주선율영화의 출현배경

일반적으로 주선율 이론의 배경을 언급하는 적잖은 글에서 국가 이데올로기 고취를 수위에 놓고 있으며, '다양성 견지'를 근거로 이전보다 유연해진 중국 영화정책의 관대함을 논하고 있다. 물론 이러한 논지가 부적절한 것은 아니지만 1984년 6월 덩샤오핑이 제기한 '중국적 특색의 사회주의' 이론과 연계한다면 관방이 의도한 주선율 이론의 색채가 극명하게 드러난다. 주지하다시피 '중국적 특색의 사회주의'란 정치적으로는 사회주의를, 경제적으로는 시장경제를 추구하는 중국만의 독특한 국가이념이다. 1980년대 중반 소련 및 동유럽 공산권 국가들의 체제 붕괴와 개혁개방, 서독 중심의 독일 통일은 중국으로 하여금 사회주의와 자본주의의 상호관계 구축을 모색하게 했으며, 이러한 연장선에서 주선율 이론은 형성되었다.

주선율영화는 중국적 특색의 사회주의 이론만큼이나 특이한 영화 개념이다. 주선율 이론의 성립 이전 중국의 '혁명역사를 제재로 한 영화'는 주로 소련, 동독 등 이전의 사회주의 국가에서 정치적 도구로 행해지던 좌익영화와 닮은꼴이라고 할 수 있으며, 자본주의의 유입은 혁명역사를 제재로 한 영화의 단선적 구조를 담보할 수 없게 되었음을 의미한다. 개혁개방과 더불어 매스미디어, 대중문화, 상업영화의 확산과 강세는 정부로 하여금 대중적 파급력을 가진 영화를 경계하기에 이르렀고, 새로운 영화 창작 이론, 즉 주선율 이론의 필요성이 제기되었다. 주선율의 '사회주의 찬양'이 기존 혁명역사 제재의 또 다른 이름이라면, '사회규범 표방'은 전통적 가치관과 도덕관 등의 주제와 제재의 확장이기도 하다. 결론적으로 주선율은 경제로부터 파생되는 문화예술의 영역이 정치적 노선을 침범하지 않게 하는 검열의 형태로 작동하는 이론이라는 점이며, 이것이 가장 중요한 주선율의 출현배경이다.

주선율 배경에 대한 논의의 축을 만들기 위해서는 '중국적 특색의 사회주의'와 당시 사회문화의 인과관계 확보가 중요하다. 1978년 이후 개혁개방 정책의 논의와 더불어 1992년 '남순강화'까지 지속적으로 행해진 사회주의시장경제체제의 확립은 자본주의 경제로 나아갈 수 있는 기폭제 역할을 했다. 이러한 배경 아래 탄력을 받은 산업경제와 더불어 성장한 매스미디어의 보급과 확산은 기존의 일방적이고 수직적이던 영화의 생산, 유통, 소비의 방식을 수용자를 중심으로 한 쌍방적이고 수평적인 방식으로 변화시켰다. 또한 이는 국가의 계획에 의해 생산, 유통, 소비되는 구조에서 대중들이 경제력을 지닌 소비의 주체로 부상하면서 문화적 패권이 역전되는 상황이기도 하다. 정부는 대중적 파급력을 가진 영화를 경계함과 동시에 혁명역사를 제재로 한 영화에 주어진 새로운 과제는 소비자를 파고들어 갈 대중성과 상업성의 확보라는 것을 인식하게 되었다.

텔레비전에서는 중국 최초의 통속드라마인 〈갈망渴望〉(1990), 〈편집부 이야기編輯部的故事〉(1991), 〈뉴욕의 북경인北京人在紐約〉(1991) 등이 잇달아 방송되었으며, 영화관과 비디오방을 중심으로 왕쉬(王朔)의 소설을 각색한 영화와 홍콩에서 밀수된 무협영화, 느와르영화가 상영되면서, 신문, 잡지, 서적 등의 인쇄매체는 방송, 영화, 텔레비전 등의 전자매체에 주도적 위치를 넘겨주었다. 영화와 드라마의 위력을 목도한 작가들은 영화와 드라마를 염두에 두고 창작을 하는 경향이 보편화되면서 대중의 구미에 영합한 작품을 집필하였다. 가령 1980~90년대 진융(金庸), 왕쉬의 소설과 영화가 폭발적인 인기를 누린 원인을 말할 때 그들의 작품이 시대정신을 표방한다고 말하기는 어렵지만, 시대의 흐름이나 대중의 욕망과 닿아 있다는 것을 부인하기는 어렵다. 또한 관방 주도로 제작되는 영상물의 현실성 결여에 대한 대중들의 반감도 깊었다고 볼 수 있다. 기존의 관방 중심 주류문화는 대중문화에 자리를 내어주었고, 이는 정치선전을 중심으로 한 교화문화에서 오락문화로 전환되는 것을 상징하는 일이었다.

영화계에서는 1987년부터 2년간 영화전문학술잡지인 『당대영화當代電影』와 '영화예술연구센터(電影藝術硏究中心)' 등을 중심으로 상업영화의 대중성과 오락성에 대한 평가에 변화가 일어나기 시작했다. 신중국 건립 이후 정치선전영화의 기세에 눌려 외면과 천대를 받아오던 상업영화가 대중들에게 그 가치를 인정받는 것이었으나, 사회주의 정치와 자본주의 경제의 모순을 방증하는 것이기도 하였다. '상업영화 토론 열풍' 의 계기는 1988년 제작영화의 60% 이상을 점유한 80여 편의 상업영화가 당시 주류영화였던 정치선전영화를 양과 질에서 압도한 것과 무관하지 않다. 상업영화의 증가는 오랫동안 혁명역사 제재 즉, 혁명적이고 영웅적인 삶에서 밀려나 있던 서민들에게 가족, 동료, 사랑 등의 삶의 애환을 돌려주었다. 상업영화는 해를 거듭할수록 대중의 성장과 더불어 주류영화로 인식되며 영화 창작에 더욱 탄력을 받았다. 왕쉬의 뒤를 이어 허수이펜(賀歲片)

이라고 불리는 펑샤오강의 연말 특선영화가 더욱 맹위를 떨쳐갔고, 제5세대 감독인 장이머우와 천카이거, 톈쫭쫭(田壯壯), 리사오홍(李少紅) 등은 명성을 쌓아갔다. 그리고 장위안(張元)과 왕샤오솨이(王小帥) 등의 제6세대 감독은 지하에서 자기만의 작품세계를 구축해 갔다.

한편 이러한 지형적 변화는 중국 건국과 더불어 1990년대 초반까지 제재의 자기반복을 되풀이해오던 정치선전영화를 상업영화의 공세에 직면하게 하였으며, 주선율 구호가 발표되던 시기는 아이러니하게도 개혁개방과 이데올로기의 강화가 공존하고 있었다. 1987년 3월 중국 문화부 산하의 영화국(電影局)이 개최한 전국영화제작소 소장회의에서 "주선율영화를 부각시키고 다양성을 견지하자"라는 구호를 제창하면서 '중대한 혁명역사를 제재로 한 영상창작을 이끄는 그룹'을 결성하였다. 기존의 정치선전영화에서 관습적으로 표현된, 역경과 고난을 극복하면서 투철한 사회주의자로 성장해가는 인물에서 탈피하여 현실생활에서 제재를 찾아 관객들의 호응도를 높이기 위한 노력의 일환이었다. 이와 같이 주선율 이론은 관객들의 외면을 타개하기 위한 것이기도 하지만, 영화 제작자에게는 영화의 주제와 제재를 제한하여 창작의 자율성을 제약하기도 하였다.

관방을 향한 대중문화의 도전, 대중문화를 향한 관방의 응전 등 문화의 주도권을 두고 벌어진 공방에서 중국정부의 주도로 주선율이 성립되었다. 문화의 주도권 다툼에서 밀리는 것이 국가체제의 위기로 이어짐을 인식하고 국가이데올로기가 내장되어 있는 영화를 지속적으로 만들어내어 사회적 분위기를 환기하는 것이다. 대중문화를 통해 헤게모니가 형성된다는 점에서 주선율 이론은 시장과 관객에게서 생존 공간 확보를 위한 노력이자 정치적 노선을 견지하기 위한 자구책의 발로이다.

4. 주선율영화의 발전

주선율영화의 발전을 단계별로 구분하자면, 첫 번째 단계는 주선율 이론이 등장한 1987년부터 1990년대 중반까지로, 주선율영화의 기저에 이데올로기를 확보하고 상업성과 예술성을 탐색한 시기이다. 두 번째 단계는 1990년대 중반에서 후반까지로, '사회주의 찬양'과 '사회규범 표방'이라는 두 가지 주제가 전략적으로 구분되어 진행된 시기이다. 세 번째 단계는 1990년대 후반부터 현재까지로, 할리우드를 모방하여 문화산업으로 육성하고 자국영화에 대한 지원을 하는 시기로 정리할 수 있다.

1) 첫 번째 단계: 1987년~1990년대 중반

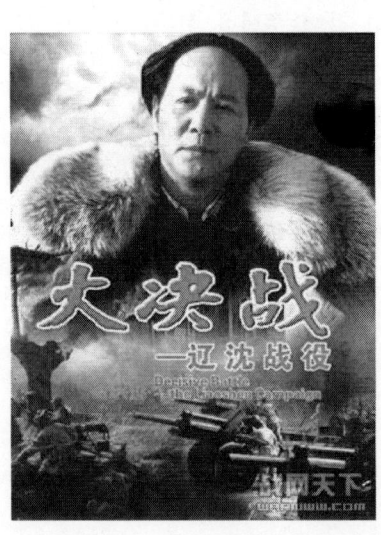

〈대결전-랴오선 전투〉
(리쥔 총감독, 1991)

해방군 소속의 바이(八一)영화제작소에서 〈대결전大決戰〉(1991-1992)시리즈와 〈나의 장정我的長征〉(2006) 등의 작품을 감독한 자이쥔제(翟俊傑)가 "자신이 창작한 90% 이상이 지시에 의한 임무였다"고

언급한 것과 같이, 1990년대 중
반까지 상영된 영화의 대부분
은 관방에서 국가경축일에 맞
추어 기획, 제작한 헌정영화들
이었다. 제재는 '마오쩌둥',
'저우언라이(周恩來)', '대장정
(大長征)', '중국 건국' 등의 혁
명역사와 혁명위인들로서 그들
에게 영웅적 면모에 인간미를
가미하는 정도에 머물러 있었
다. 그러나 정책적으로 지원,

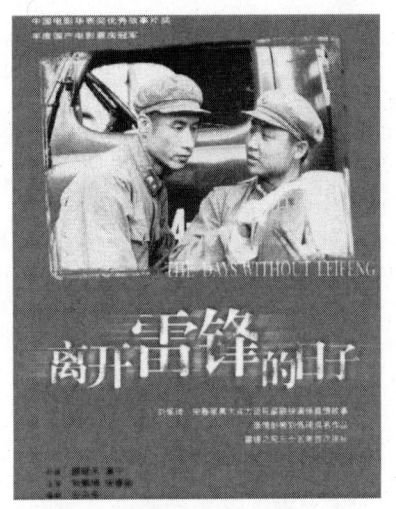

〈레이펑을 떠난 날들〉(레이센허, 1996)

제작되던 주선율영화가 흥행에 실패하고 투자금을 회수하지 못하는
상황이 발생하자 주선율의 범위를 확장하게 되었다. 혁명역사에서
현실세계로 무대가 옮겨졌고, 영웅에서 평범한 인물을 다룬 〈쿵판
선孔繁森〉(1995), 〈레이펑을 떠난 날들離開雷峰的日子〉(1996) 등의
영화가 만들어졌다. 윤리적이고 헌신적인 인물의 선과 탐욕적이고
부패한 악의 가치관이 충돌하면서 만들어내는 사회적 모범상으로
국가의 가치관을 전달하고자 하였으며, 전 중국에서는 '레이펑 학
습 운동'과 함께 그의 동상이 세워지기도 하였다. 레이펑 학습의 이
면에는 1996년 10월 중공중앙 제14차 6중전회(中共中央十四屆六中全
會)에서 결의된 「중공중앙의 사회주의 정신문명 건설을 강화하기 위
한 약간의 중요한 문제에 대한 결의中共中央關于加强社會主義精神文
明建設若幹重要問題的決議」(이하 '결의')가 배경에 있으며, 이는 사
회가치관 확립과 더불어 창작의 새로운 규정으로 작용하였다.

사회주의 도덕 건설은 인민을 위한 봉사를 핵심으로 하며 집단주의를 원칙으로 한다. 조국, 인민, 노동, 과학, 사회주의를 아끼는 것은 기본적인 요구이다. 사회공중도덕, 직업도덕, 가정의 미덕에 대한 교육을 펼치며, 모든 사회에서 서로 단결하여 평등우애하고 공동으로 전진하는 인간관계를 이룬다.

'결의'는 상업적, 세속적, 개인적인 것으로 대변되는 대중문화가 애국주의, 집단주의, 도덕윤리의식에 영향을 미치는 것을 차단하기 위한 노력의 일환이다. 그리고 궁극적으로는 민주의식의 활성과 대중의 정치참여를 경계하고 체제와 전통을 유지하기 위한 것이다. 관방은 정책적으로 주선율영화를 물심양면 지원하면서 정치의식의 기반 아래 상업성과 예술성을 탐색하였다. 이와 같이 첫 번째 단계는 주선율영화의 주인공이 영웅에서 평민으로, 주제에서는 애국주의에서 공공의 규범을 위한 집단주의로 확장되어 나타난다. 그러나 대부분의 주선율영화가 관객들에게 외면을 받으면서 상업영화와의 경계는 명확하게 구분되는 시기로 정리할 수 있다. 결론적으로 주선율 이론이 다양성을 표방하고 있었지만 1990년대 후반에 이르기까지는 '형식의 다양성'일 뿐 '내용의 다양성'은 아니었다. 시대를 과거에서 현재로 옮겨놓았을 뿐 대중은 관방의 정치적 이데올로기를 확인하는 것에 불과했다.

2) 두 번째 단계: 1990년대 중반~1990년대 후반

두 번째 단계는 1990년대 중반부터 1990년대 후반까지이며 전개상황을 나누어 살펴볼 수 있다. 첫 번째는 주선율영화에 멜로와 드라마를 주입하면서 혼성장르를 시도한 것이다. 두 번째는 주선율 이론에 부합되는 상업영화에 대해 적극적으로 투자, 배급, 상영 등의 지원을 전개한 것이다. 이러한 과정에서 주선율영화와 상업영화의 경계가 옅어지고 주선율영화의 비주선율적인 요소가 나타나는 등 영화의 정치의식이 문화의식으로 확장되었다고 할 수 있다. 이런 점에서 1996년의 '9550 프로젝트(제9차 5개년 계획기간인 1996년부터 2000년까지 매년 10편씩 우수한 주선율영화를 찍고, 5년간 모두 50편을 찍는 사업)'와 '텔레비전영화채널(CCTV6電影頻道)' 개국이 중요한 지표가 되는 것은 주선율영화가 상업영화와 예술영화의 장점을 받아들이고 안정적인 영화와 드라마 상영의 기반을 구축한 지점이 되었기 때문이다.

이전에는 두 가지 주제, 즉 '사회주의 찬양'과 '사회규범 표방'의 주선율적 요소를 어떻게 상업, 예술영화에 용해할 수 있는가의 방법적 문제에서 해결책을 찾아왔다면, 1996년부터는 주선율영화가 전략적이고 지속적인 사업으로 진행되었다. '사회주의 찬양'은 관방 주도로 진행되었으며, 대자본이 투자된 헌정영화는 영화관 개봉을 목표로, 중·소자본이 투자된 영화나 텔레비전 드라마는 영화채널 방영을 목표로 제작이 진행되었다. 그중 영화채널은 거의 매년 주선율영화 혹은 드라마의 의무상영 기간이 지침으로 내려왔으며, 2009년 건국 60주년에는 7개월 이상의 의무상영 기간이 주어졌다. 관방은 이처럼 전략의 수정으로 주선율영화의 홍보와 상영, 흥행에 대한 부담감을 덜면서 목적한 바를 적절하게 운용할 수 있는 체계를 갖게 되었다. 상업, 예술영화와의 상관관계를 탐색하는 주선율의 실험과 영화채널을 통한 주선율의 보급은 지속적으로 진행되었다. 그러나 전통적인 혁명, 역사, 전쟁 제재를 제외하고 실재의 인물과 사실을 각색한 '모범적인 영웅' 제재의 주선율영화는 대다수가 원선

시장에 진입하지 못했다. 행정적 처리를 통해 제한적으로 원선에 진입한 영화라 할지라도 대다수는 관객들의 호응을 얻기가 어려웠다.

'사회주의 찬양'을 주제로 한 영화가 순수하게 관방에 의해 제작되었다면 '사회의 공공 규범'을 표방하는 주제는 상업영화 제작자가 주도적 역할을 하며 관방은 지원과 보조 역할을 담당하였다. 이러한 영화들은 상업성과 함께 주선율적 요소인 애국주의와 전통적 가치관 등을 내포하고 있었다. 여기에는 국공내전을 배경으로 사회주의자의 신념과 사랑을 담은 〈홍색연인紅色戀人〉(1998), 수려한 자연경관에 가족의 의미를 강조한 〈그 산, 그 사람, 그 개那山, 那人, 那狗〉(1999), 황폐한 시골의 교육환경과 천진난만한 어린 소녀의 순수, 약속을 담은 〈책상서랍 속의 동화一個都不能少〉(1998), 저능아 동생을 둔 형과 아버지의 가족애를 다룬 〈샤워洗澡〉(1999) 등이 있다.

관방은 이러한 과정을 통해 감독과 친화를 강화하고 그들을 주선

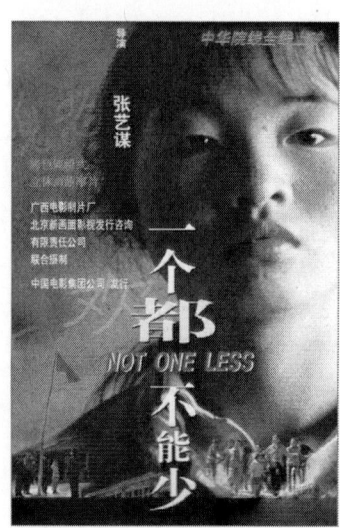 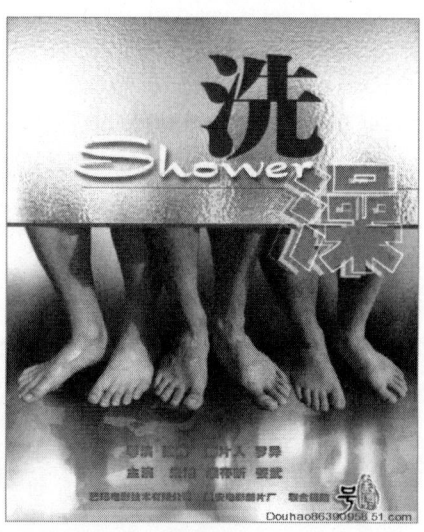

〈책상서랍 속의 동화〉(장이머우, 1999)   〈샤워〉(장양, 1999)

율의 영역 안으로 끌어들이거나 검열과 제재를 통해 감독 길들이기에 나섰다. 1996년 한 해 동안 베이징영화제작소에 제출된 20여 편의 영화 중에서 8편이 국가의 이익과 공익, 도덕윤리, 성, 미신, 폭력 등을 조장하거나 해롭다는 이유로 상영불가 판정을 받았으며, 상영금지와 수정 그리고 배급과 상영에 대한 제재(制裁)는 당시 감독들이 거쳐 가는 의례로 인식되었다. 영화검열과 감독의 활동금지 조치가 적극적인 제재 수단이라면, 금계상(金鷄賞, 평론가상), 백화상(百花賞, 관객상), 화표상(華表賞, 정부상)은 주선율영화와 친정부적인 영화를 독려하기 위한 방편으로 이용되고 있다. 주선율은 국가 이데올로기를 주입하는 것으로, 영화가 나아가야 할 창작 노선의 방향을 제시하고 그 기준을 따를 것을 채찍과 당근으로 통제하는 것이다.

3) 세 번째 단계: 1990년대 후반~현재

1990년대 후반 주선율영화의 문화의식이 산업의식으로 확장되는 원인으로는 할리우드영화의 자국 영화시장 점유율에 대한 불안감 확산에 기인하는 바가 크다. 1995년부터 중국영화공사는 매년 10편의 해외 대작을 수입하였는데 전국적으로 60%의 흥행을 점유했다. 1998년 〈타이타닉〉이 중국 대륙에서 3.2억 인민폐의 흥행을 기록하면서 당해 총 흥행인 14.4억의 1/5을 차지하였다. 게다가 2001년 가입한 WTO는 할리우드에 대한 중국영화계의 위기감을 더욱 증폭시켰다. 자국영화가 자국 관객에게 외면당하는 현실과 자국영화의 완성도에 대한 자괴감 그리고 사회 곳곳에 침투하는 할리우드의 이데올로기, 자본주의 문화는 자존심에 대한 상처로 각인되었다. 할리우드의 공세에 놓인 1990년대 말은 1980년대 후반부터 1990년대 중반까지 대중문화의 패권을 다투던 상황과는 전혀 다른 양상으로 발전했다. 주선율영화의 다양화에서 고민하던 관방은 할리우드영화로 인한 문화의 유입을 '제국주의 문화침략'이라 칭하며 위기감을 표출하였으며, 영화계는 적극적으로 공감을 표현하였다. 할리우드 영화의 흥행은 내부적으로는 국가 이데올로기와 자국의 문화 그리고 영화산업 보호를 위한 영화계의 결속을 다지는 계기가 되었다.

이와 같이 세 번째 단계는 1990년대 후반 할리우드의 공세와 WTO에 직면하면서 문화의식이 산업의식으로 확장되어가는 과정이었다. 관방은 할리우드의 정치성과 산업성, 상업성을 모방하여 중국, 타이완, 홍콩이 공동제작(투자)한 무협대작에 중화주의적 가치관을 주입하여 할리우드에 대항하는 한편, 기존의 주선율영화 사업 정책을 지속적으로 펼쳐나갔다.

중국에서 할리우드에 대한 연구는 1980년대 후반부터 있어왔으나 전반적인 논의는 1990년대 후반 할리우드영화가 중국에서 흥행을 이어가는 것에서 공론화되었다. 논의는 주로 할리우드영화의 오락성과 영화산업시스템 그리고 영화에 내재된 이데올로기 등에 관한 것이었다. 관방은 1997년 홍콩 반환 1주년 기념으로 주선율영화 최초로 인민폐 1억 위안을 투자하여 〈아편전쟁阿片戰爭〉을 제작하였다. 중국 민족주의에 오락성을 결합한 영화로, 할리우드를 모방하여 만들었으나 흥행에는 실패하고 말았다. 이후 관방은 1999년 '중국영화그룹공사(中國電影集團公司)'(이하 '中影')를 설립하였다. "브랜

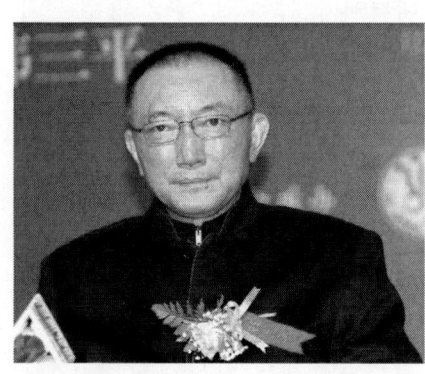
중국영화그룹공사 회장 한싼핑

영화로 만나는 현대중국

드를 창조하여 시장을 점유하고, 국내를 기반으로 세계로 나아간다"라는 발전전략으로, 세계적인 지명도를 가지고 있는 장이머우, 천카이거, 리안(李安), 쉬커(徐克), 저우싱츠(周星馳) 등의 거장과 협력하여 대작무협영화 제작에 나섰다. '중영'은 민방 특히 홍콩, 타이완의 자본과 기술, 배우, 마케팅을 중심으로 적극적인 연대에 나섰다. 중화권만의 독특한 장르인 무협영화를 이용하여 권선징악, 충효사상, 대의명분, 중화사상 등 중국적 가치관과 문화를 전파하려는 민족주의적 발상이 숨겨져 있으며, 중국어영화의 무협장르는 세계시장을 향한 주선율의 첫걸음이자 또 다른 목표이다. 이러한 맥락에서 2000년부터 최근까지 등장한 대작무협영화들의 굴기를 이해할 수 있다. 사실 관방의 이러한 노력은 괄목할 만한 성과를 거두었다.

미국 박스오피스 집계사이트인 '박스오피스 모조'에 따르면 미국 영화시장에서 외국영화 흥행순위 10위권 내에 1위 〈와호장룡臥虎藏龍〉(2000), 3위 〈영웅英雄〉(2004), 6위 〈곽원갑霍元甲〉(2006), 10위 〈쿵푸허슬功夫〉(2004)이 올라 있는 것이 이를 방증한다. 그러나 "현재 세계시장에서 어필할 수 있는 것은 고전극뿐"이라는 장이머우의 언급처럼 중국영화는 장르의 한계성을 가지고 있다.

21세기에 들어서면서 중국영화는 2001년 88편, 2004년 212편, 2007년 402편, 2010년

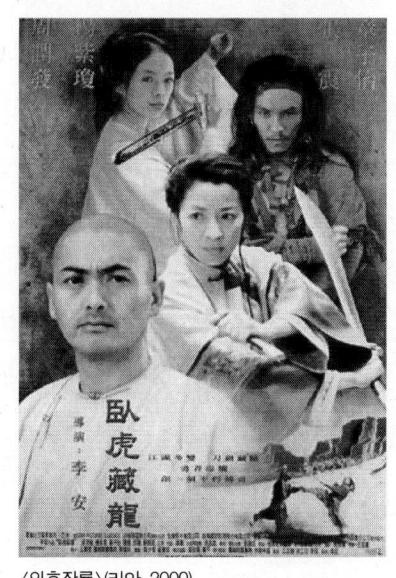

〈와호장룡〉(리안, 2000)

526편으로 급속도로 성장하였다. 그러나 2007년 영화 흥행 순위 10
위 내의 거의 모든 작품이 홍콩과 합작해서 만든 작품으로 총 흥행
수입 7.4억 중 41%를 차지하였다. 중국영화 성장의 이면에는 2004년
1월부터 발효된 중국과 홍콩의 자유무역협정(CEPA)에 힘입은 바 크
다. CEPA가 홍콩 영화계의 중국 진입을 독려하고 자국 영화산업 발
전의 자양분으로 삼는 한편, 순화된 작품과 감독을 배양한다는 것은
두말할 나위가 없다. 그리고 2010년 9월에 발효된 중국과 타이완의
자유무역협정(ECFA)은 중국 영화산업 성장의 또 다른 동력이 될 것
으로 전망된다.

5. 다시 주선율영화를 생각하며

    합작영화에 비해 저조한 주선율영화의 흥행은 여전히 호응의 빈
곤에 시달리고 있지만, 주선율을 바라보는 관객들의 평가는 냉정하
며 가혹하다. 2007년 관객선호도조사에서 "주선율영화의 가장 큰
문제점은 무엇인가?"라는 질문에, 실제와 동떨어진다(36.1%), 엉성
하고 완성도가 떨어진다(28.6%), 교화적 색채가 농후하다(24%), 관
람 후 얻을 게 없다(11.3%) 순으로 나타났다. 2009년 4월 건국 60주
년을 맞아 개봉한 헌정영화 〈수학능력시험1977高考1977〉의 시사회
에서 주인공이 "이 영화를 보기 전에는 주선율영화라고 말하지 마세
요"라고 한 말은 주선율영화라는 타이틀이 대중들에게 어떠한 의미
로 각인되어 있는지 의미심장하다. 이러한 맥락에서 주선율영화가
상업, 예술영화를 넘어 최근 소자본영화에까지 영역을 확장하는 것
에 대한 이해가 가능하다.

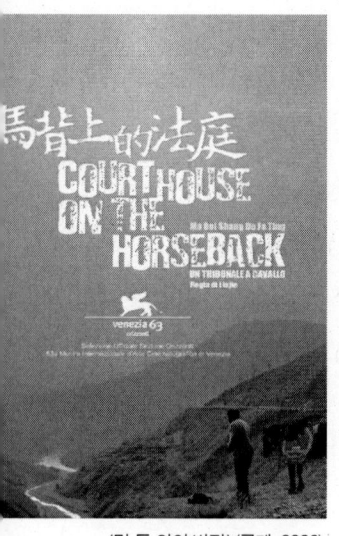
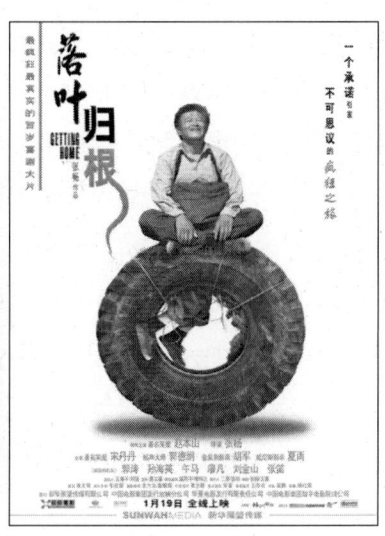
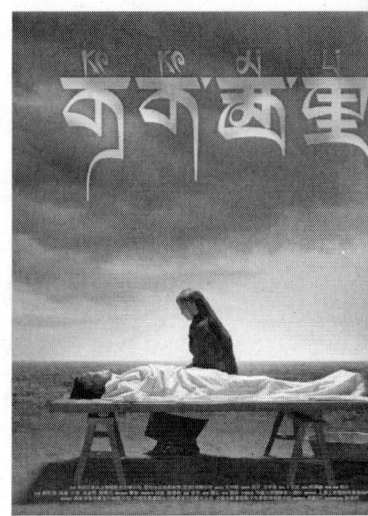

〈말 등 위의 법정〉(류제, 2006)　　　〈낙엽귀근〉(장양, 2007)　　　〈커커시리〉(루촨, 2004)

　　1990년대 이데올로기에 대한 저항의 뜻으로 불리던 '지하영화'
는 제6세대 감독의 또 다른 명칭이었다. 그러나 2000년대 들어서면
서 소자본 예술영화라는 의미의 '독립영화'로 지칭되고, 신예감독
인 장양(張楊), 루촨(陸川), 샤오펑(蕭鋒) 등은 출현과 더불어 주선율
의 보조를 맞추고 있다. 2008년 중국영화가협회의 부주석으로 펑샤
오강, 이사로 자장커(賈樟柯) 등이 선출되고, 5, 6세대 감독의 작품은
대부분 사회 비판적 기능을 상실한 지 오래다. 그러나 관객과 소통
을 목표로 제작되는 영화가 관방의 역린을 건드리면 배급과 상영에
서 제한을 받는다는 점에서 그들의 행위는 일면 수긍이 가능하다.
또한 미약하나마 점진적으로 심사 기준이 완화되고 주선율영화의
영역이 광범위해지는 측면에서, 제도권으로 편입되는 것이 부자연
스러운 현상이라고 볼 수만은 없다.
　　1989년 6월 4일 발생한 '톈안먼사태'는 공권력 강화의 지표가 된

다. "톈안먼광장의 대학살 이후 자유주의는 종말을 맞이했고, 검열 체제를 통해 이데올로기 통제가 강화되었다. 1989년 이후 문화 통제 는 문화대혁명 때 경험한 것만큼이나 가혹하고 구속이 심하다"고 밝 힌 자장커의 말과 같이, 정부는 역사의 열패감에 사로잡혀 있고 영 화창작의 자율성은 극도로 제한받고 있다. 1942년 「문예강화」에서 밝힌 예술의 정치적 기능은 유효하다. '삼돌출'의 조악한 연출방법 은 시간에 묻혔지만 그 정치적 기능은 여전히 살아 있다. 정치적 기 능이 이전의 문예정책에서는 창작자에 국한된 것이었다면, 주선율 에서는 고차원적이고 세련된 형태로 창작자와 소비자에게 작동한다 는 점이 그 차이이다.

주선율은 생존영역을 확장해왔으며 그러한 추진력을 제공한 것 은 '중국적 특색의 사회주의'라는 국가 이념체제이다. 이러한 점에 서 주선율의 미래는 이념체제와 함께한다고 할 수 있다. 정치에서 문화, 다시 산업으로 이어지는 의식의 확장, 순수한 주선율영화에서 상업, 예술영화의 흡수와 침투 그리고 국내에서 세계로 영역을 확장 하는 과정에서 주선율영화에서 나타나는 정치적 색채는 옅어졌지 만, 역설적으로 상업, 예술영화와 영화감독들에게 주선율의식은 더 욱 광범위하게 전파되었다. 주선율의식의 확장은 영화창작에 있어 역사, 인간, 현실, 생활 등에 대한 가치관의 다양성을 억압하는 기제 로 작용하고 있다.

영화로 만나는 현대중국

• 집결호集結號(펑샤오강, 2007)

　　제12회 부산국제영화제의 개막작. 국공내전 중 실종자로 처리된 전우의 명예회복을 위해 고군분투하는 내용으로, 전쟁영화의 외피를 두른 휴머니즘 영화다. 중국에서 상영되자마자 전쟁영화의 바이블로 자리를 잡았다. 이념의 대립을 고취시키는 과거 전쟁영화와는 달리 현대사의 질곡에 희생된 이들의 상처를 뜨겁게 어루만지고 있다. 상업영화로 출발했지만 종착지는 주선율영화.

• 바람의 소리風聲(천궈푸, 2009)

　　일제강점기, 일본 정보부의 내부 첩자를 잡기 위해 벌어지는 이야기를 다루고 있으며, 2009년 중국 건국 60주년에 헌정된 주선율영화다. 주선율적인 요소는 휘발되고 짜임새 있는 시나리오와 비중 있는 배우들로 인하여 상업영화로 인식되는 영화. 주선율영화의 변신은 어디까지인가? 주선율영화로 출발했지만 종착지는 상업영화.

• 책상서랍 속의 동화一個都不能少(장이머우, 1998)

　　자세한 것은 이 책의 제2부 〈책상서랍 속의 동화〉를 참고하세요.

참고 자료

박춘식(2009),「주선율 영화의 궤적 분석」,『중국어문학』제53집

서진영(2008),『21세기 중국정치』, 폴리테이아, 서울

이응철(2008),「현대중국의 주선율 영화와 독립다큐멘터리」,『비교문화연구』제14집 1호

현실문화연구 편집부 편집(2002),『지아장커, 중국 영화의 미래』, 현실문화연구, 서울

陳南(2002),『中國電影創作思潮評析』, 同濟大學出版社, 上海

陳幼華主編(2007),『暢銷書風貌』, 武漢大學出版社, 武漢

戴錦華(1999),『隱形書寫—90年代中國文化硏究』, 江蘇人民出版社, 南京

顧崢(2004),『新時期中國電映論』, 中國電映出版社, 北京

黃發有(2002),『準個體時代的寫作—20世紀90年代中國小說硏究』, 上海三聯書店, 上海

黃會林 · 兪虹(2007),『影視收衆調查與硏究』, 北京師範大學出版社, 北京

馮小剛(2003),『我把靑春獻給你』, 長江文藝出版社, 武漢

韓煒 · 陳曉雲(2003),『新中國電影史話』浙江大學出版社, 杭州

楊君 · 謝晋主編(2002),『今天 : 2 1世紀中國電影電視發展高級論壇』, 光明日報出版社, 北京

李建强 · 章柏靑主編(2007),『中國電影批評』, 上海交通大學出版社, 上海

陶東風 · 徐艶蕊(2006),『當代中國的文化批評』, 北京大學出版社, 北京

吳小麗 · 徐甡民(2005),『九十年代中國電影論』, 文化藝術出版社, 北京

饒朔光 · 裴亞莉(1997),『新時期電影文化思潮』, 中國廣播電視出版社, 北京

顏純鈞(2000),『文化的交響—中國電影比較硏究』, 中國電影出版社, 北京

顏純鈞(2003),『與電影共舞』, 上海遠東出版社, 上海

尹鴻 · 淩燕(2002),『新中國電影史』, 湖南美術出版社, 長沙

尹鴻(1998),『世紀轉折時期的中國影視文化』, 北京出版社, 北京

祁述裕(1998),『市場經濟下的中國文學藝術』北京大學出版社, 北京

中國電影家協會編(2001),『邁向21世紀的中國電影—第九屆中國金鷄百花電影節學術硏討會論文集』, 中國電影出版社, 北京

영화로 만나는 현대중국

尹鴻(1996),〈爲人文精神守望－大衆文化批評導論〉,『天津社會科學』, 제2기

張智華(2005),〈2004中國電影品牌分析〉,『電影藝術』, 제2기

劉宇淸(2008),〈華語電影:一個歷史性的理論範疇〉,『電影藝術』, 제5기

중국현대사와 중화의 형성

소수민족

티벳에서의 7년 Seven Years in Tibet
(장 자끄 아노, 1997)

곽 수 경

1. 중국의 민족구성

중국은 총인구수의 92%를 차지하는 한족(漢族)과 나머지 8%를 차지하는 55개 소수민족으로 이루어진 다민족 국가이다. 한족의 거주지는 주로 황허(黃河)와 창장(長江)을 중심으로 중국문명의 중심지였던 동남부에 집중되어 있다. 반면 소수민족이 집중적으로 거주하고 있는 소수민족자치구나 성(省)은 국경지역에 위치하고 있다. 이는 중원지역을 중심으로 형성된 중국민족이 주변지역으로 영토와 지배권을 확장해가면서 주변의 이민족을 끊임없이 흡수하고 통합한 결과라고 하겠다. 이처럼 소수민족들이 주로 국경지역에 거주하다 보니 현재에도 국경 너머에 자신의 모국을 두고 있는 소수민족도 많다. 비근한 예로 조선족만 하더라도 북한과 국경을 접하고 있으며 몽골족이 국경 너머에 몽골을 두고 있는 상황만 보더라도 쉽게 이해할 수 있을 것이다. 그밖에 현재 독립국가가 없는 위구르족, 티베트족 등은 독립적으로 살고 있다가 중국에 편입된 경우이다. 55개 소수민족 중에서 1백만 명 이상 인구를 차지하는 민족은 18개 민족이다. 그중에서 장족(壯族)은 1,600여만 명의 인구를 가진 최대 소수민족이고 그밖에 만주족(滿族), 회족(回族), 묘족(苗族), 위구르족(維吾爾族), 토가족(土家族), 이족(彝族) 등의 비중이 크며 인구가 가장 적은 '낙파족(珞巴族)'은 3천 명 정도이다.

중국 정부는 소수민족에 대해 소수민족 자치구와 자치주, 자치현 등을 설치하고 자치권을 부여하며 자치기구 설치를 허용하고 있다. 또한 재정권이나 고유의 풍속습관, 언어문자, 종교신앙을 허용하고 두 자녀를 허용하는 등의 우대정책을 실시하고 있다. 하지만 이들이 중국에 대해 조금이라도 반항하는 움직임을 보일 경우에는 철저히 통제를 하는데 소수민족의 분리독립 운동에 대해서는 강경 진압으로 맞서고 있다. 대부분의 소수민족들이 자신은 중국인이라는 현실을 받아들이고 동화되어 살고 있지만 그중에는 위구르족이나 티베트족과 같이 정책에 불만을 갖고 있거나 여전히 중국이 자국의 영토를 강제로 점령했다고 주장하며 강력하게 분리 독립을 요구하는 민족도 있다.

위구르족이 주로 모여 살고 있는 신장위구르자치구는 역사적으로 시안(西安)에서 시작된 실크로드가 통과하는 지역이었기 때문에 대상무역을 통한 문물의 집산지이자 교역지였다. 따라서 과거에 그들은 경제적으로도 비교적 자족하는 생활을 누렸고 문화적으로도 풍요로운 삶을 살았다. 하지만 개혁개방이 되면서 서부지역은 한동안 발전의 범주에서 벗어나 있어 낙후되었던 데다가 이후로는 서부

개발이라는 명목 하에 많은 한족이 소수민족 거주지로 밀고 들어오면서 그들의 기득권까지 뺏는 실정이 되었다. 이에 정부에 대한 이들의 불만은 커져만 갔고 분리 독립을 요구하기에 이르렀다.

위구르족보다 더욱 강하게 분리 독립을 요구하는 민족이 바로 티베트족이다. 이들이 분리 독립을 요구하는 이유는 위구르족과는 달리 애초에 중국의 티베트 점령을 인정하지 않는 데에서 비롯된다. 게다가 이들은 달라이 라마라는 정치적, 정신적 지도자를 중심으로 종교의 힘으로 굳게 뭉쳐 세계를 향해 지속적으로 자신들의 요구를 알리고 있어 중국정부로서는 여간 신경 쓰이는 존재가 아니다. 달라이 라마는 1989년 노벨평화상을 수상한 이후 세계 각지를 돌아다니면서 티베트 독립운동의 지원을 호소하고 있으며 중국에 대한 세계 각국의 외교적 마찰을 빚어내고 있다. 티베트 지역을 벗어난 승려나 티베트인들은 대부분 인도로 망명하여 난민촌을 형성하고 있는데, 인도정부는 이들을 받아들여 정착촌을 건설하게 도와주었을 뿐만 아니라 다른 부분에서도 많은 편의를 제공하고 있다. 중국정부는 이러한 인도의 태도에 대해 인도와의 국경분쟁 형식을 빌려 노골적인 불만을 표시하는 한편 달라이 라마의 존재를 인정하지 않고 있다. 대신 달라이 라마에 이어 제2인자인 판첸 라마를 지명함으로써 티베트인들을 통제하려고 하고 있다. 하지만 티베트인들은 중국정부로부터 교육을 받고 그들에 의해 일방적으로 지명된 판첸 라마를 받아들이지 않고 있다. 뿐만 아니라 2008년 베이징올림픽을 앞두고 세계적으로 자신들의 요구를 알릴 절호의 기회를 얻었다고 생각한 티베트인들은 또 한 차례 격렬한 시위를 벌였고, 초기 진압의 필요성을 느낀 중국정부는 유혈강경진압으로 대응했다. 이에 대해 세계가 분노하여 베이징올림픽 보이콧 사태 직전까지 치닫기도 하는 등 중국 내에서 티베트 문제는 해결하기 쉽지 않은 문제임을 한 번 더 확인하게 되었다.

이처럼 중국에서 소수민족 문제는 중국 국내의 문제로만 국한된 것이 아니라 세계적으로 연결되어 있는, 여러 면으로 대단히 중요한 문제이다. 그것은 무엇보다도 중국의 안보문제와 관련이 깊다. 중화인민공화국의 성립 과정에서 중국은 영토적 통일성과 국민통합을 이루고자 했고 청(淸)나라의 영토를 계승한다는 취지에서 소수민족 지역에 대한 점령을 통해 국경을 완성하려고 했다. 하지만 소수민족의 입장에서 볼 때 한족은 오히려 그들 지역으로 들어간 외래민족이었다. 그 결과 중국정부는 영토적으로 소수민족지역을 신생 국민국가인 중국에 편입시키는 작업은 물론 그 영토에 살고 있는 소수민족의 충성심을 유도해야 하는 문제에 직면하게 되었다. 중국과 주변국 사이에 분쟁이 일어났을 때 소수민족의 행동은 분쟁의 방향에 영향을 줄 수 있는 중요 요소가 될 수 있어서, 이런 점은 소수민족문제가 단순한 중국 국내 문제에 머물지 않고 국제정치 문제로 언제든지 비화할 수 있는 소지를 안고 있다. 이러한 소수민족이 가지는 간거주성(間居住性)은 소수민족이 항상 중간자 성격을 가진 집단으로 중국 사회의 통합에 중요한 변수가 될 수 있음을 의미한다. 더불어 최근 주목받고 있는 것은 경제적인 요인이다. 중국 국토의 60%를 차지하는 소수민족 거주지역은 중국에서 주요한 자원의 보고이기 때문이다. 석유, 석탄, 철광석, 우라늄, 티타늄 등의 주요 매장지는 주로 변방 소수민족지역에 위치하고 있다. 가령 중국 및 동남아의 주요 하천의 수원(水源)은 모두 티베트인들의 거주지에 존재하는 것처럼 중국의 소수민족지역은 경제적인 측면에서도 부근의 국가에 영향을 미칠 수 있다. 뿐만 아니라 이는 경제적인 측면에서 다른 측면으로

확산될 수도 있는 문제이다.(박승록 2008, 423-426쪽 참고)

그래서 중국은 소수민족을 중국으로 결속시키고 더욱 강대한 중국을 만들기 위해서 중화민족이라는 개념을 강조하며 이들을 중국에 편입시키는 작업을 늦추지 않고 있는 것이다. 현실적으로 중국이 소수민족의 분리독립 요구를 받아들일 가능성은 없지만 만약 그렇게 된다면 지속적으로 분리독립운동을 벌이고 있는 티베트족이나 위구르족 이외의 몽골족을 비롯한 기타 소수민족들도 분리독립을 요구하고 나설 수도 있고, 그 영향력은 홍콩이나 마카오, 타이완에까지도 미칠 수 있는 등 궁극적으로 중화, 그리고 중국의 붕괴에까지 이를 수 있기 때문에 중국이 소수민족에 대한 통제와 결속의 고삐를 늦추지 않는 것은 당연한 일이라고 하겠다.

2. 티베트와 중국

오스트리아의 산악인인 하인리히 하러는 티베트에서 7년을 보낸 후 고국으로 돌아가서 1953년에 자신의 경험을 담아 자전적 르포르타주(기록문학)인 『티벳에서의 7년』을 썼다. 영화 〈티벳에서의 7년〉은 1997년에 장 자끄 아노 감독이 그 책을 원작으로 하여 동명의 영화로 만든 것이다. 하지만 영화에서 하러의 아내와 아들의 관계, 페마를 두고 페터와 벌이는 신경전 등은 모두 허구이다. 영화는 브래드 피트가 분한 하러가 성숙해가는 과정을 담은 성장영화처럼 보이기도 하는데, 이기적이고 유아적이며 감정적이던 하러는 점차 다른 사람을 염려하고 배려하며 화합하는 인물로 변해간다. 영화의 시작에서 하러는 아들의 탄생마저도 받아들이기 힘들어 등반을 구실로

TIP

중국의 55개 소수민족 중에서 100만 명 이상의 인구를 가진 18개 소수
민족은 아래 표와 같다.

중국의 소수민족 인구 분포표(2007)

	민족	인구(명)	주요분포지구
1	장족(壯族)	16,178,811	광시, 윈난, 광둥
2	만주족(滿洲族)	10,682,262	랴오닝, 지린, 헤이룽장, 허베이, 베이징, 네이멍구
3	회족(回族)	9,816,805	닝샤, 간쑤, 신장, 칭하이
4	묘족(苗族)	8,940,116	구이저우, 후난, 윈난, 광시, 쓰촨, 광둥
5	위구르족(維吾爾)	8,399,393	신장
6	이족(彝族)	7,762,272	쓰촨, 위난, 구이저우, 광시
7	토가족(土家族)	8,028,133	후난, 후베이, 쓰촨
8	몽고족(蒙古族)	5,813,947	네이멍구, 신장, 랴오닝, 지린, 헤이룽장, 간쑤
9	티베트족(藏族)	5,416,021	티베트, 칭하이, 쓰촨
10	포의족(布依族)	2,971,460	구이저우
11	동족(侗族)	2,960,293	구이저우, 후난, 광시
12	요족(瑤族)	2,637,421	광시, 후난, 윈난, 광둥, 구이저우
13	조선족(朝鮮族)	1,923,842	지린, 랴오닝, 헤이룽장
14	백족(白族)	1,858,063	윈난, 구이저우, 후난
15	하니족(哈尼族)	1,439,673	윈난
16	카자흐족(哈薩克)	1,250,458	신장
17	여족(黎族)	1,247,814	하이난
18	태족(傣族)	1,158,989	윈난

왕순홍(2007), 120-121쪽 재구성

현실에서 도피한다. 등반을 하면서도 동료들과 마찰을 일으키며 개인적이고 미성숙한 모습을 보여준다. 하지만 하러는 영화가 진행될수록 사람들과 화합하고 성숙해가는 모습을 보이며 진정으로 티베트를 이해하고 걱정하는 인물로 변화한다. 또한 영화에서는 하러가 일찍이 나치당원으로 활동했던 경력이 있는 것으로 설정하여 나중에 중국이 티베트를 강제 점령하며 저지른 폭력과 횡포를 나치의 그것과 동일한 것으로 비유하며 반성하는 것을 통해 중국의 행위를 비판하고 있다.

자료에 의하면 티베트는 민족과 어족(語族)에 있어서도 중국과 엄연히 구별되며 독립된 나라였지만 앞에서 언급한 대로 중국공산당이 중화인민공화국을 건국하는 과정에서 청나라의 영토를 회복한다는 구실 하에 강제 점령했다. 물론 역사적으로 티베트인과 중국인은 족히 2천 년이 넘는 관계를 지속해왔고 그 과정에서 티베트의 일부가 몇 차례 중국에게 점령을 당한 적도 있었지만, 그들은 매번 자체적인 힘으로 그 지배에서 벗어났으며 심지어 반대로 티베트가 중국 영토를 점령하기도 했었다. 티베트 민족은 7세기 송첸 감포 왕 시기에 거대한 왕국을 이룩했는데, 이 왕국의 영토는 북쪽으로 중국령 투르키스탄, 서쪽으로 중앙아시아, 그리고 심지어는 현재 중국 내부에까지 닿아 있었다. 서기 763년에 티베트는 당시 중국 수도였던 장안(長安, 현재의 시안)을 점령했으나 10세기 무렵 티베트 왕국이 몰락하자 정치적으로 인정되는 티베트 영토 밖으로 상당수의 티베트 민족으로 남겨두게 되었고 이후 300년 동안 중국과의 관계는 최소 수준에 머물렀다.

중국은 원(元)나라나 청나라 때 티베트의 일부 영토가 그들의 통치나 영향권 하에 있었다는 점을 근거로 티베트에 대한 영토권을 주장했다. 하지만 원나라는 몽골족이 통치한 나라로, 한족은 1368년에 서야 그 통치에서 벗어나 명(明) 왕조를 수립했던 것에 반해 티베트 는 1358년에 스스로 몽골의 통치에서 벗어났었다. 청 강희제 때 강 력한 군사력과 강제적 외교를 바탕으로 동부 티베트 지역, 특히 거 의 완전히 티베트 토박이들의 거주지라고 할 수 있는 캄과 암도 지 역에 대한 지배권을 취하기는 했다. 하지만 그것은 명목상의 지배권 에 불과했고 티베트 민족은 1865년에 이 지역의 거대한 부분을 회복 했다. 그 밖의 중국의 통제나 진압 등에 대해서도 매번 티베트는 중 국을 물리쳐왔고 1914년 7월 3일 시믈라조약에서 티베트의 독립이 승인되었다. 이에 중국은 즉시 협정을 부정했는데 그것은 주로 그들 이 동부 티베트에서 최근에 정복한 영토의 상당 부분을 내주고 싶지 않았기 때문이었다. 협정 조인국인 티베트와 영국령 인도는 티베트 에서 중국이 주장했던 권리와 특혜를 공식 철폐했다. 그 뒤 38년 동 안 티베트는 중국으로부터 완전히 독립한 상태였다.

그렇기 때문에 티베트로서는 티베트에 대한 중국의 영토권 주장 은 터무니없는 것이지만 그럼에도 불구하고 중국은 1949년 공산당 정권 수립 직전부터 무장군대를 보내 동부 티베트의 넓은 지역을 침 입했고 더 나은 무기와 군수품을 갖춘 강력한 증원군을 보냈다. 티 베트 군대는 규모가 보잘 것 없었고 장비도 형편없었으며 잘 훈련받 은 중국 정예부대의 상대가 되지 못했다. 1950년 10월 7일 크게 증강 된 인민해방군 병력이 양쯔강(陽子江) 너머에 있는 티베트 군대를 두 갈래로 공격하기 시작했다. 12일에 걸친 격렬한 전투 끝에 티베트 부대는 1950년 10월 19일 동부 티베트 총독의 본부인 참도를 내줄 수밖에 없었다. 그렇게 해서 1951년 5월 23일 '17개 항목 협정'이 체 결되었다. 1949년 인민해방군이 티베트 영토를 무장으로 점령하기 시작한 이후로 1백만 명이 넘는 티베트인이 중국의 통치하에서 죽었는데, 이 중에는 고문으로 죽은 10만 명에 육박하는 티베트인이 포함되어 있다고 한다.(폴 인그램 2008, 36-44쪽 참고)

영화에서는 이상과 같이 중국공산당이 집권하기 직전부터 옛 중국의 영토를 회복한다는 명목 하에 티베트를 강제 점령한 내용이 잘 묘사되고 있다. 하러와 페터는 포로수용소에서 탈출한 후 산에서 마주친 티베트인들에게 돌팔매질을 당하고, 가까스로 티베트 마을로 들어가려 하지만 두 명의 티베트인에 의해 "외국인은 안 된다"고 쫓겨난다. 하지만 하러는 오히려 이들을 골탕 먹이고 마을로 들어가는데 마을에서도 악귀 취급을 당한다. 그 이유는 곧 밝혀지는데, 13대 달라이 라마의 예언서에 "언젠가 티베트는 외국인의 침략을 받게 될 것이니 미리 예방하지 않았다가는 모든 승려와 사원들이 외세의 지배하에 놓이게 될 것이며 달라이 라마까지 외국을 떠돌며 유랑생활을 하게 될 것이다"라고 씌어 있었기 때문이다.

이것은 티베트가 중국의 침략을 받고 그들의 지배를 받게 되는 현실을 말하는 것으로, 여기에서 중국을 외국인, 혹은 외세로 지칭

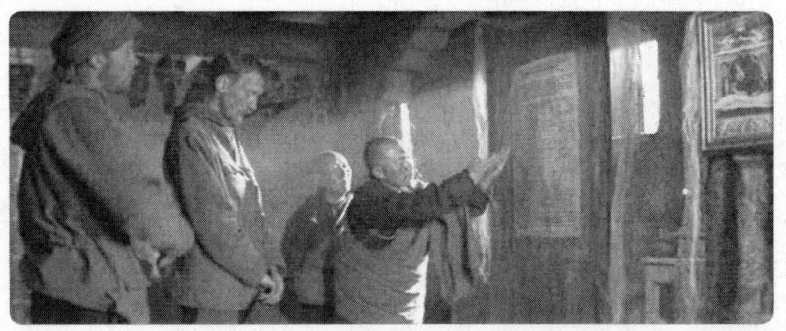

하러와 페터가 천신만고 끝에 티베트 땅으로 들어가려 하자 여러 사람들로부터 홀대를 당한다. 그것은 바로 전대 달라이라마가 외국인에 의해 티베트가 점령될 것이라고 예언했기 때문이다.

영화로 만나는 현대중국

함으로써 티베트가 중국과는 별개의 독립국임을 분명히 하고 있다는 것을 알 수 있다.

이후 하러가 티베트에서 정착생활을 하게 되면서 티베트와 중국 사이에서 일어나는 사건도 구체적으로 묘사된다. 비서관인 나왕이 중국공사관에 가서 티베트는 중국정부의 수도원 무상지원금을 거절한다는 사실을 알리고 나올 때 그곳으로 무기상자들이 운반되고 있는 모습이 보이는데, 이는 곧 있을 중국의 무력 침공을 암시한다. 그리고 공산당이 집권하기 직전인 1945년 5월, 하러는 페마와 페터의 신혼집을 방문하여 중국에서 공산당이 거의 정권을 잡게 되었다는 이야기를 나눈다.

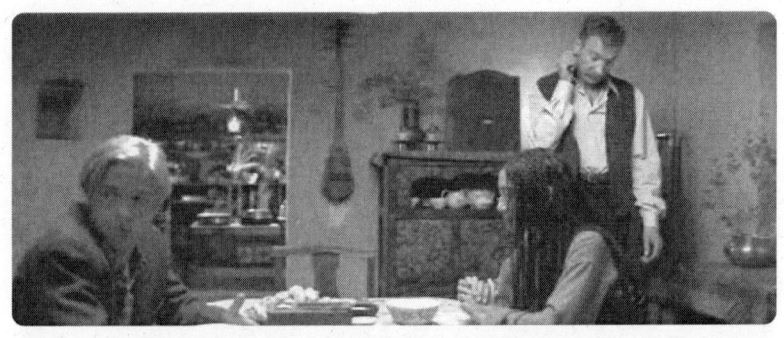

하러는 페터와 페마의 신혼집을 방문했다가 라디오를 통해 중국공산당의 집권 소식을 듣게 된다.

곧이어 라디오를 통해 마오쩌둥이 중국 국가주석으로 선출되었다는 소식과 마오쩌둥 정부는 첫 번째 임무를 구영토 회복에 두고 있으며 티베트가 옛 중국의 신성한 땅이라며 합병을 천명했다는 뉴스가 보도된다. 이어진 티베트의 각료회의에서 섭정관은 "우리 티베트는 자치국임을 중국에 알렸다, 우리는 독립국이다, 중국공사 전원을 나라 밖으로 추방하라"는 명령을 내린다. 이에 중국공사관은 중

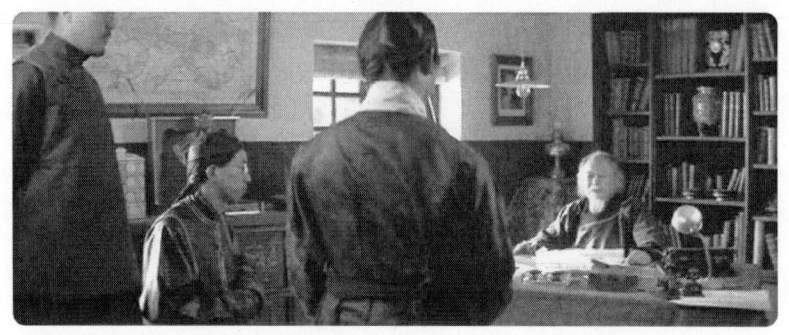

비서관 나왕이 중국공사에게 중국공사관 폐쇄 결정을 알린다.

국국기를 내리고 중국으로 돌아가고 중국공사관은 폐쇄된다.

하지만 중국인이 달라이 라마의 고향이자 국경 북쪽인 암도에 불을 지르고 총을 난사하며 동족 간의 잔인한 살인을 강요당하는 라마의 악몽을 통해 앞날이 암시된다. 이 악몽은 곧 현실이 되어 중국군이 암도까지 침범해서 마을과 사원을 불태우고 신성한 경전까지 불태웠으며 승려도 몇 명 죽었다는 소식이 전해진다.

섭정관이 선대 때부터 군사를 훈련시켜야 한다고 주장했던 집정관에게 지금이라도 그럴 수 있겠냐고 묻자 집정관은 난처한 표정을

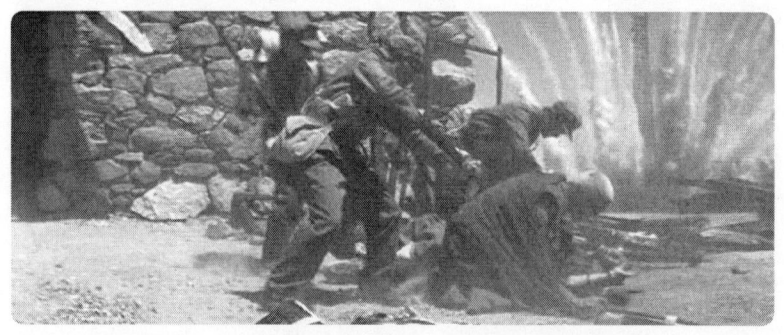

달라이라마는 중국해방군이 자신의 고향 암도로 쳐들어와서 사람들을 학살하는 악몽을 꾼다.

짓는다. 왜냐하면 중국군은 백만 명인 데 반해 티베트는 대포를 쏘는 군사 8천만 명과 구식 포와 기관총 몇 백 정이 전부이기 때문이다. 하지만 민족의 위기 앞에 달리 방도가 없어 집정관은 불가능하지만 해보겠다고 하고 군사훈련을 시작한다.

티베트는 보잘것없는 군사 훈련을 하는 한편 중국 측 장성 3명을 맞이하기 위해 사람들이 자유롭게 노닐던 땅에 비행기 활주로를 만든다. 평화의 상징이던 땅이 전쟁을 준비하고 순박한 사람들의 얼굴에는 전쟁에 대한 두려움이 깊이 배어 있다. 이런 모습을 보며 하러는 한때 나치당원 활동을 했던 자신이 포악한 중국인과 다를 바 없다고 생각하며 깊이 뉘우친다. 사원에서는 승려들이 호국을 기원하는 불공을 드리기에 여념이 없고 중국 장성을 위해 정성을 다해 만다라를 만든다. 장관이 된 나왕은 비행장에서 중국 국기까지 내걸고 중국 장성을 맞이한다. 비행장에서는 중국 국가가 연주되고 포탈라궁에서 성대하게 중국 대표들을 맞이하지만 그들은 며칠 동안에 걸쳐 만든 만다라를, 교화와 평화를 상징하는 만다라를 무참히 짓밟는다. 또한 달라이 라마에게도 예의를 지키지 않고 무례하게 군다.

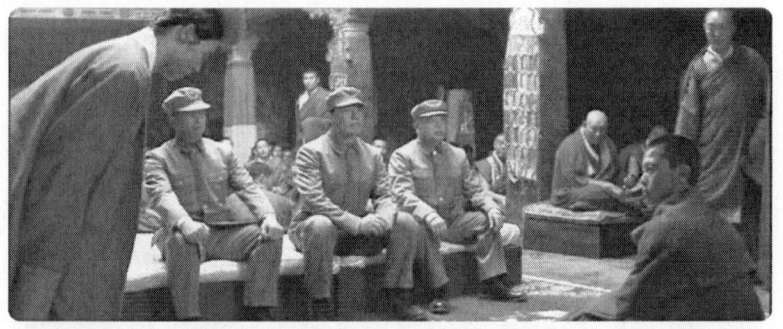

달라이 라마보다 낮은 위치에 앉을 수 없다며 무례하게 구는 중국대표들. 달라이 라마는 스스로 내려와서 분쟁을 피하고 차분하게 자신들의 생각을 전한다.

어린 달라이 라마는 현명한 태도로 그들과의 마찰을 피하지만 "우리는 천성이 선한 국민이고 폭력을 거부한다, 하지만 나약한 국민이라고 오해는 마라"라며 유순한 듯 보이면서도 힘 있는 말을 한다. 중국 대표들은 티베트가 중국을 종주국으로 인정하면 자치권과 종교의 자유를 보장하겠다고 제안하지만, 달라이 라마는 자신이 아직 어려서 그런 일은 모른다고 정중하게 대답을 회피한다. 이것은 또한 그들이 실질적인 지도자인 섭정관이 아니라 자신을 찾아온 잘못을 꾸짖는 것으로, 대신 달라이 라마는 중국 대표들에게 경전과 부처의 말을 전한다. "죽음에 대한 공포보다 더 큰 힘이 생명에 있다. 이를 생각하면 누구도 살생을 할 수 없다. 이것이 티베트 국민의 본성임을 명심하라. …… 티베트인은 천성이 선한 국민이고 폭력을 거부한다. 그렇다고 해서 나약한 국민이라고 오해는 말라"라고. 이는 비록 티베트가 힘은 약하지만 중국에 쉽사리 굴복하지 않을 거라는 의지의 표명이며 중국이 티베트에 행사하려는 폭력을 꾸짖는 말이기도 하다. 달라이 라마의 말을 듣고 있던 중국 대표들은 자리를 나가면서 "종교는 아편이야"라는 말을 던지는데, 티베트에 대해 군사행동을 서슴지 않을 것임을 예상할 수 있다.

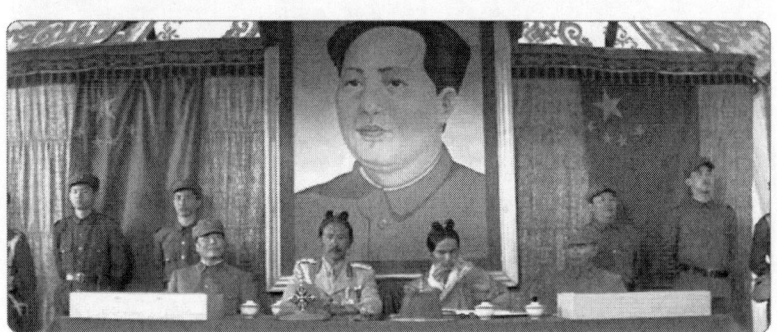

티베트는 결국 중국에 패해 조인서에 서명을 한다.

죽을힘을 다해 중국군에 맞설 것이며 항복보다 죽음을 택할 것이라던 사령관 나왕은 티베트군이 중국군에게 공격을 받아 처참하게 패하자 무기를 모두 불태우고 도망친다. 티베트는 11일 만에 패전하여 마오쩌둥의 대형사진 앞에서 중국 측 대표와 서명한다. 집정관은 무기가 있었으면 게릴라에게 무기를 줘서 몇 달이라도 버티며 외국에 청원할 수도 있었을 것이라며 무기를 태워버린 나왕의 행동을 탓한다. 라싸 거리에는 중국군이 활보하고 마오쩌둥의 대형사진이 내걸리며 오성홍기가 펄럭인다.

하러는 달라이 라마의 안위를 염려하여 국외로 피신하기를 권하지만 달라이 라마는 국민들을 위해 떠날 수 없다고 한다. 이어 달라이 라마의 즉위식이 거행되고 하러는 달라이 라마의 축원 속에 마침내 오스트리아로 돌아간다. 달라이 라마가 어린 시절부터 늘 지니고 즐겨 듣던 뮤직박스가 하러와 아들의 화해에 매개가 되어 하러는 소년으로 성장한 아들과 함께 설산을 오른다. 영화의 이 마지막 장면 위로 "중국 점령 시 백만 명의 티베트인이 죽었고 6천여 곳의 사원이 파괴되었다. 1959년 인도로 피신한 달라이 라마는 여전히 중국과의 해결책을 찾고 있다. 1989년 노벨상을 수상한 후 하러와는 아직

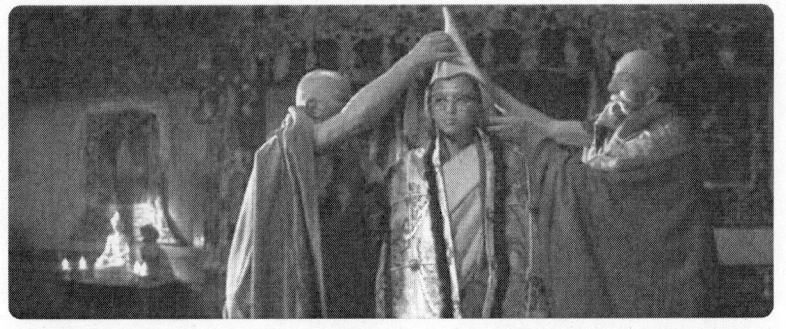

국민들의 요구를 받아들여 위험을 무릅쓰고 즉위하기로 결정하고 즉위식을 준비하는 달라이 라마

도 친구처럼 지내고 있다"는 자막이 흐른다.

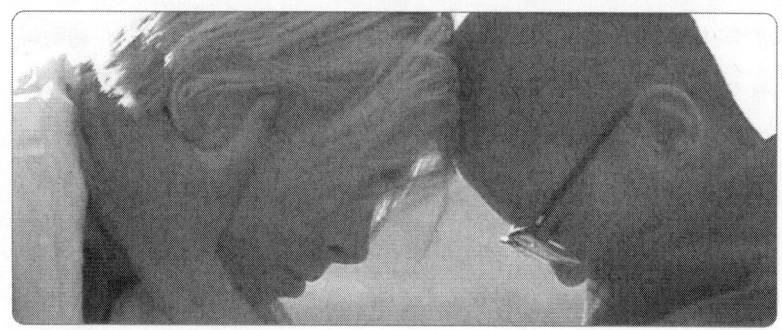

작별을 아쉬워하는 하러와 달라이 라마

3. 오리엔탈리즘-티베트인과 라마불교

　외국인에게 있어 고산준령의, 인간의 흔적이 많지 않은 티베트라
는 지역과 독특한 티베트인의 사상과 풍습은 그 자체로 신비롭다는
사실을 부인할 수 없겠지만, 영화는 전반적으로 동양은 신비롭고 정
신적이며 낙후되어 있어 서양인이 가르쳐주어야 한다는 것과 같은
오리엔탈리즘적 시선이 녹아 있어 서양인이 감독이라는 사실을 단
번에 알 수 있게 한다.

　먼저 영화는 전체적으로 풍성한 시각적 향연을 마음껏 베푼다.
높고 신비로운 설산, 산에 걸쳐 있는 무지개, 빙벽, 얼음 속으로 흐르
는 물, 아름다운 고원, 구름, 파란 하늘, 산 아래의 작은 마을, 티베트
마을의 장터, 웅장한 포탈라궁, 티베트인들의 복식, 라마승들과 티
베트의 불화(佛畵)들……

　영화는 시작 부분부터 어린 달라이 라마의 대관식 장면을 슬쩍

끼워놓기도 하면서 생활 곳곳에 뿌리 깊게 박혀 있는 라마불교적 양식을 보여준다. 중국에서는 송첸 캄포 왕에게 당나라의 문성공주가 시집을 가면서 티베트에 불상을 가져감으로써 불교를 전해주었다고 주장하고 있다. 하지만 사실 문성공주는 티베트의 정복사업에 따른 공물로 보내진 인물이었다. 송첸 캄포 왕에게는 모두 다섯 명의 아내가 있었는데, 한 명은 네팔인, 세 명은 티베트인, 그리고 문성공주였으며 그중에서 첫 번째 아내는 네팔인이었고 그녀 역시 불상을 가져왔다. 유명한 조캉사원은 네팔인 공주 브리쿠비 테비에 의해 지어

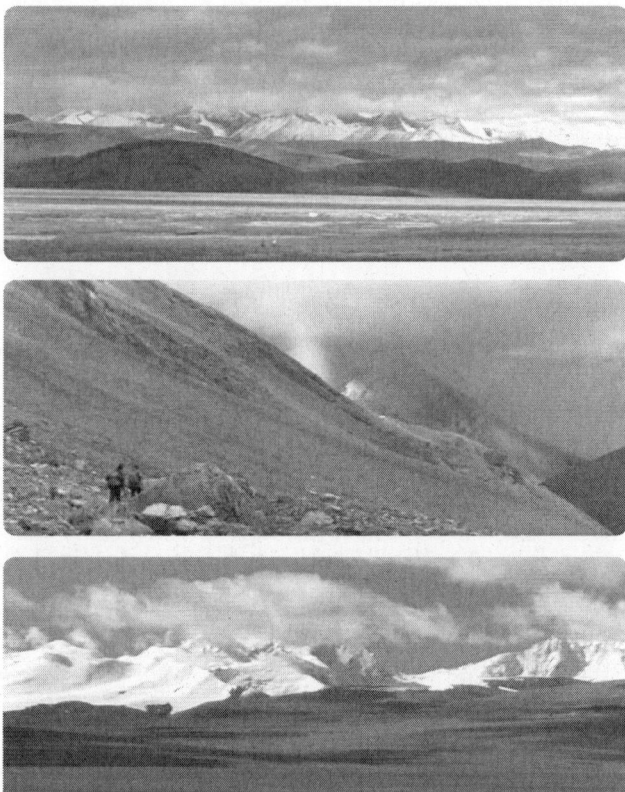

아름답고 신비로운 티베트 풍광과 티베트인들

졌다. 이미 792년에 벌어졌던 큰 논쟁에서 티베트불교의 기원이 인도임을 확인한 바 있다고 하여(폴 인그램 2008, 46쪽 참고) 티베트불교가 중국에서 기원했다는 중국 측 주장은 잘못된 것이라고 한다.

라마불교는 부처가 환생한 활불(活佛)로 여기는 달라이 라마를 최고의 정치적, 정신적 지도자로 삼고 있다. 그들의 전통에 따르면 달라이 라마가 입적(入寂), 즉 사망하게 되면 환생한 사람을 찾는데, 여러 가지 물품 중에서 달라이 라마가 생전에 사용했던 것들을 골라내는 테스트를 통과해야 한다. 그런 다음에는 다방면으로 지도자로서 가져야 할 지식과 소양 등을 교육받고 최고의 지도자가 되는 것이다. 그렇기 때문에 달라이 라마를 접견할 때는 "엎드려 절하고 항상 머리를 숙이고 두 손을 모아야 하며, 자리에 앉을 때에도 낮은 위치에 앉아야 하며 똑바로 바라보지도, 먼저 말을 걸어서도 안 되며, 항상 존경을 표하고 등을 보이거나 만져서도 안 된다." 영화의 초반에 하러가 페터 일행과 등반을 할 때 그들에게서 떨어져 혼자 걷고 있는데 한 티베트인이 하러에게 달라이 라마의 사진을 준다. 그들에게 달라이 라마는 수호신이기도 하기 때문에 사람들의 안전을 지켜준다고 믿는 것이다.

그리고 티베트인들은 현세의 삶보다 내세의 삶을 중시하기 때문에 기꺼이 현세의 고통을 감내하며 고행을 할수록 자신이 더욱 정화된다고 믿는다. 하러와 페터는 포로수용소에서 도망쳐서 티베트를 향해 가는 도중 여러 번 티베트인들과 마주친다. 이때 티베트인들은 이마와 양 팔꿈치, 양 무릎이 땅에 닿도록 절하는 오체투지(五體投地)를 하며 그 험한 산길을 간다. 실지로 티베트인들은 생전에 성지(聖地)로 여기는 라싸를 순례하는 것을 목표로 삼는데, 이때도 오체투지를 하며 간다. 그 과정이 너무 힘들어 중간에서 죽는 사람도 적

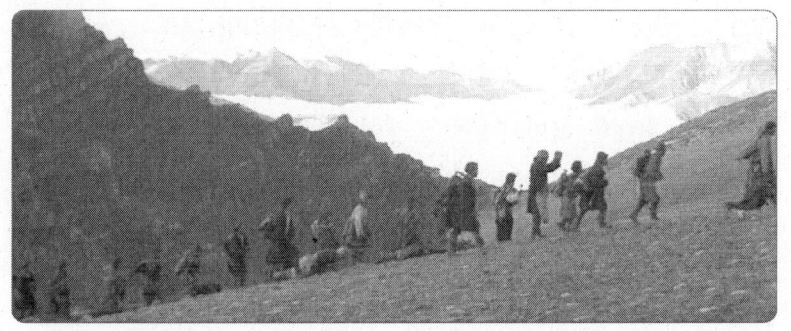

고행을 하는 티베트인들

지 않다고 한다.

이처럼 서양인이 보기에는 신비롭기만 한 동양적 정신은 영화관 공사 장면에서도 잘 나타난다. 즉 영화관을 지어달라는 달라이 라마의 부탁을 받고 공사에 착수하지만 그 과정에서 지렁이 때문에 공사가 지연되는데, 티베트인들은 모든 생물체를 전생의 어머니였을 것이라고 생각하기 때문에 지렁이를 해쳐서는 안 된다고 생각하는 것이다. 결국 지렁이를 일일이 따로 골라서 예를 올리고 땅에 묻는 것으로 공사를 계속할 수 있게 된다.

하러는 라싸 시내지도를 만들다가 독일이 패배했다는 소식을 전

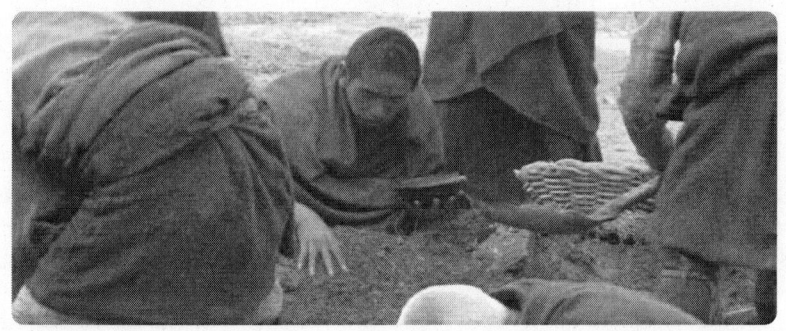

지렁이를 조심스레 모시는 티베트인들

해 듣고 당장 고국으로 돌아가려고 한다. 하지만 그토록 만나기를 고대했던 아들에게서 아버지를 부정하고 거부하는 편지를 받게 된다. 그때 '위대한 어머니', 즉 달라이 라마의 생모로부터 달라이 라마가 그를 만나고자 한다는 편지를 받는다. 원작에는 없던 아들이 등장하고, 줄곧 아들을 대상으로 쓴 일기와 편지를 내레이터하는 형식으로 아들에게 집착하던 하러가 아들로부터 부정을 당하고 대신 어린 달라이 라마를 접견하게 되는 것은 아들과 달라이 라마를 등치시키고 있음이다. 이전에도 하러가 아들의 나이를 계산하며 아들의 성장을 생각할 때 중간중간 성장해가는 달라이 라마의 모습을 단편적으로 보여주었던 것도 동일한 맥락이다. 이제 하러는 친아들 대신 아들과 같은 달라이 라마를 만나게 되고 아버지가 자식을 대하듯 달라이 라마를 보살펴주고 가르쳐주며 이끌어주는 존재가 된다. 마치 이것을 증명이라도 하듯이 달라이 라마가 하러를 만나 제일 처음 하는 행동은 그야말로 어린아이같이 그의 머리카락을 마구 헝클며 "노랑머리"를 신기해하는 것이고 처음 하는 질문은 "팔과 다리에 털이 많냐"는 것이다.

서양인 감독이 동양을 무대로 동양 국가의 지도자의 성장과정을

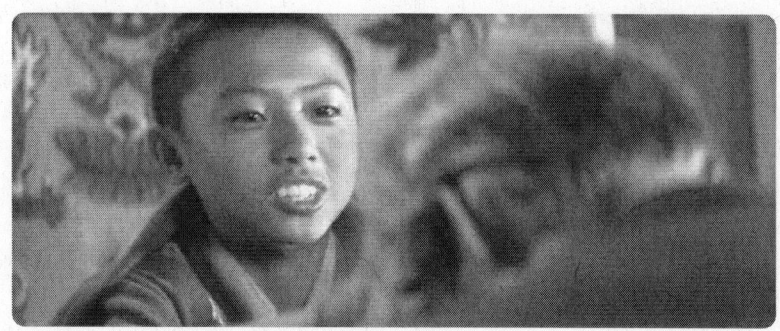

하러를 만난 달라이 라마. 하러의 노랑머리를 신기해하며 장난을 친다.

다루는 영화들에서는 대부분 어린 지도자들이 서양세계를 동경하며 그런 욕구를 채워주고 교육시키는 것이 서양인으로 등장하는데, 대표적으로 〈마지막 황제〉가 그러하다. 이런 사고는 〈티벳에서의 7년〉에서도 마찬가지로, 달라이 라마는 서방세계에 대해 대단히 강한 호기심을 가지고 있고 동경하는 모습을 보인다. 달라이 라마는 청소를 하는 시종에게 외국의 도시 사진을 보여주고 세계 지도를 공부하기도 한다. 이때 달라이 라마의 곁에 이 모든 것을 도와주고 일일이 답변해주는 사람이 바로 하러이다. 달라이 라마는 스스로 자신들의 예절을 깨고 자리에서 내려와 하러와 함께 바닥에 앉기도 하고, 악몽에 시달릴 때도 하러를 찾고, 뭐든지 하러에게 묻는다. 달라이 라마가 아무리 한 나라의 최고 지도자일지라도 동양인이기 때문에 서양인에게 배워야 하며 가르침을 받고 의지할 수밖에 없는 것이다. 놀랍게도 산악인인 하러는 못 하는 것이 없다. 그는 라싸 시내를 측량해서 지도를 만들고 영화관도 지으며 고장 난 자동차에서 동력을 끌어다가 영사기를 돌리며 심지어 전쟁 자문까지 한다.

이처럼 영화 〈티벳에서의 7년〉은 서양인 감독이 만든 영화답게 서양인들이 동양을 신비롭고 정신적이라고 보는 것과 더불어 한결같이 동양은 서양에 비해 낙후되어 있으며 그렇기 때문에 서양인은 동양인의 스승이라고 생각하는 오리엔탈리즘이 강하게 내재되어 있음을 확인할 수 있다.

• 쿤둔(마틴 스콜세지, 1997)

13대 달라이 라마가 서거하자 섭정 중이던 레팅 린포체는 4년 뒤 국경 지대에서 달라이 라마로 환생한 세 살배기 아이를 발견한다. 1941년 출생하여 세 살 때 쿤둔의 자리에 오른 그 아이는 18세에 달라이 라마로 등극한다. 1949년 중국이 티베트를 침략하자 인도에서 망명정부를 수립하고 세계 각국을 다니며 티베트의 분리독립을 위해 애쓰고 있다. 영화 〈쿤둔〉은 이와 같은 달라이 라마의 생애를 담담하게 그리고 있는데, 어린 달라이 라마가 궁내에 숨겨진 13대 달라이 라마의 물건을 용케도 찾아내는 장면은 라마교에 대한 흥미를 자아내며 중국의 티베트 침공 과정이 비교적 생생하게 그려져 있다.

참고 자료

박승록 엮음(2008), 『베이징올림픽 이후 중국의 변화와 한국의 과제』, 굿인포메이션, 서울
왕순홍 편저/정차근, 김덕환 역주(2007), 『중국의 어제와 오늘』, 평민사, 서울
폴 인그램 저/홍성녕 역(2008), 『티베트 말하지 못한 진실』, 알마, 경기

영화로 만나는 현대중국

또 다른 중국

첨밀밀 甛蜜蜜*
(陳可辛, 1996)

김 태 만

1. '홍콩 몽'

영화는 1986년부터 1996년까지 10년 세월을 배경으로, '꿈'을 찾아 홍콩으로 이주해왔던 한 남녀의 얽히고설킨 사랑과 야망에 관한 내러티브이다. 1996년에 개봉된 이 영화의 감독 천커신(陳可辛)의 입장에서 본다면 당시까지 최근 10년 동안이 홍콩 역사상 최고의 격동기였고, 누구라도 한 번쯤 그것을 그려내기 위한 기획을 해보고 싶었을 법한 영화적 주제였을 것이다. 하지만 벌써 20여 년도 더 지나 '강산이 두세 번은 더 바뀔' 만큼 과거의 일이 되어버렸다. 특히, 인

---

* 국내에서 이 영화는 한자음을 사용해 〈첨밀밀甛蜜蜜〉이라는 제목으로 개봉됐다. '꿀처럼 달콤한'이라는 뜻을 가지고 있다. 영화의 OST이기도 한 '첨밀밀'의 중국어 발음인 '톈미미'는 원래 인도네시아 민요에다가 가사를 붙인 노래이다.

류 역사상 유래를 찾기 어려울 정도의 고속성장에 따른 격심한 사회적 변화를 겪고 있는 중국에서라면 아마도 '호랑이 담배 피우던 시절'의 이야기가 되어 있을지도 모른다. 하지만, '꿀처럼 달콤한(甛蜜蜜)'이라는 뜻의 영화제목에서도 암시하듯 이 영화가 '꿈을 찾는 청년들의 방황과 갈등, 그리고 영원한 사랑'을 주제로 하고 있는 이상, 오늘날의 관객에게도 여전히 감동적 필(feel)을 주기에 충분하다고 여겨진다.

영화의 배경이 되고 있는 1980년대 중반에서 1990년대 중반에 이르는 시기는 중국 대륙은 대륙대로, 홍콩은 홍콩대로 두 지역 모두 격동을 겪고 있었다. 영화가 시작되는 1986년은 마오쩌둥(毛澤東, 1893~1976)과 그의 참모들에 의해 발동된 문화대혁명(文化大革命, 1966~1976)이 종식되고, 새로 권좌에 오른 덩샤오핑(鄧小平, 1904~1997)이 새로운 중국 건설에 대한 야심찬 기획을 서두르던 시절이었다. 당시는 덩샤오핑이 주창한 '실사구시(實事求是)', '개혁개방(改革開放)' 등의 슬로건을 앞세워 신중국 건설에 박차를 가하고 있어, 중국인민들에게도 내일에 대한 희망과 꿈이 흐릿한 미명 속에서 아지랑이처럼 피어오르던 시절이었다. 덩샤오핑은 당시 중국 정세를 '사회주의 초급단계'로 규정하고 '자본'에 대한 인식변화를 강하게 요구하면서, '사회주의 속의 자본'에 대한 실험적 정책들을 하나씩 구현해가고 있었다. 즉, "진정한 공산사회란 자본주의가 고도로 발달한 연후에라야 올 수 있기 때문에, 아직 사회주의 초급단계에 불과한 지금의 중국 실정으로서는 자본 축적을 더욱 많이 해야 하는 것이 과제"라는 것이다. 이에 기초해, '사회주의 시장경제체제 구축'을 위한 가이드라인을 설정한 후, 대단히 과감한 '개혁개방' 정책을 실시해갔다. 결국 1950년대 후반의 '인민공사(人民公社)' 기간이나 문화대혁명 기간 동안 줄곧 부정해왔던 소위 '자본'에 대한 인식과 태도가 대대적으로 변화될 수밖에 없었다.

　이 시기 중국의 청·장년들은 "사회주의 건설을 위해 국가와 당에 헌신해야 한다"는 기존의 이념이나 가치가 아니라, "사랑하는 연인과의 행복한 생활이나 경제적 풍요를 위한 돈벌이"에 더 많은 관심을 갖기 시작했다. 세상 돌아가는 사정에 일찍 눈뜬 사람일수록 더 빨리 '돈을 향해 달리기' 시작했다. 이를 반영하듯, '앞을 향해 바라보다(向前看)'라는 구호의 '첸(前)'자 대신 발음이 동일하면서 의미는 '돈'을 지칭하는 '첸(錢)'자로 바꾸어, '돈을 바라보다'라는 뜻의 '샹첸칸(向錢看)'이나 '돈을 향해 달리다'라는 의미의 '샹첸저우(向錢走)'라는 구호로 비틀어 사용했다. 이런 사회적 분위기를 반영하듯, '돈벌이하다'라는 뜻의 '샤하이(下海, '물고기를 잡으러 바다로 뛰어들다'라는 말에서 나옴)' 풍조가 난무했다. 이런 분위기 속에서, 많은 청년들이 '꿈'을 찾아 '돈이 되는 곳'이면 어디든지 몰려다니기 시작했다.

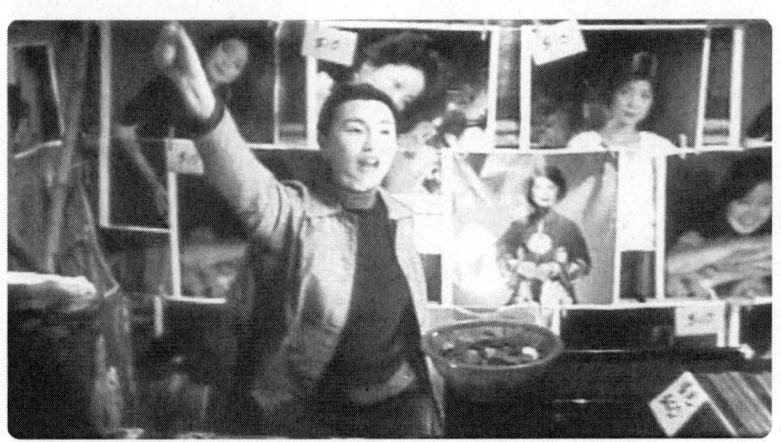
덩리쥔의 음반을 팔아 돈을 벌 수 있을 것이라는 꿈에 젖은 리차오

'홍콩'이 바로 그 '꿈을 이룰 수 있는(Dream come true) 공간'이었다. 가까이 광둥성(廣東省)에서는 물론 대륙의 어느 이름 모를 시골에서조차 많은 젊은이들이 꾸역꾸역 몰려들어 왔다. 홍콩정부로서는 이들이 골칫거리가 아닐 수 없었다. 이를 저지하기 위해 홍콩정부는 행정적인 처방은 물론 홍콩과 대륙의 경계지역에 수백 킬로미터에 달하는 전기 철조망을 설치하기도 했다. 그러나 홍콩이 이미 기회의 땅으로 여겨진 이상, 기회를 잡기 위해 찾아오는 사람들에게 철조망 정도는 문제가 될 수 없었다. 언제 어느 상황에서도 운이 따르는 사람은 존재하는 법. 어떠한 '정책'에도 불구하고 남다른 '대책'을 동원한 대륙인들이 걷잡을 수 없이 홍콩으로 몰려들어 왔다.

2. 이민(移民)과 이민사회

2011년 현재 홍콩의 인구는 7백만 명을 조금 넘어섰다고 한다. 홍콩은 사실 이민자들에 의해 형성된 도시이다. 아편전쟁 당시인 1840년대 초까지만 하더라도 불과 7,500여 명 정도였던 홍콩의 인구가 오늘에 이르러 약 1,000배 가까이 증가한 데는 몇 차례에 걸친 외부 인구 유입의 계기가 있었기 때문이다. 1841년, 영국은 자신들이 점령하고 있던 홍콩에 대해 '국제무역자유항'임을 선포하고는 중계무역을 중심으로 하는 물류의 메카로 발전시켜나갔다. 19세기 전반기에 이르러 홍콩은 서유럽의 교육, 문화, 과학기술, 예술 등 선진문물을 중국 대륙으로 수입하는 창구임과 동시에 중국의 전통문화가 서유럽으로 전파되는 통로로도 활용됐다. 때문에 동서양의 수많은 선진적 지식인이나 전문가들이 집중되어 동서양의 교류가 대단히 활발했던 공간이었다. 이로써 홍콩은 '동방의 진주' 또는 '동방의 파리'라는 별칭을 얻을 수 있었다.

자본과 정보가 집중되면서 일확천금을 찾는 상인들은 물론 내륙의 지식인들 역시 세상을 보기 위해서는 반드시 둘러봐야 하는 곳으로 인식하기 시작했다. 1930년대 홍콩은 그야말로 명성에 걸맞게 많은 세계인을 끌어들이는 매력적인 도시로 변모를 거듭했다. 그러한 유인효과로 인해 이미 거주 인구가 약 80~90만 명을 상회했다. 중일전쟁(1937~1945)이 종식되고 국공내전이 막바지에 이르렀던 1940년대 중, 후반에 이르러서는 내전을 피해 도피해 나온 난민들이 대거 홍콩으로 유입됐다. 그중에는 기술과 자본을 지닌 상인들도 적지 않았다. 1949년 중화인민공화국 수립 이후부터는 영국령 홍콩과는 외교는 물론 모든 교역이 단절되어 인구의 유동도 한동안 중단되고 말았다. 하지만 이후 1950~60년대에 들어서면서 대륙으로부터 피난한 이주민들의 자본력과 기술력, 게다가 대륙으로부터 유입된 무궁무진한 값싼 노동력을 바탕으로 방직물, 플라스틱, 가발, 시계, 전자 부속 등을 가공 수출하면서 홍콩은 아시아를 대표하는 경공업형 경제발전을 이룩할 수 있었다. 1970~80년대에 이르러, 중국의 개혁 개방에 힘입어 제조업이 중국 내륙으로 이전하는 대신, 아시아의 중계항이라는 입지를 바탕으로 금융업과 서비스업을 발전시키면서 국제 금융의 중심으로 발돋움해 명실상부한 '아시아의 4마리 용' 중 하나가 되어가고 있었다.

이러한 경제발전에 힘입어 중국인을 제외한 기타 외국인들의 유입도 다시 활발해졌다. 가정부나 저급한 노동에 수급되는 필리핀 혹은 인도네시아 등의 아시안 노동자는 물론 일본과 한국 등으로부터도 생계를 위한 이주민이 들어오기 시작했다. 물론 홍콩이 '동양 속의 서양'이 될 수 있었던 것은 뭐니뭐니해도 식민지 시대부터 잔류해 왔던 영국인을 포함해 미국인, 호주인 등을 비롯한 영어권 시민들이 일정 수를 지속적으로 유지하면서 사회 상층부를 형성하고 있었기 때문이다. 이렇듯 홍콩은 절대다수를 차지하는 광둥지방 출신의 현지인을 중심으로 대륙 이주민, 그리고 아시아와 유럽 및 아메리카 대륙에서 온 외국인들이 엇섞여 다양한 인종과 민족이 혼재된 국제적 이민사회로 변모해갔다. 1980년대 들어서면서 홍콩의 경제발전으로 인해 더욱 많은 노동력이 필요해질 즈음, 중국 역시 개혁개방과 경제성장 정책을 실시하게 됨으로써 홍콩의 자본과 기술력을 시급히 필요로 하게 됐고, 이를 해결하기 위해서는 홍콩과 적극적인 교류를 해야 했다. 그즈음 중국정부와 영국령 홍콩 총독이 99년간의 조차기간이 만료되는 시점에 홍콩을 중국 본토로 반환한다는 협약에 조인하기에 이른다. 한낱 버려진 돌섬에서 시작된 150여 년간의 '이주의 역사'를 거친 홍콩은 오늘날 세계 11대 무역국으로서 그 입지를 굳히고 있다.

세계 각국의 수도나 대도시들의 형성은 이민자들과 분리해서 생각할 수 없다. 대도시로 발전하는 과정은 외부로부터 노동력이 유입되지 않으면 불가능하고, 노동력 확대는 인구 증가에 의존할 수밖에 없기 때문이다. 지역이나 시기는 달라도 대부분의 대도시 형성 과정은 이와 유사한 경로로 진행되어왔다. 상하이(上海), 베이징(北京) 등 중국의 대도시는 물론이고 서울이나 도쿄, 뉴욕 등도 다를 바 없다. 한국의 경우를 예로 들면, 1960~70년대에 농민들이 대거 이농(離農)해 도시노동자로 신분변화가 진행되었다. 서울을 비롯한 대도시들은 개발 과정에서 대규모의 노동력을 필요로 했고, 농촌을 버리고 도시로 떠나온 농민들은 자신의 노동력을 제공함으로써 새로운 기회를 획득할 수 있었다. 그러나 토지를 소유하던 농민에서 오로지 자신의 노동력에만 의지해 생계를 꾸려가는 도시노동자로 신분이 바뀐 이들은 상당히 오랜 기간 도시 사회의 하층권에 소속되어 있을 수밖에 없었다. 이로 인해 문화와 교육으로부터 소외되는 것은 물론이고, 원주민 또는 먼저 이주해 기득권을 형성한 기존 세력으로부터도 배제와 억압을 감내해야 하는 신분적, 계급적 약자의 위치에 머물러야만 했다. 뿐만 아니라 이들은 고향을 떠난 타지에서 혈혈단신의 외로움과 미래에 대한 불안과 싸워야 하는 다중적 고통을 감내해야 했다. 이러한 외부적 상황과 분위기가 이민자들을 더욱더 긴장되고 견디기 어려운 상황으로 내몰았고, 때문에 이민자들끼리는 '이민자'라는 사실만으로도 '동등'한 상호 간의 유대가 더욱 강화되는 요인이 되기도 했다.

중국인들만큼 끼리끼리 모이기 좋아하는 민족도 없다고 한다. 중국인은 "두 사람이 만나면 회(會)를 만들고, 세 사람이 만나면 당(黨)을 조직한다"는 말이 있다. 그렇게 모이는 사람들에게는 당연히 모임 장소가 필요할 것이고, 그래서 만들어진 것이 바로 회관(會館)이다. 중국은 천지사방 어디를 가더라도 'ㅇㅇ회관'이라는 간판을 볼 수 있다. 'ㅇㅇ지방 출신들이 모이는 장소'라는 의미이다. 동향(同鄕)끼리라면 "나쁜 짓도 함께 할 수 있다"는 '믿음'이 이들을 그렇게 묶어놓을 수 있었다. 이러한 민족적 기질로 인해 중국인은 일찍이 15세기경부터 시작된 이민의 역사를 통틀어, 세계 어느 곳을 가더라도 함께 모여 살면서 집단 거주촌을 형성해왔다. 필리핀, 인도네시아, 말레이시아, 싱가포르 등 동남아시아 일대는 물론이거니와 한국이나 일본 및 아메리카 대륙이나 유럽 지역에서도 역시 예외는 아니다. 중국인 이민자들의 대부분은 초기 단계에서 자신들만의 집단거주지 즉, 일종의 '게토(getto)'인 '차이나타운(China town)'을 형성해 생활함으로써, 외부의 위협과 불이익에 대한 방비는 물론 교육과 정보 등을 공유하면서 생계를 도모한다. 이를 토대로 점차 부(富)를 축적했거나 그로 인해 자신감이 확대되었을 때 비로소 현지(인) 사회로 진출하게 되는 것이 일반적인 경로이자 과정이다. 세계 어디를 가도 '차이나타운'이 없는 곳이 없는 이유가 바로 이러한 중국인 특유의 이민사회 형성 방식과 관련되어 있기 때문이다. 홍콩의 도시발전 과정 역시 그런 점에서 크게 다르지 않다. 영국의 식민지이기는 하지만 원래 중국의 영토였다는 점에서 다소 특이하긴 하나, 홍콩 역시 이러한 이민사회 중 하나일 뿐이다. 다만, 같은 중국인이면서도 홍콩인과 내륙인이라는 출신 차이로 인해 또 다른 차별과 배제가 상상 외로 극심한 사회라는 점이 다소 특이할 다름이다. 영화는 바로 이 점에 착안해 격동과 혼란의 1980~90년대라는 시간과 '대륙인의 이민사회'라는 공간을 배경으로 이야기를 풀어가고 있다.

1984년, 덩샤오핑과 홍콩 총독이 "1997년 7월 1일부로 홍콩의 주권을 중국에 반환하기로 한다"는 합의문에 공식 서명했다. 이즈음 홍콩 사회는 내부적으로 대단히 심각한 사회적 갈등과 혼란의 정점으로 치달아가고 있었다. 이로 인한 혼란과 갈등을 무마하기 위해 덩샤오핑이 "홍콩이 누리던 기존의 지위와 권한을 중국 공산당으로 바로 귀속해 모든 것을 몰수하는 것이 아니라, 기존대로 계속 유지 존속한다"라는 설명과 설득을 마다하지 않았다. 그럼에도 불구하고 홍콩 시민들의 걱정은 이루 말할 수 없이 커져만 갔다. 지난 시기 오랜 동안 영국의 통치하에 있으면서, 영국에 의해 정치, 입법, 사법 대부분을 적용받긴 했어도 결코 영국에 예속되지 않으면서 독립적 지위를 누리는 가운데 '자유와 부'를 누릴 수 있었던 홍콩 시민들로서는 앞날에 대한 걱정이 앞설 수밖에 없었을 것이다. 당시 덩샤오핑의 구상은 이른바 '일국 양체제(一國兩制)'의 이념과 철학을 바탕으로 한 「중화인민공화국 홍콩특별행정구 기본법中華人民共和國香港特別行政區基本法」에 "정치 정신과 사법의 독립을 보장해 베이징 중앙정부가 관여하지 않는다"라고 명시적으로 표현되어 있다. 즉, "홍콩 사람이 홍콩을 다스리며, 고도의 자치를 한다"는 원칙은 물론, "홍콩은 계속 국방 및 외교, 기타 자신의 사무를 관리한다. 홍콩은 '중국 홍콩(China Hongkong)'이라는 명칭을 사용하고, 계속적으로 국제사회에 참여하고, 세계무역기구에 참가하고, 올림픽에 참가한다"라고 명시하고 있다.

이처럼 확실한 공표에도 불구하고 베이징 정부에 대한 홍콩 시민들의 불신은 불식되지 않았다. '가진 자는 가진 자대로 없는 사람은 없는 사람대로', 각기 이후의 일에 대한 대책을 마련해야 했다. 그로 인해 홍콩 시민들은 사회주의 중화인민공화국으로 귀속되고 난 이후의 불확실성에서 비롯된 방황과 갈등에 시달리고 있었다. 10년 후인 1997년이면 조차기간이 종료될 것이고, 그렇게 되면 어차피 중국 본토 귀속을 피할 수 없는 현실이 다가올 것이다. 더러는 영국 또는 미국이나 캐나다 등 제3국을 선택해 또 다른 이주를 준비하기도 하고, 잔류하는 이들 역시 나름대로 미래에 대한 대책 마련에 분주할 수밖에 없었다. 이러한 사회적 분위기로 인해 홍콩 사회는 전반적으로 어수선하고 혼란스러웠다.

3. 또 다른 중국 - 홍콩

남자 주인공 리샤오쥔(黎小軍)은 상하이에서 서북쪽으로 1시간 반 가량 떨어진 곳에 위치한 중소도시 우시(無錫) 출신으로, 신체 건강하고 성실한 청년이다. 이번에 홍콩으로 오기 위해 기차를 탄 것 말고는 집을 떠나 멀리 여행해본 적조차 없을 정도로 소심하기까지 하다. 아마도 그는 오랜 준비 끝에 적어도 몇 박 며칠 만에 마침내 꿈을 꾸듯 홍콩이라는 환상의 도시로 빨려들어 왔을 것이다. 도착해서 한동안은 미지의 땅 홍콩에서의 꿈에 부풀어 '몸은 고달프지만 마음은 풍요로운' 나날을 보냈다. 돈을 벌어 집을 사고, 사랑하는 여인 샤오팅(小婷)을 정식으로 초청해서 결혼식을 올리고, 행복한 가정을 꾸려갈 그런 희망이었다. 그러나 꿈이란 꿈을 꾸는 자(者)의 자유지만, 그 꿈이 이루어질 현실은 냉혹한 것이었다. 샤오쥔의 꿈과는 무관하게 홍콩은 낯선 언어들과 고된 노동, 그리고 끊임없이 찾아드는 고독만이 가득한 공간이었다.

홍콩은 제1차 아편전쟁의 패배(1839년)와 그로 인한 난징(南京)조약 체결로 영국의 지배권에 들게 된다. 그 후 지난 150여 년 동안 이른바 동서양을 잇는 가교 역할을 톡톡히 해오면서 세계의 모든 자본이 집중되는 국제도시로 변모해왔다. 아편전쟁 당시 베이징의 청(淸)나라 황실은 영국 오랑캐들이 하도 성가시게 구는 바람에 '돌무더기' 정도로밖에 인식하지 않았던 이 홍콩 섬을 없는 셈치고 버리듯이 할양해주었다. 바로 그 땅이 불과 150여 년 만에 '황금알을 낳는 거위'가 되어 돌아온 것이다.

자본은 사람을 따르고 사람은 자본을 따른다. 그것을 가장 명확히 체험하게 해주는 곳이 바로 홍콩이다. 홍콩은 세계 모든 인종과 그들이 사용하는 모든 종류의 언어가 도시 공간을 가득 채우고 있는 것 같은 도시이다. 지하철에 올라타는 순간, 세계 모든 인종의 사람과 그들이 지껄이는 언어를 동시다발로 들을 수 있는 곳이 바로 홍콩이다. 그 정도로 다양한 인종과 언어가 '혼효(混淆)' 되어 있다. 이른바 세계 최고를 자랑하는 '자본 시장' 이자 '인종 시장' 이 바로 홍콩이다. 그런 의미에서 홍콩을 베이징이나 상하이, 톈진(天津)이나 난징과 같이 중국 대륙의 여느 도시와 동일하게 인식하는 데는 문제가 따를 수밖에 없다.

홍콩은 영국이 공들여 건설한 '서유럽의 공간' 일 뿐이다. 때문에 일상생활에서 통용되는 기초언어가 영어일 수밖에 없는 것은 당연한 이치이다. 그 지역 언어인 광둥어가 사용자가 많다는 이유로 어쩔 수 없이 통용되고는 있지만 그것은 엄연히 제2의 언어일 뿐이다. 상상하기 어렵겠지만, 중국 대륙인이 구사하는 표준어 '푸퉁화' 는 사실상 통용 자체가 곤란하다. 홍콩에서 중국어 표준어를 구사하는 것은 스스로 '배타와 차별을 감수할 준비가 되어 있으니 마음껏 백안시(白眼視)해 달라' 는 선언과도 같다. 사실상 대륙 이민자들이 홍콩사회를 구성하는 주요 성분이기는 하나 대륙 이민자를 인도인 노동자보다도 더 하찮게 여기는 곳이 바로 홍콩이다. 모국어를 구사하면서 외국인은커녕 동포로부터조차 배제와 차별을 받아야 하는 공간이라면 식민지와 무엇이 다르겠는가. 그렇듯 홍콩은 중국인에게조차 낯설고 혹독한 시련의 공간이다. 즉, '홍콩' 은 '홍콩' 일 뿐이다.

샤오췬이 홍콩에서 첫발을 디딘 곳은 베이징과 홍콩을 잇는 징광(京廣)철도의 마지막 역 카우룽(九龍) 역이다. 영국 제국주의자들은 대륙과 떨어져 있는 홍콩 섬에 주둔하면서 관청이나 공공시설을 구축해 자신들의 거점으로 만들었다. 반면 카우룽은 영국인이 주둔한 홍콩 섬과는 빅토리아 만을 사이에 두고 대륙으로 붙어 홍콩 섬을 향해 남쪽으로 돌출된 반도지역이다. 이 지역은 원래부터 상업의 중심지여서 끝도 없이 이어지는 구불구불한 골목을 따라 상가가 들어서 홍콩에서 가장 번화한 지역이다. 홍콩으로 건너온 대륙인들이 개발에 개발을 거듭해, 홍콩에서도 가장 사람이 많고 차도 많고 빌딩도 높은 곳이 되었다. 홍콩으로 이민해서 피땀 흘리며 생업에 종사하면서 하류 인생을 살아야 했던 이민자들의 집합지 유마디(油麻地)나 침사추이(尖沙嘴)가 바로 이 지역이다. 그런 탓에 내륙으로부터 이민 온 중국인의 홍콩 이민사에 있어서 가장 깊은 애환이 서려 있는 곳이기도 하다.

샤오쿽은 바로 이곳의 어느 골목에서 홍콩 생활을 시작한다. 아마도 중화인민공화국 건설 무렵인 1940년대 말이나 1950년대 초반쯤 이민한 것으로 보이는 고모의 도움으로 샤오쿽은 오리, 닭, 비둘기 따위의 가금류를 취급하는 식당에 취직해서 배달부 일을 한다. 영어는커녕 광둥어도 구사하지 못하는 내륙 출신 이민자가 할 수 있는 일거리치고는 최상일 것이다.

사실 홍콩에서 표준 중국어인 '푸퉁화(普通話)'로 대화를 한다는 것은 대단한 모험이 아닐 수 없다. 인구의 95% 정도가 중국인이기 때문에 중국어가 실효적 공용어이긴 하나, 그것은 '광둥어'를 지칭하는 것이지 '푸퉁화'가 소통되는 것은 아니다. 더군다나, 사회적으로 승인되는 명실상부한 공용어는 영어일 따름이다. 영국의 통치권 아래 있기 때문이기도 하겠지만, '국제자유무역도시'라는 점 때문에 영어가 가장 중요한 언어일 수밖에 없다. 한국인이 같은 나라 같은 민족끼리 언어가 통하지 않는 상황을 상상하기는 쉽지 않다. 그러나 중국에서는 그런 상상이 충분히 가능할뿐더러, 일상에서 늘 봉착하게 되는 난관 중 하나이다. 내륙에서 표준어로 통용되는 '푸퉁화'가 홍콩에서는 소통되지 않는다. 지역 방언이 광둥어인 데다가 내륙 이주민들에 대한 홍콩 사람들의 배타의식이 '푸퉁화'를 사용하는 사람들에 대해 백안시하는 사회적 분위기를 형성했기 때문이다. '푸퉁화'가 그나마 공개적인 공간에서 소통의 도구로 인정받기 시작한 것은 사실상 그리 오래된 이야기가 아니다. 중국의 '개혁개방' 정책이 본격화되면서 중국 내륙과 교류가 활성화되기 시작한 1980년대 말부터 서서히 보급되기 시작하다가 1990년대부터 비로소 대부분의 초등학교에서 '푸퉁화'로 수업을 실시하고 있다. 그럼에도 불구하고 일상 사회생활에서 여전히 광둥어가 대세인 것은 어쩔 수 없는 현실이다.

언어는 인간의 정체성이 드러나는 가장 일차적인 경로이다. 언어는 우선 그 사람의 국적을 드러낸다. 일반적으로 출신지역은 물론 인종과 민족, 더 나아가 계급과 신분마저도 드러낼 수 있다. 홍콩에서 언어가 드러내는 사회적 층위는 영어, 광둥어, 푸퉁화의 순서로 수직계열화한다. 이 수직계열의 순서는 곧바로 그 언어를 사용하는 사람의 신분이나 직업, 심지어 교양 정도나 수입 규모까지 측정하는 판단의 근거가 되어버린다. 5성급 호텔이나 명품 브랜드를 취급하는 쇼핑몰, 가게에서는 당연히 영어가 상용된다. '영어'가 바로 고객의 '지위'와 '신분' 및 그가 지닌 '경제적 능력'까지도 대변한다고 여겨지기 때문이다. 반대로 푸퉁화를 사용하는 사람은 '대륙 이주민'이라는 인상과 함께 심할 경우 '불법 체류자'라는 혐의마저 받게 되기도 한다. 합법 이주자라 하더라도 십중팔구는 직업이 식당 종업원이나 배달부, 아니면 파트타임의 저급노동자로 여겨지기 때문이다.

　대륙 이주자라는 동일한 신분임에도 리차오(李翹)가 리샤오쥔보다 앞서 '샹첸저우' 할 수 있었던 이유 중 하나도 역시 그녀가 지닌 언어적 '우세'였다. 그녀는 샤오쥔과 다를 바 없는 대륙 출신이기는 해도 홍콩과 동일한 방언권인 광둥 지역에서 왔기 때문에 기본적으로 광둥어를 구사할 수 있었던 것이다. 게다가 그녀가 정글과도 같은 자본의 시장인 홍콩에서 살아남기 위해 어깨 너머로나마 영어 공부를 게을리 하지 않았던 탓도 있었다.

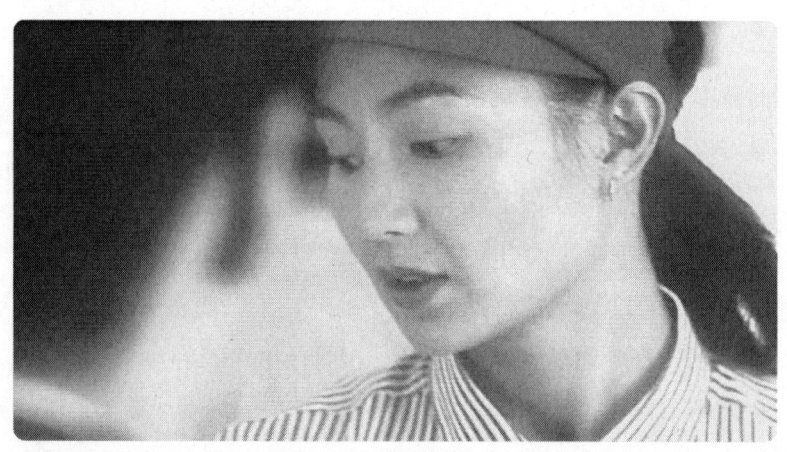

샤오쥔은 맥도날드에서 아르바이트하는 리차오를 만난다.

　영화가 대륙으로부터 이민 온 남자와 여자의 자연스런 만남을 바로 이 언어의 문제로부터 출발하는 것은 언어가 홍콩에서 살아남기 위한 최소한의 사회적 수단이 아닐 수 없기 때문으로 보인다. 맥도날드 햄버거는 동서양을 막론하고 미국 자본주의의 상징이다. 오늘날 한국에서도 마찬가지겠지만 맥도날드의 햄버거 가게 점원은 파트타임 노동자들이 가장 선호하는 일자리 중 하나이다. 맥도날드라는 다국적 거대자본의 횡포나 식재료 생산과 유통과정의 부도덕함에도 불구하고, 깨끗한 유니폼의 이미지와 단순한 노동, 그리고 그에 상응하는 적절한 수입 등이 일자리 시장에서 선호도를 높여주는 요인이라고 한다. 그녀를 기억하는 사람들은 하나같이 그녀가 24시간 잠도 안 자고 일을 한다고 여길 정도였다. 특히, '투 잡(Two Job)'을 넘어 몇 개가 됐건 닥치는 대로 일을 마다하지 않는 '다 잡(多 Job)'을 하면서 눈에 불을 켜고 악착같이 돈을 모으려 하는 리차오에게 있어서는 이보다 더 좋은 일자리는 없었을 것이다. 하지만 그것은 리차오가 기본적으로 광둥어를 구사할 수 있을 뿐만 아니라 영어까지 할 줄 알기에 가능한 자리였다.

영화는 홍콩 땅에서 살아남기 위해 리샤오쥔이 가장 먼저 극복해야 할 관문이 다름 아닌 언어 즉, 광둥어라는 사실을 환기시켜준다.

중국현대사와 중화의 형성

4. 사랑, 꿀처럼 달콤한

사실, 영화 〈첨밀밀〉은 홍콩을 배경으로 하고는 있지만 홍콩에 대해 그렇게 많은 설명을 하고 있지는 않다. 오히려 '홍콩 드림'을 실현하기 위해 홍콩으로 온 이민자들의 삶을 통해 꼬이기도 하고 풀어지기도 하는 남자들과 여자들의 그렇고 그런 사랑 이야기를 들려주고 있을 뿐이다. 영화는 그런 사랑 이야기를 다섯 가지 유형의 커플로 구분해 보여준다. 홍콩이라는 공간에서 이합집산하는 사람들이 보여주는 이 다섯 가지 유형의 사랑 이야기가 인류가 경험할 수 있는 사랑의 전부는 아닐지 몰라도 대체적으로 타당한 개괄로 보인다. 이를 통해 "진정 운명적 사랑이 뭘까?", "사랑이 그토록 꿀처럼 달콤한 것일까?", "과연 운명적 사랑은 있기나 한 것일까?" 따위의 질문을 우리에게 던져준다. 영화는 제목처럼 이들의 사랑이 모두 '꿀처럼 달콤하다'고 말하고 있지는 않다. 꿈꿀 수 있다고 다 이루어지는 것은 아니듯, 모든 사람들이 하나같이 '꿀처럼 달콤한 사랑'을 갈망하지만 그것은 결핍된 사람들이 희망하는 '가능태'일 뿐 '현실태'가 아니다. 영화는 우리에게 이런 제목을 제시함으로써 '현실에 대한 역설'이자 '희망에 대한 부정'을 제시하려고 했는지 모른다.

영화 속에 등장하는 다섯 가지의 사랑은 다음과 같이 유형화될 수 있다. 바람처럼 스쳐 지나간 사내를 그리워하지만 결코 이루어지지 않는 '영원한 짝사랑', 남자의 육체적 욕망과 여자의 물질적 욕망이 금전 거래로 매매되는 '금전적 사랑', 너무 애잔하고 풋풋해 쉽사리 깨지고 마는 '청춘의 첫사랑', 사랑이기보다는 서로에 대한 현실적 필요성을 교환하면서 묵시적 계약처럼 유지해가는 '정략적 사랑', 만남과 이별과 재회가 숙명처럼 얽혀 있어 결코 흔하지는 않겠지만 존재할 법도 하다는 개연성을 충분히 지니고 있는 '운명적 사랑' 등이다.

1) 윌리엄 홀든에 대한 고모의 '영원한 짝사랑' : 고모는 자신이 과거에 그러했던 것처럼 '여자'를 팔아 살아가고 있다. 하지만 젊었던 시절 페닌슐러 호텔로 저녁식사를 초대해준 영국인 배우 윌리엄 홀든을 잊지 못해 평생 가슴속에 순정을 품고 지낸다. 그 남자에게 있어서 고모는 이국에서 스쳐 지나가는 '하룻밤 정거장'에 불과했고, 따라서 영국으로 돌아가는 비행기 트랩을 오르자마자 잊어버렸을지도 모른다. 하지만 고모는 '그 남자와 함께 저녁을 먹은 후 훔쳐 온,

페닌슐러 호텔 로고가 찍힌 포크와 나이프'를 고이 간직하면서 평생을 기다리며 살아왔다. 그것이 그녀가 남긴 전 재산이었을 만큼 그녀에게는 일생을 통틀어 가장 소중했던 보물이었을 것이다. 그러나 그녀의 사랑은 자기만의 일방적 욕망이었을 뿐, 현실 세계에서 이루어질 수 없는 허망한 꿈이었을 뿐이다.

2) 제란(芥蘭)과 제레미의 '금전적 사랑' : 돈을 벌기 위해 국경을 넘어 이민 온 제란은 고모의 집에 머물며 몸을 팔고는 있지만 영혼이 맑은 소녀이다. 결국 그녀는 에이즈에 걸려 죽음을 맞이할 수밖에 없는 처지가 된다. 자본의 시장에서 몸뚱이밖에 가진 것이 없는 소녀는 자신에게 닥친 현실을 거역할 수 없었다. 폭력을 휘두르지도, 화대를 떼먹지도 않는 제레미는 그나마 제일 마음에 드는 멋있는 고객이다. 홍콩으로 와서 영어강사로 먹고사는 처지인 제레미 역시 모국어인 영어로 먹고사는 것 외에는 달리 재주가 없고, 제란보다 나을 게 없는 인생이다. 하지만 돈 때문에 몸을 팔다 에이즈에 걸리고만 제란을 위해 태국에 있는 그녀의 고향집까지 동행하겠다는 제레미는 어쩌면 인간이 지닌 숭고함의 또 다른 모습을 보여주는 것은 아닐지.

3) 리차오와 바오거(豹哥)의 '정략적 사랑' : 리차오는 홍콩의 밑바닥을 기면서 '다 잡'으로 번 돈을 모두 주식과 경마로 날린 후 먹고살기 위해 안마사로 전락한다. 어느 날, 안마시술소에서 손님 바오거를 만나는데, 그는 조직의 두목이다. 마음에 들건 안 들건 여자를 보면 집적대기 일쑤인 주먹 세계가 의례 그렇듯, 바오거 역시 독특한 자신만의 '여자 길들이기'로 리차오에게 시비를 걸어본다. 하지만

넘어가지 않고 오히려 당차고 대담하게 응수하는 리차오에게 바오거는 호감을 가지고 그녀를 아내로 맞는다. 허나 이는 사실상 계약에 의한 '정부(情婦)'일 뿐, 정식 아내일 수는 없다. 외형상 부동산 사업가인 바오거로부터 리차오는 '꽃가게' 하나와 조그만 '부동산 사업'을 제공받는다. 비록 자신의 피땀 어린 노력의 결과가 아니라 '정부'가 됨으로서 얻게 된 '가정(家庭)'과 소위 '사장 부인'이라는 호칭, 그리고 만족할 만한 '재산'이지만 이로 인해 리차오는 일시에 친구들의 부러움을 살 만큼 갑작스런 신분상승을 경험한다.

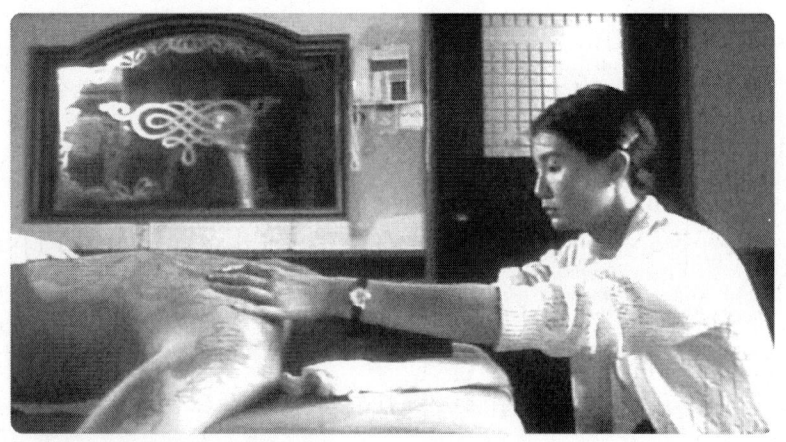

바오거의 등을 안마하는 리차오

하지만 그녀에게 있어서 신분상승보다 더 중요한 것은 다름 아닌 '안정감'이었다. 그 알량한 '안정감'이란 것이 그녀가 원하는 가장 소중한 것이라는 사실은 고향을 떠나 외로움에 몸부림쳐보지 않은 사람은 이해하기 어려운 일이다. "돈을 버는 것 말고는 달리 목표가 없이 단지 꿈을 쫓아 달리는" 드리머(Dreamer)에게 가장 소중한 것, "어디로 가야 할지, 무엇을 위해 살아야 할지, 내일은 또 무슨 일이 벌어질지 모르는 상황"에다가, "한 남자를 두고 우시에 있는 샤오팅과 경쟁하듯 가슴 졸이고 갈등하며 미래를 고민"해야 하는 처지, "기대고 싶어도 기댈 수 없고, 그나마 샤오팅이 오면 떠나갈 게 분명한 샤오쥔에게 더 의존할 수도 없는" 상황을 리차오는 더 이상 인내할 수 없었을 것이다. 샤오쥔과 관계가 깊어갈수록 그녀의 머릿속은 더욱 복잡해져만 갔다.

그러던 어느 날, 둘은 "네가 홍콩에 온 목적이 나를 위한 것도 아니고, 내가 홍콩에 온 목적 역시 너를 위한 것이 아니야"라는 대화를

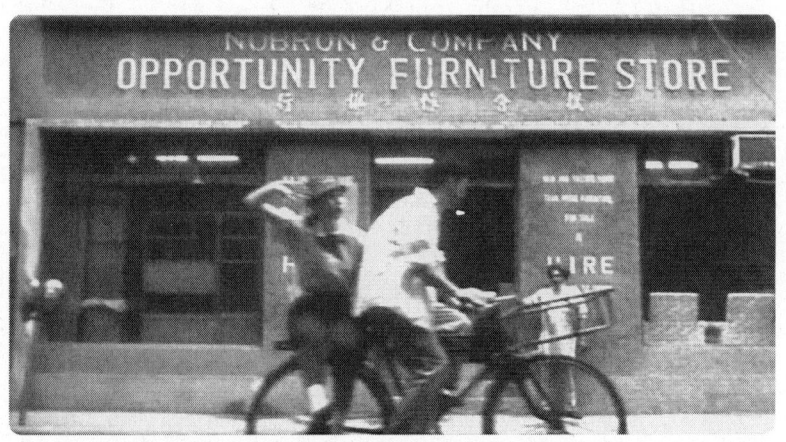

리차오와 샤오쥔이 자전거를 타고 오래된 회사 앞을 지나고 있다.

나눈 후 각자의 '꿈'을 찾아 제 갈 길을 가기로 한다. 그녀는 때마침 다가온 바오거의 제의를 수락하는 것이 최선이라 여겼을 것이다. 그래서 그녀는 조직 두목의 정부가 되었고, 그러한 생활을 운명으로 받아들이려 했을 것이다. 그러나 그녀 스스로 그토록 원했던 '부'와 '안정'을 누리는 생활에서도 결코 떨쳐내지 못하는 그 어떤 것이 그녀의 뒷머리채를 잡고 있었다. 바로 샤오쥔과 함께했던 시간과 공간

에 대한 추억이었다. 외롭고 힘든 노동과 인고의 세월을 함께하며 나누던 유쾌한 대화와 애틋한 정(情)은 그녀가 그토록 찾고 싶었던 '안정감'을 확보한 이후에도 대체될 수 없었다. 그녀는 진정으로 의지하고 함께할 수 있는 '사람'을 필요로 했었고, 그 사람과 평생을 함께하며 나눌 수 있는 평화로운 '사랑'을 원했다. 일가친척 하나 없이 혈혈단신으로 악착같이 돈벌이를 하면서도 그녀를 괴롭히던 그 공허함의 근원은 다름 아닌 '외로움'이었기 때문이다. '다 잡'한 다고 남들에게 욕을 먹어가면서 악착같이 살아오다가 끝내는 돈에 팔려 정부가 되어서도 충족되지 않는 허무감은 어쩔 수 없었다. 그 것이 샤오쿤에 대한 미련을 버리지 못하는 까닭이었다.

리차오가 바오거의 정부가 되고 얼마 지나지 않아 샤오쿤 역시 샤오팅을 불러와서 결혼식을 올린다. 샤오팅과 결혼생활을 시작한 샤오쿤은 행복해하기보다는 리차오에 대한 미련으로 오히려 점점 더 침잠해간다. 리차오와 함께했던 과거의 추억을 떨치지 못해 우연을 가장한 필연처럼 기를 쓰고 리차오를 만난다. 결혼식에서 인사를 나눈 이후 바오거와 샤오쿤, 리챠차와 샤오팅, 이 네 사람이 모두 서로 알고 지냈던 것이다. 이따금 네 사람이 한꺼번에 만나거나 리차오와 샤오팅 두 사람이 만나는 자리가 생기기도 한다. 과거이면서 동시에 현재이기도 한 네 사람의 관계는 불안한 미래와도 같이 늘 긴장 속에 있다. 그러나 사랑하는 사람들 사이에는 기이하게도 '육감' 같은 것이 존재한다고 한다. 샤오쿤과 리차오가 버리지 못하는 '미련'의 끝은 각자 상대방에게 들키거나 고백하게 됨으로써, 마침내 관계의 파탄으로 이어질 운명이다.

다시 만난 두 사람이 과거 함께 시간을 보내던 모텔 방에서 마지막 정사를 나눈 날 밤, 집으로 돌아온 샤오쿤이 리차오에 대한 자신

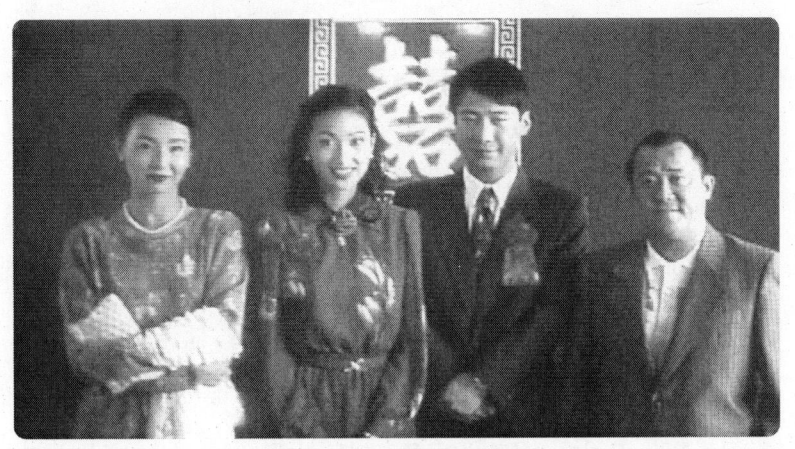

샤오쥔의 결혼식에서 리차오와 바오거가 어색한 표정으로 사진을 찍는다.

의 미련을 끝내 감추지 못하고 샤오팅에게 관계를 발설하고 만다. 소심하고 양심적인 샤오쥔의 성격이 더 이상 리차오와의 관계를 샤오팅에게 비밀로 해둔 채 밀회를 즐기게 내버려두지 않았을 것이다. 그러한 불안한 예감이 현실이 되는 순간 샤오팅은 절규한다. "당신이 홍콩에 오지 않았으면 리차오를 만나지 않았을 것이고, 리차오를 만나지 않았으면 우리의 사랑도 깨지지 않았을 텐데……." 샤오팅에게 홍콩은 더 이상 '꿈을 이루어주는 도시'가 아니라, 오히려 그들의 사랑을 앗아가 둘의 관계를 파탄시킨 저주의 도시였다. 샤오팅은 이 저주의 땅인 홍콩을 떠나 함께 우시로 돌아가자고 한다. 그러나 샤오쥔은 청춘을 다 바친 홍콩을 떠날 수 없었다. 힘들고도 외로운 삶의 전장(戰場)에서 땀 냄새 밴 리차오와의 사랑이 풋풋한 첫사랑을 배반하게 한 것이다. 결국 둘은 결별을 선언하고 각자의 길을 간다.

이즈음, 형사 사건에 연루된 바오거가 피치 못하게 도피를 해야 하는 상황이 된다. 홍콩의 주먹 세계에서 이런 일은 비일비재하고,

리차오 역시 이 기회에 바오거를 떠날 수 있었지만 그녀는 바오거의 도피 생활에 동행하기로 결심한다. 수많은 영욕의 세월을 뒤로 한 채 마침내 그들이 도착한 곳은 바오거가 꿈꿔왔던 '꿈과 희망의 도시' 뉴욕이다. 바오거는 유독 '미키마우스'를 좋아한다. 침실에서 가지고 노는 인형 정도를 넘어 등짝 한가운데 문신으로 새길 만큼 '미키마우스'를 '숭상' 했다. 미국이 바로 이 '미키마우스'의 나라 이지 않던가. 그 미국의 심장부인 뉴욕에 발을 들여놓은 것이다. 늘 그렇듯, 이민자들이 가장 손쉽게 찾는 곳은 바로 동포들이 집단적으로 거주하는 곳이다. 이를테면 중국인들에게는 '차이나타운'일 것 이다. 미국으로 도피해 온 바오거와 리차오 역시 이런 상규에서 벗 어나지 않았다. 그들은 뉴욕의 '차이나타운' 한구석에 자리 잡고 조 용히 세월을 보내고 있었다. 그것도 홍콩에서 자신들이 살았던 그 '유마디'를 쏙 빼닮은 동네였다. 세월은 흘렀고, 그들은 아이를 낳 을 궁리를 할 정도로 안정된 생활에 접어들고 있었다. 그러던 어느 날, 동네를 어슬렁거리는 조무래기들과 어처구니없는 실랑이 끝에 바오거가 총에 맞아 죽어버리자, 바오거의 꿈을 따라 뉴욕에 온 리 차오의 생활은 또다시 허망하게 깨어지고 만다.

시간을 한참 건너뛴 영화 장면 속에 다시 안정된 생활을 찾아 열 심히 살아가는 리차오가 등장한다. 안정을 되찾은 리차오는 관광 가 이드로 돈을 벌면서 미국의 '그린카드'까지 얻었다.

리차오는 바야흐로 중국에 귀속되기 전의 마지막 홍콩 모습을 보 기 위해 고향 방문을 계획한다. 그러던 어느 날, 덩리쥔(鄧麗君)*의 사망 소식이 전해진다. "중국인이 있는 곳에 덩리쥔의 노래가 있다" 는 말이 있을 정도로 중국인들이 애청할 뿐만 아니라, 리차오 역시 존경해 마지않았던 바로 그 덩리쥔을 잊고 살아왔던 것이다. 리차오

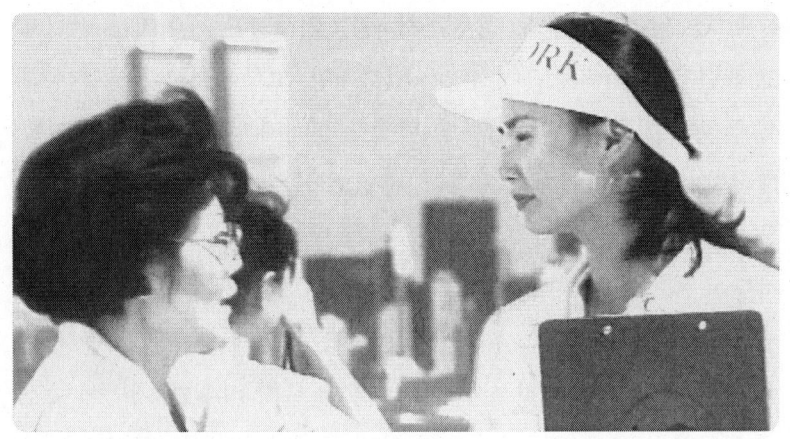

관광가이드 일을 하는 리차오

에게 있어서 덩리쥔은 다름 아닌 홍콩생활의 전부였다. 덩리쥔에 대한 추억은 홍콩에 대한 추억이자 곧 샤오쥔에 대한 추억이다. 덩리쥔 사망 소식으로 다시 추억에 사로잡히며 리차오는 한정 없는 그리움에 빠져든다. 홍콩 생활에서 힘들 때마다 샤오쥔과 함께 듣거나 불렀던 덩리쥔의 노래였지 않던가. 이제는 인생 역정이 모두 정리되었고, 숙제라고는 이루지 못한 사랑을 어떻게 하면 완성할 수 있을지에 대한 상념만이 아련한 추억으로 남았을 바로 그때였다.

＊ 덩리쥔(鄧麗君, 1953~1995). 타이완 출신으로 태국의 요양원에서 천식 발작으로 사망하기까지 향년 42세 길지 않은 인생 중, 특히 1970년대부터 1990년대까지 타이완, 대륙, 홍콩을 누비며 활발한 가수활동을 했다. "중국인이 있는 곳이면 반드시 덩리쥔의 노래가 있다"는 말이 유행할 정도로 아시아 중화권 전체로부터 열렬한 사랑을 받았다. 한때 일본에 거주하며 일어 노래도 260여 곡이나 불러 일본에서 중국붐(華流)을 일으킨 장본인이기도 하다. 영화 〈첨밀밀〉의 주제가인 '첨밀밀'을 비롯해 '아지재호니(我只在乎你)', '재견! 아적애인(再見！我的愛人)', '월량대표아적심(月亮代表我的心)' 등 주옥같은 애창곡 외에도 친일 혐의를 받는 '야래향(夜來香)'이나 항일노래인 '하일군재래(何日君再來)' 등을 푸퉁화는 물론 민난어(타이완), 광둥어(홍콩), 일어 등으로 불러 모두 1천여 곡에 달하는 명가요를 남기고 있다.

4) 샤오팅과 샤오쥔의 '청춘의 첫사랑' : 첫사랑은 깨어지는 법이라고 했던가. 누구에게도 첫사랑은 있겠지만, 고향에서의 첫사랑은 더욱 풋풋하고 애잔하다. 상처받은 적도 의심해본 적도 없기에 더욱 깨어지기 쉬운 것인지도 모른다. 운명의 신은 아름다움이 지속되도록 내버려두지 않는다. 늘 그렇듯이 꼭 방해꾼을 보내 이 아름다운 사랑이 깨지도록 유도한다. 그렇다고 해서 샤오쥔이 적극적으로 샤오팅을 배반하려 했던 것은 아니다. 처음 홍콩에 왔을 때, "달랑 옷한 벌에, 먹었다 하면 한 끼에 서너 그릇을 뚝딱 비우고, 저녁에 숙소에 돌아와 머리가 베개에 닿기만 하면 곯아떨어져 정신없이 잠들었다가, 눈을 뜨면 일어나 일해서 돈을 벌던" 과거를 회상하며 정말 열심히 살아왔다고 여긴다. 결코 리차오라는 여자를 만난 후 연애에 빠져 자신의 미래를 탕진하는 삶을 살지는 않았다. 하지만 운명은 아마도 샤오쥔이 홍콩으로 떠나면서 리차오라는 새로운 사람을 만나도록 예정되어 있었던 것일지도 모른다. 다만, 순수하고 신뢰심 많은 샤오팅과 운명을 거역하지 못하는 샤오쥔 두 사람만 모르고 있었을 뿐. 샤오쥔의 몸이 리차오에게 기울었던 만큼 마음 또한 걷잡을 수 없을 정도로 기울어버렸다. 샤오팅이 원하든 원하지 않든 홍콩은 '배반의 땅'이 되고 말았다.

5) 샤오쥔과 리차오의 '운명적 사랑' : 카메라는 샤오쥔이 홍콩으로 이주해서 처음으로 맞는 정월대보름날 저녁, '욕망의 도시' 홍콩의 후미진 뒷골목, 샤오쥔의 숙소에 고정되어 있다. 타지 생활에서 가장 고통스러운 것은 그리운 사람과 함께할 수 없다는 것이다. 더군다나 평상시가 아니라 특히 정월대보름 같은 명절이면 더욱더 그리운 사람이 그리워지는 법이다. "서로가 서로의 편리를 봐주며 도움

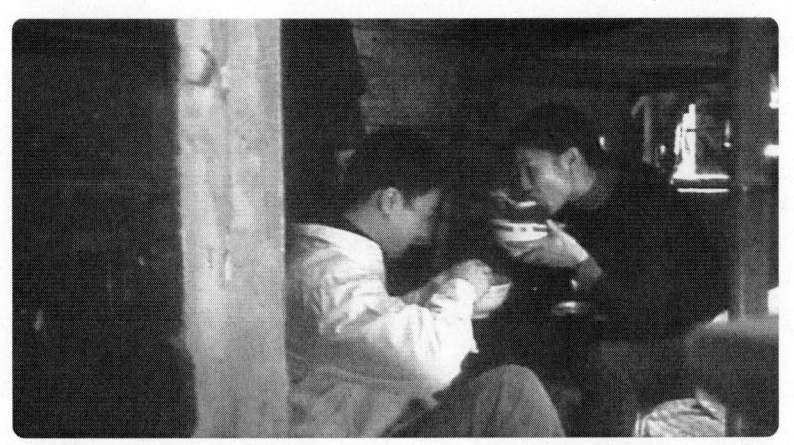

샤오쥔의 집에서 탕위안을 같이 먹는 리차오

을 주고받는" 과정에서 상대에 대한 의존 정도가 깊어진 두 사람은 서로 깊은 친밀감을 느낄 수밖에 없었다. 홍콩 이민생활에서 '푸퉁화를 이해' 하는 남녀가 만나 '탕위안(糖圓)' 을 함께 먹으며 고향에 대한 그리움을 달래는 것은 자연스럽고 당연한 일이다. 그러나 운명은 탕위안 한 그릇을 나누어 먹는 것으로 끝나지 않았다. 아직 바깥 기온은 쌀쌀하고, 집에 돌아가 홀로 이불을 덮어야 하는 현실은 '이민자' 라는 '이방인' 들에게 더욱 깊은 고독과 외로움을 느끼게 했을 것이다. 간절한 고향 생각, 그리운 이와 함께하지 못하는 끝 모를 외로움을 달래기 위해 남자와 여자는 운명적으로 서로의 몸을 서로에게 맡겨버릴 수밖에 없었을 것이다.

물론, 샤오쥔이 첫사랑 샤오팅에 대한 죄책감이 없었을 리 없다. "몸이 멀어지면, 마음도 멀어진다" 는 서양 속담이 '참' 이라면 그 역인 "몸이 가까워지면, 마음도 가까워진다" 도 '참' 이다. 그렇듯, 함께하는 시간이 길어지고 만남의 횟수가 늘어나는 데 비례해 두 사람의 관계는 깊어갈 수밖에 없었다. 그리하여 두 사람은 각기 '정부'

가 되거나 '결혼식을 올림'으로써 각자의 삶 속으로 들어가고 나서도 한참 동안 서로에 대한 미련을 버리지 못했던 것이다.

바오거의 도피에 동행한 리차오, 그리고 샤오팅과 결별한 후 제3의 공간을 찾아 나선 샤오쥔은 약속이나 한 듯, 앞서거니 뒤서거니 뉴욕 맨하탄의 차이나타운에 자리 잡는다. 샤오쥔은 샤오팅과 결별한 후, 리차오와의 사랑을 잊지 못한다. 여자를 소개시켜준다는 선배의 권유도 뿌리치고 무작정 과거를 추억하면서 살아가고 있다.

결국 두 사람은 오랜 세월을 에돌아 뉴욕이라는 새로운 공간에서 재회를 맞이하게 된다. 영화의 마지막쯤, 리차오가 홍콩으로 귀향하기를 며칠 앞둔 어느 날이다. 덩리쥔의 사망 소식을 들으며 각자 과거를 추억하던 두 사람이 맨해튼 한복판의 음반가게 앞에서 우연히 마주친다.

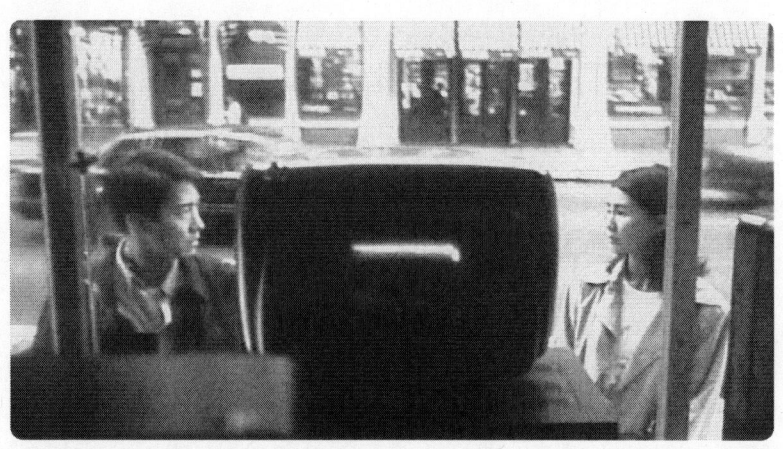
덩리쥔의 사망 소식을 듣다가 마주친 리차오와 샤오쥔

두 사람의 재회 장면은 영화이기에 가능하다고밖에 할 수 없지만, 사실 이들의 우연 같은 필연은 이미 여러 번 반복된 바 있다. 이

러한 설정이 그다지 억지스럽지만은 않은 까닭은 그들의 '우연' 이
사실은 '필연' 이었음을 이미 영화가 시작되는 첫 장면에서부터 복
선으로 깔고 있었기 때문일 것이다.

리차오에 대한 샤오쿤의 추억은 맹목적인 고모와는 달리 나름대
로 필연을 향한 궤적을 밟아갔다. 리차오 역시 바오거를 배신하지
않고, 파란만장한 인생의 길에서 결국 홀로 남게 된 이후 우연히 옛
남자와의 재회가 찾아왔다. 리차오가 '그린카드'를 발급받고 나서
홍콩을 방문하려던 계획은 혹여 샤오쿤을 찾아보기 위한 것이었을
지도 모른다. 샤오쿤 역시 고향으로 돌아가자는 샤오팅을 뿌리치고
뉴욕으로 건너온 것이, 헤어지던 날 밤 폭우를 맞으며 바오거를 따
라 떠나갔던 리차오를 찾기 위한 막연한 기대 때문이었던 것처럼.
어찌되었건 음반가게 앞 해후라는 운명적 재회는 이들이 각자 지니
고 살아왔던 정념(情念, passion)이 빚어낸 '예술' 같은 귀결이라고
밖에는 더 이상 해석의 방법이 없다.

5. 운명과 재회, 그리고 '꿈' 다시

1997년 6월 30일 오후, 빅토리아 만을 사이에 두고 남과 북으로
마주 바라보고 있는 홍콩 섬 해안에는 이미 발 디딜 틈이 없을 정도
로 사람들이 모여들고 있었다. 여기 인산인해를 이루고 모여든 사람
들은 홍콩 시민들만이 아니었다. 19세기 열강 제국들의 식민지 쟁탈
전 와중에 먹잇감이 되어 영국에 할양되었던 홍콩 땅이 중국 본토로
반환되는 기념비적 이벤트를 참관하기 위해 전 세계 각국에서 사람
들이 모여들었던 것이다. 행사는 특정 국가와 국가 사이에 벌어지는

단순한 주권 반환의식 정도로 그치지 않았다. 그것은 19세기 제국주의 시대의 종언이자 동시에 21세기 중국의 세기가 시작됐음을 선언하는 세기적 이벤트였다.

한여름으로 넘어가고 있는 이즈음의 홍콩은 대단히 후텁지근하고 끈적거리는 날씨로 쉽게 불쾌해지기도 한다. 하지만 세기적 기념식에 참가한다는 들뜬 분위기 탓인지 북적거리는 거리나 후텁지근한 날씨쯤은 더 이상 불평거리가 되지 않았다. 밤 10시경이 되자, 영국의 찰스 황태자와 중국의 국가주석 장쩌민(江澤民)은 빅토리아 만 해변 중앙에 지어진 아름다운 홍콩컨벤션센터에서 성대한 반환 이벤트를 거행하기 시작했다. 양국의 수반이 홍콩반환에 대한 공식 문서에 조인을 한 이후, 11시부터 불꽃놀이가 시작되었다. 이른바 영국 측의 고별 폭죽쇼였다. 한 시간이 지나 정확히 자정이 되자 밤하늘을 화려하게 수놓던 불꽃 축제가 멈추었다. 그리고는 찰스 황태자 일행이 장쩌민 주석 일행과 마지막 악수를 나누고 콘서트홀 부두에 정박해 있던 대형 요트에 올랐다. 못내 아쉬운 표정으로 손을 흔들며 사라져가는 '영국'을 너그러운 자태의 '중국'이 여유롭게 배웅했다. 이로써 두 세기에 걸친 제국주의의 시대는 종언을 고하고 새로운 시대가 도래한 셈이다. 10여 분간의 송별의식이 끝나고 그로부터 1시간 동안, 중국 측에서 쏘아 올린 불꽃이 이전의 한 시간보다 더욱 화려하고 장쾌하게 밤하늘을 수놓기 시작했다. 이와 동시에 빅토리아 만 해상에는 갖가지 모양의 조형 등(燈)으로 장식한 소형 선박 수백 척이 밤새도록 퍼레이드를 벌였다. 그날 밤, 홍콩은 시가지마다 '중국의 세기'를 환호하는 중국 인민들의 얼굴로 환하게 빛나고 있었다. 그 군중들 속 어딘가에서 샤오쥔과 리차오가 서로의 머리를 기댄 채 허리를 껴안고 이 광경을 지긋이 바라보며 서 있었을 지도 모른다.

이민자들이 꿈꾸며 찾아드는 홍콩. 홍콩인도 아니요 광둥인도 아니요 영국인은 더더구나 아닌 대륙 이민자가 왜 다시 홍콩을 찾을까. 돈을 벌기 위해 왔다가 돈은커녕 첫사랑마저 잃게 된 샤오쥔과 사랑하는 남자를 빼앗긴 샤오팅에게 홍콩은 과연 어떤 공간이었을까! 고향 우시를 떠날 때 그들이 꿈꾸며 약속했던 것처럼 홍콩은 그들의 사랑과 돈을 실현시켜주는 '약속의 공간'이 아니라 '배반과 상실의 공간'이었다. 순진한 대륙 사람들이 자신의 꿈을 이루어주려니 생각했던 홍콩은 시련과 고통만 안겨주는 공간, 오직 거대한 자본과 음모만이 살아남는 공간에 불과했다. 자본의 시장에서 패배한 사람은 대접받지 못하고, 오로지 성공한 사람들만 여유를 즐길 수 있는 공간. 자본이 존재하는 한 세계 모든 대도시의 공간은 그럴 수밖에 없을 것이고, 그것은 세월이 가도 변하지 않을 것이다.

이러한 사실을 알게 되기까지는 일정한 시간이 필요했을 것이다. 이를 깨달은 샤오쥔과 리차오는 마침내 그들이 꿈꾸던 진정한 미래를 위해 '홍콩'을 버리고 또 다른 꿈의 공간인 '뉴욕'으로 떠나갔던 것이었을까. 꿈은 준비된 사람에게만 열리는 법이다. 하지만 20세기 말의 중국인들에게 더 이상 '홍콩'은 '꿈의 공간'이 아니었다.

• 부용진(셰진, 1989)

문화대혁명 시기에 횡행했던 자본주의 및 주자파(走資派)에 대한 부정과 비판에 관해 이해할 수 있는 영화이다. 줄거리는 제1부 〈인생〉의 추천 영화 부분을 참고하세요.

• 차이니즈박스(웨인 왕, 1997)

홍콩 반환 전후, 미래에 대한 불안, 공허, 우울 등 사회적 분위기를 사실적으로 살펴볼 수 있는 영화이다. 영화는 홍콩 반환을 한 편의 사랑 이야기로 풀어나가고 있다. 15년 동안 홍콩에서 살아온 영국인 기자 존은 중국 반환을 목전에 둔 홍콩의 일상을 비디오에 담는다. 어느 날 우연히 존은 자신이 희귀한 혈액병으로 시한부 인생이라는 것을 알게 되지만 중국 여인 비비안에 대한 사랑을 주체하지 못한다. 결국 그는 영국에 돌아가는 대신 남은 시간들을 홍콩에서 비비안과 함께 보내기로 한다.

• 메이드 인 홍콩(프루트챈陳果, 1997)

홍콩인의 정체성과 관련해 홍콩의 신세대들의 갈등과 혼돈에 대해서 이해할 수 있는 영화이다. 스무 살의 차우가 바라본 세상은 온통 모순투성이다. 아빠는 젊은 여자와 딴살림을 차렸고 학교는 요란한 권위만이 남아 있으며 획일적이다. 차우는 학교도 그만두고 뒷골목에서 폭력과 협박으로 일숫돈을 챙기는 해결사로 살아간다. 차우는 저능아로 언제나 놀림과 구타를 당하고 다니는 아롱을 지켜주려 하고, 우연히 만나게 된 핑과 사랑에 빠진다. 핑의 병원비를 마련하기 위해 청부살인을 감행하지만 실패하고 아룽도 계략에 의해 죽게 된다. 그리고 핑마저 죽는다. 새로운 삶을 살고 싶었지만 모두의 죽음 앞에서 차우는 다시 절망하게 되고 병원에서 퇴원하자마자 자신을 배신하고 아룽을 죽게 한 보스를 죽이고 자신도 핑의 무덤 앞에서 총으로 자살을 한다.

• 아편전쟁(셰진, 1997)

실존 인물인 도광황제, 임칙서 등 30여 명의 자료를 토대로 150년 전 상황을 고증하고 당시의 청 황실과 대영제국의 상류층에서부터 평민 백성에 이르기까지를 재현한 영화로, 아편전쟁과 홍콩의 할양에 관한 역사적 사실을 이해할 수 있다.

• 조이 럭 클럽(웨인 왕, 1993)

재미 화인의 삶을 묘사한 영화로, 중국이 공산화되기 직전 미국으로 건너온 네 어머니와 그들의 딸들이 문화적 차이로 인해 겪게 되는 갈등과 해소를 그렸다. 준은 몇 달 전에 어머니가 세상을 떠난 뒤로 어머니가 일본군을 피해 도망치다 중국에 남겨놓고 온 쌍둥이 언니를 만나기 위해 중국을 방문하려고 한다. 중국으로 가기 전에 준은 어머니가 참석하던 마작모임 '조이 럭 클럽'에 참석해서 어머니의 친구들과 이야기를 나누면서 여덟 모녀의 과거와 현재를 이야기한다. 그 과정에서 어머니의 고충을 이해하게 되고 돌아가신 어머니와 갈등을 해소한다.

참고 자료

임대근(2004), 『중국영화 이야기』, 살림, 서울
슈테판 크라머 저/황진자 역(2000), 『중국영화사』, 이산, 서울
한국 중국현대문학학회 편(2006), 『영화로 읽는 중국』, 동녘, 서울
김용성(2008), 『제국의 습격 - 영화, 역사를 말하다』, MBC C&I(MBC프로덕
    션), 서울

영화로 만나는 현대중국

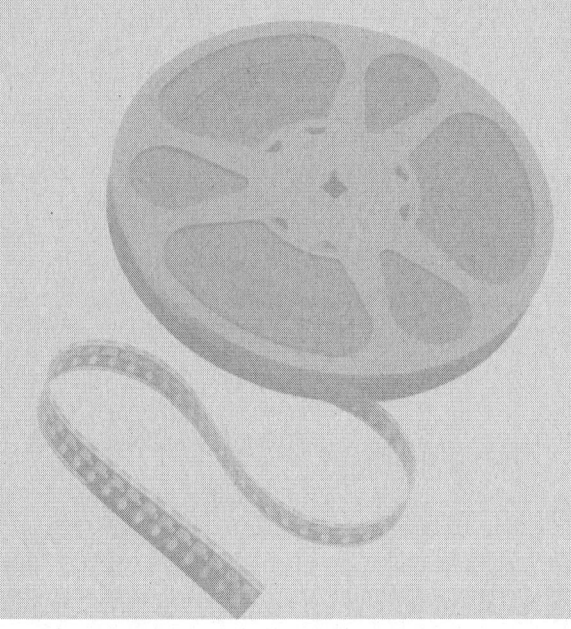

2
개혁개방과
현대사회

개혁개방과 사회의 변화

플랫폼 站台
(賈樟柯, 2000)

이시활

1. 〈플랫폼〉의 시대적 가치

세계 영화계에서 "아시아 영화에서 휘황찬란한 한 줄기 희망의 빛"이라는 높은 평가를 받는 〈플랫폼〉은 〈소무小武〉(1997), 〈임소요任逍遙〉(2002)와 함께 자장커 감독의 초기 고향삼부작 중의 하나이다. 개혁개방 후 중국의 분위기를 성실하고 진지하게 묘사한 자장커의 영화로 인해 5세대와 6세대, 즉 중국영화의 어제와 오늘이 구분된다.

영화 〈플랫폼〉은 마오쩌둥(毛澤東)이 죽고 문화대혁명이 끝나는 시점에서부터 시작된다. 이 영화는 1978년 12월 18일 중국 공산당 제11기 중앙위원회 제3차 전체회의(11기 3중전회)에서 결의한 개혁개방 정책을 시행하면서 거대한 변화를 맞던 1979년부터 1989년 텐안먼 사건 이전까지의 기간을 시대적 배경으로, 산시성(山西省)의 소읍인 펀양(汾陽)에서 활동하는 문화선봉대 대원들의 거대한 일상적 변화를 그리고 있다. 안개 자욱한 어느 새벽녘, 어슴푸레 날이 밝아오기 시작할 때 시골의 허름한 플랫폼에서 언제 올지 모르는 첫 기차를 기다리듯, 영화는 시종일관 흐릿한 화면 속에서 젊은이의 일상생활을 그리고 있다. 할리우드 영화처럼 화려한 영상미, 짜릿한 스토리 없이 희뿌옇게 흘러가는 화면과 희망 없는 무미건조한 일상적 이야기는 관객들에게 얼핏 재미없게 다가온다. 하지만 그 재미없다는 느낌 속에 중국의 개혁개방 속에서 변화하는 10년간의 사회생활사가 오롯이 담겨 있다. 마치 개혁개방이란 본질적으로 재미없음과 동일어라는 것을 알려주는 듯하다. 또한 영화의 젊은 주인공들이 관객을 너무 답답하게 하지만 왠지 낯설지 않다는 느낌이 드는 것은 무슨 이유일까? 시간과 공간의 차이만 있을 뿐 출구 없는 답답함에 시달리는 문화선봉대 대원들은 바로 여기 이 시대 한국에서 살고 있는 젊은 대학생의 초상이기도 하기 때문일 것이다. 그들의 모습 속

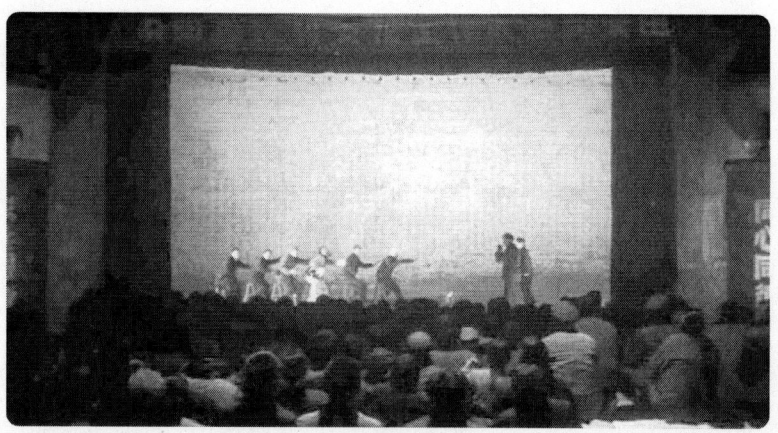

1979년 문화선봉대의 〈사오산을 향해 달리는 기차〉 공연장면

에서 꿈을 잃은 우리의 모습을 보는 듯한 쓸쓸함과 우울함을 피할 수 없다.

1979년의 문화선봉대는 〈사오산을 향해 달리는 기차火車向着韶山跑〉라는 공연의 첫 장면에서처럼 계급과 이념을 중시하는 정치선전 공연을 한다.

여기에서 사오산은 중국혁명의 아버지인 마오쩌둥의 고향 마을이다. 하지만 개혁개방이 되고 공산당의 정책이 바뀌어 예술단이 사유화되면서 점차 공연의 내용도 정치선전에서 락(Rock) 음악과 브레이크댄스 등의 대중문화 중심으로 변화하게 된다. 이처럼 영화는 공연을 위해 각 지역을 떠돌아다니는 예술대원들의 일상생활을 통해 1980년대 개혁개방의 거대한 변화를 탐색하고 있다. 즉 1980년대 10년간 개혁개방으로 인한 사회문화적 변화에 시달리던 중국인들의 의식과 세세한 일상풍경이 오롯이 담겨져 있는 작품이다.

감독은 시대에 대한 직접적인 묘사는 극도로 자제하는 대신에 1980년대 시대적 변화를 간접적으로 보여준다. 즉 패션의 변화, 헤

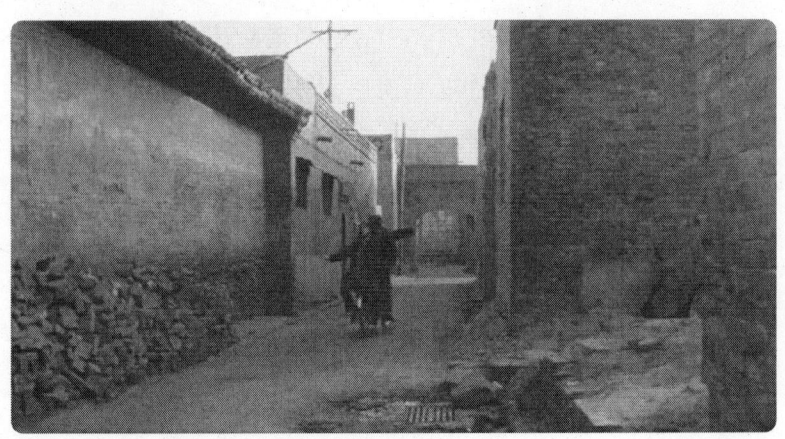

개혁개방초기 젊은이들의 답답한 일상의 탈출과 꿈

어스타일의 변화, 혁명가곡에서 대중음악으로 변모하는 것을 배경으로 배치하고, 직접적으로는 개혁개방 시대를 살아가면서 변화하거나 혹은 변화하지 않는 개별화된 인물군상의 일상생활과 인간관계의 모습을 다양하게 그림으로써 인민들의 삶을 상징하고 있다. 1979년 이전의 중국사회가 이념과 계급을 중시하면서 평등한 집단적 생활을 요구하던 거대서사의 시기였다면, 1979년 개혁개방 정책 이후는 실용과 효율을 중시하면서 이념과 계급의 집단에서 분리되어 나온 개인의 일상생활을 강조하던 미시서사의 시기라 할 수 있다. 따라서 〈플랫폼〉은 중국인들이 집단으로부터 이탈되어 어떻게 개별화되어가는지 그 일상적 흐름의 미시적 변화과정을 세밀하게 탐구한다.

영화에서 이상의 내용을 상징적으로 보여주는 장면을 살펴보자. 영화의 앞부분에, 마오쩌둥을 찬양하는 혁명가극 〈사오산을 향해 달리는 기차〉의 공연이 끝나고 대원들이 버스에 탄 뒤 단장이 출석을 부르는 장면이 나오는데, 화면이 캄캄해서 인물들은 제대로 구분도 되지 않는다. 이들은 같은 차에 타고 있는 같은 문화선봉대 소속 대원들이지만, 어둠 속에서 계속 이름이 나열되면서 집단에서 분리된 개개인의 특징이 강조된다. 이것은 처음에는 사회주의라는 이념 집단을 강조하지만, 결국에는 주인공들이 뿔뿔이 흩어지듯이 개인적인 각자의 삶을 사는 개혁개방의 출발을 암시해주는 역할을 한다. 자장커는 관객이 등장인물을 확인할 수 없는 바로 이 5분 동안의 캄캄한 장면이 집단에서 개별화된 개인으로 변화하는 모습을 압축적으로 보여준다고 말했다. 이처럼 〈플랫폼〉은 개혁개방이라는 거대한 사회문화적 변화에 대하여 개인들이 일상적으로 체험하고 느낀 것 대한 기록이라 할 수 있다. 이 영화를 보면 1980년대 개별화된 인

중국 공산당의 지도이념 변화과정

지도이념	공식화된 권위를 인정받은 시점	주요 내용
마르크스 레닌주의	1921년 7월 중국 공산당 창당 시점	계급투쟁과 프롤레타리아 혁명 강조
마오쩌둥 사상	1945년 4월 중국 공산당 제7차 전국대표대회	농민이 혁명의 주도 세력임
덩샤오핑 이론	1978년 12월 중국 공산당 제11기 중앙위원회 제3차 전체회의	사상해방과 실사구시(사회주의 초급단계론, 불평등 불균등 발전)
3개 대표론 (장쩌민)	2002년 11월 중국 공산당 제16차 전국대표대회	공산당이 자본가계급 포용 (선진문화 발전, 선진사회 생산력, 방대한 인민의 근본이익을 대표)
과학적 발전관 (후진타오)	2007년 10월 중국 공산당 제17차 전국대표대회	합리적인 사고와 과학 중시 (지속가능한 발전, 인간중심 발전, 균형 발전)

개혁개방 이후의 시기별 경제

시기	주요내용
개혁개방 초기 (1979~1984)	경제특구〔선전(深圳), 주하이(珠海), 산터우(汕頭), 샤먼(廈門)〕 지정하여 우대정책 부여, 농가책임생산제 시행, 인민공사해체 등
개혁개방 본격화 (1984~1988)	동부 연안에 14개 개방도시 선정, 도시 상공업 중심의 경제체제 개혁 단행, 자영업(個體戶) 허가 등
개혁개방 조정단계 (1988~1991)	경제개혁의 혼란과 부작용을 의식해서 경제안정과 계획경제의 기본 틀을 유지하려는 '치리정돈 (治理整頓)' 정책 시행
개혁심화, 개방 확대시기 (1992~2001)	덩샤오핑의 남순강화(南巡講話) 이후 지역개방에서 전국적 범위로 전방위 개방 정책 실시, 사회주의 시장경제 채택, 계획경제시대의 종언과 본격적인 시장경제 시대로 전환
전면적 개혁개방시기 (2001~현재)	WTO 가입 이후 전면적 개방, 세계 경제 흐름에 편입, 도시화를 통한 농촌 문제의 점진적 해결 내수 확대 정책 실시, 사회주의 시장경제 시스템 정립 등

간 군상의 다양한 모습을 접할 수 있다.

2. 〈플랫폼〉과 중화인민공화국 수립 이후의 변천 과정

이 지점에서 이해를 돕기 위해 중국 현대사의 흐름을 간단히 살펴보자. 중국에서 근대를 진정으로 끌어안는 시점은 바로 '나라 살리기'라는 구망(救亡)의 문제로부터 출발한다. 1840년 아편전쟁부터 1949년 중화인민공화국 수립까지 항상 시대의 중심 화두는 중국은 어디로 가느냐의 문제이다. 서유럽 제국주의의 침탈 때문에 고난과 압박으로 점철된 중국이 어떻게 하면 자유와 해방을 쟁취할 수 있고 제국주의의 압박과 멸시에서 벗어날 수 있는가의 문제이다. 이러한 문제의식 아래 마오쩌둥은 군중노선에 의거해서 농민이 사회주의 혁명의 주도세력이라는 점을 강조하면서 농촌을 중심으로 중국혁명을 성공시키고 새로운 중국인 중화인민공화국을 1949년에 수립시켰다. 이때까지 '나라 살리기'란 과제를 충실하게 실천했던 마오쩌둥의 업적은 결코 무시할 수 없다.

하지만 사회주의 성립 이후에도 마오쩌둥은 이념과 계급이라는 거대서사를 시종일관 강조하면서 1950년대 중반 소련사회주의를 수정주의라고 비판하면서 경제적으로 자력갱생의 폐쇄적인 극좌모험주의의 길로 나아가게 된다. 1958년 세 개의 붉은 깃발(三面紅旗), 즉 사회주의 건설의 총노선, 대약진운동, 인민공사운동의 붉은 깃발을 흔들면서 극좌모험주의 노선으로 나아가지만, 이것이 철저한 실패로 돌아가면서 인민들의 생활수준이 급격하게 하락하는 결과를 초래한다. 그 결과 마오쩌둥은 주석 자리에서 물러나고 류사오치(劉少

奇)가 주석으로 취임하여 덩샤오핑(鄧小平)과 함께 자력갱생의 경제정책을 수정한다.

1961년부터 1965년까지 류사오치와 덩샤오핑은 농촌에 큰 피해를 가져다 준 대약진운동의 충격을 극복하고자 일정 정도 시장경제정책을 도입하여 생산력 발전을 이끌면서 마오쩌둥을 강하게 비판한다. 마오쩌둥은 시장경제정책을 수행하는 류사오치와 덩샤오핑 등을 자본주의를 따르는 주자파(走資派)이자 반혁명 세력이라고 규정하면서, 문화대혁명, 즉 자본주의 세력의 타파와 자본주의 타도를 위해 사회주의하에서 계급투쟁을 강조하는 대중운동을 일으킨다. 전국 각지에 청소년으로 구성된 홍위병이 조직되고 마오쩌둥의 지시에 따라 반대 세력은 모조리 실각 또는 숙청되었다. 1966년부터 1976년까지 이어진 문화대혁명의 시기는 중국이 죽어 있는 듯한 경직된 사회로 빠져든 암흑의 10년 세월이었다.

마오쩌둥 사망 후 중국공산당이 문화대혁명에 대해 '극좌적 오류'였다는 공식적 평가를 내리고, 이와 함께 문화대혁명의 극좌적 광기는 급속히 소멸되었다. 1981년 중국공산당은 마오쩌둥에 대해 공적은 70퍼센트이고 과오는 30퍼센트라고 공식적으로 평가했는데, 이는 다시 말해 중화인민공화국 수립 이전의 새로운 나라 만들기에서 마오쩌둥의 공적은 70퍼센트이고 중화인민공화국 수립 이후 대약진운동과 문화대혁명에서 그 과오는 30퍼센트라는 말이다.

주자파라고 비판받았던 덩샤오핑은 1977년 복권되면서 권력의 지배자로서 화려하게 등장했다. 그는 '사상해방'과 '실사구시'의 정신을 내세우면서 생산력 발전이라는 실용 위주의 중국을 재건설하려고 노력했다. 여기에서 사상해방과 실사구시란 계급과 이념투쟁을 강조한 문화대혁명의 극좌 교조주의 사상을 비판하고 마오쩌

등의 사상에 대한 재평가를 통해 개혁개방의 길로 나아가기 위한 이론적 틀이다. 1978년 12월 중국공산당 제11기 3중전회에서 덩샤오핑을 총지휘자로 삼는 개혁개방파들은 '대규모 대중적 계급투쟁'의 종결을 선언함으로써 계급투쟁이 모든 것에 우선한다는 마오쩌둥 시대의 노선과 결별을 명확히 하고 4개 현대화(농업, 공업, 과학기술, 국방)와 경제발전을 공산당과 중국이 추구해야 할 새 시대의 총체적 과업으로 규정했다.

이러한 과정에서 개혁개방의 총설계자인 덩샤오핑은 사회주의 초급단계론을 주장하면서 불평등 불균등 발전을 용인하는 개혁개방의 전략을 수립했다. 중국은 이미 사회주의 단계로 진입했기 때문에 중국 사회의 기본모순은 이념과 계급모순이 아니라 물질문화의 수요에 대한 인민의 요구해 비해 현저하게 낙후된 사회생산력이라는 것이었다. 덩샤오핑은 낙후된 사회 생산력과 '4개 현대화'를 이룩하기 위해 이념과 계급보다는 실용과 효율 중심인 개혁개방을 통하여 경제건설을 중시하겠다는 점을 확고히 했다. 덩샤오핑의 대표적인 주장인 검은 고양이든 흰 고양이든 고양이 빛깔이 어떻든지 간에 고양이는 쥐만 잘 잡으면 된다는 즉, 인민들이 잘 살게 하면 그것이 제일이라는 실용과 효율 중심의 흑묘백묘론(黑猫白猫論)과 중국 동쪽의 특구와 연안지역부터 부유해지고 이어서 서부와 내륙이 따라간다는 즉, 부유해질 수 있는 능력이 있는 사람부터 먼저 부자가 되라는 식의 개별화된 개인의 능력을 강조하는 선부론(先富論)의 불평등한 경제정책이 그 대표적인 실례이다. 이 정책에 따라 최초로 1980년 선전(深圳), 주하이(珠海), 산터우(汕頭), 샤먼(廈門) 4곳의 경제특구를 지정했고, 1984년 광저우(廣州), 상하이(上海), 칭다오(青島), 톈진(天津), 다롄(大連), 원저우(溫州) 등의 14개 연안개방도시를 선정

하고 외국자본을 유치하여 연해도시 중심의 불균등 경제발전을 본
격적으로 추진하였다. 이를 통해 개혁개방시기 연안도시들은 생산
력이 발전된 도시로 성장하는 계기가 되었다.

영화 〈플랫폼〉에서도 중핑(鍾萍)이 장쥔(張軍)의 손에 이끌려 덩
리쥔(鄧麗君)의 유행가가 흘러나오는 미용실에서 파마머리를 하는
장면이 나온다. 윈저우 간판을 건 이 미용실에서 장쥔이 주인한테
"윈저우는 좋지요"라고 묻고, 나도 화려한 바깥세상으로 나가고 싶
다고 말하는 장면이 이상의 내용을 잘 상징하고 있다. 또한 장쥔이
광저우로 가서 추이밍량(崔明亮)한테 "번화한 세상은 정말 굉장하
다"고 엽서를 보내거나, 광저우에서 펀양으로 돌아올 때, 추이밍량
의 말처럼 외계에서 온 악마와 같은 모습으로, 장쥔이 선글라스를
끼고 카세트를 손에 들고 장디(張帝)의 유행가와 팝송 징기스칸 등
새로운 상품을 가지고 오는 장면에서도 잘 나타난다. 이처럼 〈플랫
폼〉의 주인공들은 이전에 경험한 적이 없었던 연안도시, 생산력이
발전된 그 연안도시로 탈출하고 싶어 한다. 이것이 바로 그들의 우

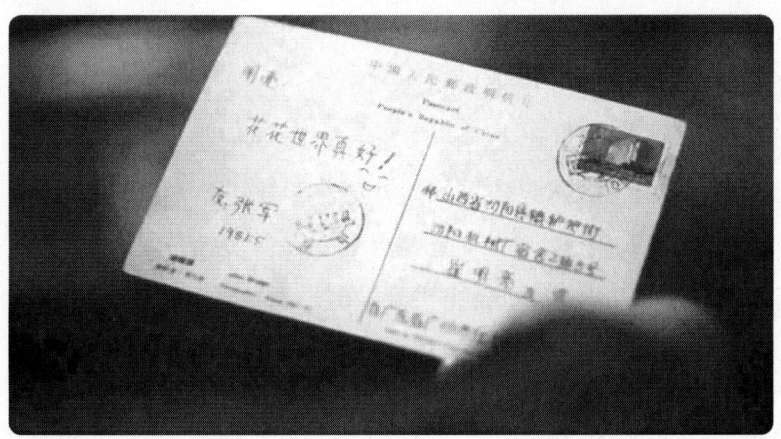

장쥔이 바라본 거대한 개혁개방의 현실

울한 삶을 바꿀 수 있는 유일한 희망인 셈이다. 하지만 그들은 쥐를 잘 잡는 그 어떤 색깔의 고양이도 절대 될 수 없고 부자도 될 수도 없는, 태생적으로 개혁개방에서 소외받은 자들이다. 사회주의의 특수한 제도인 호구(戶口)제도 탓인지 그들의 유일한 희망은 좌절되고 그들은 소읍인 펀양으로 다시 돌아올 뿐이다. 이처럼 영화에서는 중국의 개혁개방이 연안도시로부터 시작된 것이란 사실을 잘 보여준다.

한편 1987년에 덩샤오핑은 사회주의 초급단계론을 실천하기 위한 3단계 경제발전 전략(三步走)을 밝혔다. 1단계는 1987년 당시 300달러였던 1인당 국민소득을 20세기 말까지 4배로 끌어올려 원바오(溫飽, 기본적인 의식주가 해결된 기초생활) 사회 단계로 진입하는 것이고, 2단계는 공산당 창당 100주년인 2021년까지 국민소득을 다시 2배로 끌어올려 중진국에 진입하는 샤오캉(小康, 의식주가 해결되고 기초적인 문화혜택을 받는 중등생활) 사회단계로 진입하는 것이며, 3단계는 사회주의 건국 100주년이 되는 2049년까지 선진국 수준인 다퉁(大同, 태평성대의 선진생활) 사회단계에 진입한다는 것이다. 덩샤오핑은 100년이 지날 때까지 이러한 사회주의 체제목표가 결코 바뀌어서는 안 된다고 역설했다.

1989년 개혁개방을 본격적으로 추진하는 과정에서 톈안먼(天安門) 사건이 발생했다. 민주화 시위인 톈안먼 사건은 1989년 4월 15일 개혁주의자로 학생들의 추앙을 받았던 후야오방(胡耀邦) 전 당 총서기가 심장마비로 사망하면서 발생하였다. 표면적으로 톈안먼 사건은 관료부패 청산과 언론자유에 대한 요구 등 낮은 수준의 민주화 시위에 대해 군이 무력으로 진압함으로써 빚어진 사건이다. 하지만 사실은 개혁개방정책 시행 이후 누적되어온 문제점이 폭발된 것이라고 할 수 있다. 그 결과는 개혁파를 대표하는 자오쯔양(趙紫陽) 당 총서기와 정치국 상무위원 후치리(胡啓立)가 축출되고 강경파인 리평(李鵬) 총리가 정권을 장악하여, 결국 6월 4일 '피의 일요일'로 불리는 대학살로 이어졌다. 인민해방군은 자신이 보호해야 할 시위대를 오히려 무차별 살해함으로써 민주화 시위를 종식시켰다. 혼란이 계속되는 동안 모습을 나타내지 않아 사망설까지 나돌던 덩샤오핑이 6월 9일 공식석상에 모습을 나타내었는데, 그는 이날 베이징 일대에 출동한 군지휘관들을 접견하며 사회주의 '반(反)혁명 폭동'이 진압되었다고 선언하였다. 이로써 세계를 경악하게 했던 사태는 민주적 질서를 도외시하면서 생산력 발전만을 강조하는 급진적 개혁개방파의 승리로 끝나게 되었다. 사회주의 종주국인 소련을 위시하여 동유럽 사회주의가 붕괴하는 시점에 발생한 톈안먼 사건은 중국의 대내외적 위기상황을 심화시켰다.

　이러한 위기를 돌파하기 위해 덩샤오핑은 개혁개방 경제정책을 더 철저히 가속화하는 전략을 수립했다. 덩샤오핑은 이런 중국사회의 내적인 위기를 돌파하기 위해, 또 사회주의 종주국인 소련을 위시하여 동유럽 사회주의가 몰락하는 외적인 위기를 돌파하기 위해 더욱더 개혁개방에 박차를 기울였다. 1992년 1월 덩샤오핑은 남부지방인 선전, 주하이, 상하이 등지를 시찰하면서 개혁개방의 가속화를 독려하는 일련의 담화, 즉 '남순강화(南巡講話)'를 발표했다. 1992년 10월 중국공산당 14차 전국대표대회에서는 톈안먼 사건이 반혁명폭동이었다고 확인하는 동시에 덩샤오핑의 남순강화를 이론적으로 뒷받침하는 사회주의 시장경제론을 공식적으로 도입했다. 사회주의 시장경제론은 사회주의 초급단계론의 연장선상에 있는 것으로서 결국 생산력의 발전을 강조하고 있다. 그 결과 사회주의 시장경제론은 공산당 내의 일부 비판적인 시각에도 불구하고 중국경제를 초고속 성장시켜 중국을 미국과 상대하는 G2국가로 발돋움시켰으며, 현재 중국을 이끌어가고 있는 "중국적 특색의 사회주의"의 주축 이론이 되었다.

중국은 사회주의 초급단계론의 3단계 발전전략에서 설정한 목표 시기를 초과달성하였다. 1단계인 원바오 단계는 1980년대 말에 완료했으며, 2002년 11월 열린 제16차 전국대표대회에서 장쩌민(江澤民) 총서기는 '정치보고'를 통해 지속적인 개혁개방과 사회주의 시장경제 정책 추진으로 중국이 샤오캉 사회에 진입했음을 공식 선언했다. 현재 중국은 1인당 GDP가 4,000달러 수준으로 중진국 수준에 이르렀다. 장쩌민 시기에는 자본가계급을 포용하는 '3개 대표론'을 주장하여 경제성장 방식을 바꾸었다. '3개 대표론'은 중국공산당이 선진사회 생산력(사영기업가), 선진문화 발전(지식인), 방대한 인민(노동자와 농민)의 근본적 이익을 대표해야 한다는 것으로, 노동자와 농민의 적이었던 자본가와 지식인을 공산당의 품 안으로 끌어들이겠다는 내용이다.

후진타오 시기에는 합리적인 사고와 과학적인 정책 추진을 중시하는 과학적 발전관을 제창하고 있다. 1978년 개혁개방이 시작된 이래 덩샤오핑, 장쩌민 시대의 성장제일주의가 낳은 부작용을 발전적으로 극복하려는 의도가 내포된 것으로, 조화로운 사회를 위한 지속 가능한 발전, 인간중심의 발전, 균형 발전을 주요 내용으로 하고 있다. 그러나 과학적 발전관은 구호만 남아 있는 이데올로기로서만 효율적으로 기능할 뿐이지, 본질적으로는 여전히 생산력 발전이라는 성장제일주의로 나아가고 있다. 개혁개방의 성장에서 철저히 소외되고 억압받는 농민과 노동자 등 다수 인민들의 실생활을 향상시키는, 조화롭고도 합리적인 이론이 되지 못하고 있는 것이다. 따라서 아이러니하게도 농민과 노동자들은 불평등한 현재의 중국이 아니라 생산력이 낙후되었지만 평등했던 마오쩌둥 시기를 그리워하고 있는 실정이다. 이처럼 1978년 이후 30여 년 넘게 지속된 불균등 발전으로 인해 현재 중국은 엄청난 빈부격차, 지역격차, 물질만능주의, 부정부패, 물가폭등, 인권문제, 정치탄압 등의 문제에 직면하고 있는 형편이다.

그러면 1980년대 중국의 일상을 엿볼 수 있는 플랫폼 속으로 들어가 보자.

3. 영화 〈플랫폼〉 속의 몇 가지 장면과 단상들

자장커의 〈플랫폼〉은 마치 끊어진 여러 가지 이야기를 어지럽게 묶어놓은 것처럼 보인다. 그런데 그것이 개혁개방이라는 시대적 환경과 절묘하게 배합되면서 청년들의 고민이 일상적으로 자연스럽게 드러난다. 문화선봉대 대원인 네 명의 주인공 추이밍량(崔明亮), 인루이쥐안(尹瑞娟), 장쥔(張軍), 그리고 중핑(鍾萍)의 파편화된 일상의 궤적을 통해 젊은이들이 개혁개방의 물결 속에서 겪는 변화와 혼동을 잘 드러내고 있다.

문화선봉대의 변화과정은 1980년대 중국의 모습을 잘 상징해준다. 처음 문화선봉대 대원들은 예술과 낭만, 그리고 혁명을 전파한다는 자긍심이 있었다. 그들은 마오쩌둥의 혁명사상, 즉 과거의 것을 노래하며 과거를 그리워하는 사람들이다. 영화 초반에 들리는 이들의 노래는 다가올 마오쩌둥의 밝은 미래를 힘이 차다 못해 숨이

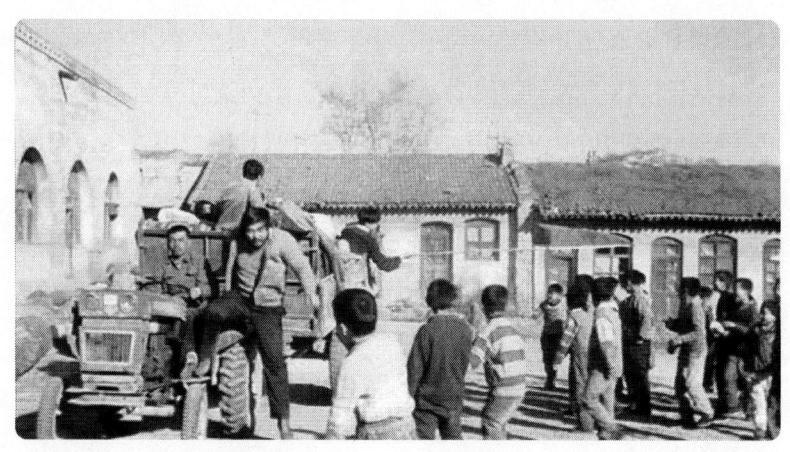
개혁개방 초기에 공연을 가는 문화선봉대

넘어갈 듯이 격정적으로 그려낸다. 이것이 여태까지 그들을 살아오게 만든 힘이었으며, 이들이 나아갈 삶의 목표였다. 아무리 부조리하고 희생을 강요한다고 하더라도, 그들에게는 이런 목표가 있다는 것만으로 세상을 살아가는 충분한 이유가 되었다. 하지만 덩샤오핑이 등장하여 생산력 발전 중심의 개혁개방정책을 실시하게 되면서 아무도 이들의 노래에 귀를 기울이지 않게 된다. 따라서 공산당의 지원을 받던 문화선봉대는 개혁개방으로 인해 그 존재가 완전히 버려지듯 민영화된다. 민영화되는 과정에서 "마치 난징조약 같네요"라는 대사가 나온다. 이는 당시 일방적인 개혁개방의 폭력성을 암시하는 것으로 볼 수 있다. 민영화를 기점으로 그들의 가치관이 파괴되고 변화되면서 작품에 삽입되는 곡들은 모두 가벼운 사랑 중심의 대중가요로 바뀐다. 그들은 이처럼 시대의 변화에 흔들리는, 인간적이고도 너무나 인간적인 보통 중국인들이다.

그들이 공연을 위해 고향 편양을 떠나 경험하는 것은 개혁개방의 거대한 폭풍에 직면하고 있는 중국인들의 일상이다. 그들이 길을 떠나 만나는 일들은 단순하면서 서민적이고 세속적이다. 의리, 사랑, 이런 것들은 사실 대단히 진부한 이야기다. 하지만 〈플랫폼〉에서는 이 진부한 것들이 전혀 새로운 느낌으로 다가온다. 사람들은 순박하고, 그래서 감정이 순수하다. 그들의 이야기 속에서는 진실하고 순박한 감정이 교류된다. 그래서 아름답다. 하지만 개혁개방의 세월은 점차 사람들에게 더 이상 낭만과 혁명과 예술을 전해주지 않는다. 그 대신 그들은 살아남기 위해서 가로등 아래 소녀와 같은 말초적 신경을 자극하는 것을 전한다. 여기서 음악도 변한다. 서양음악을 해야 하고 점차 집단에서 멀어지며 이제는 개별화되고 말초적인 저급 문화상품을 파는 지저분한 삶으로 변한다. 그들의 모습이 바로 급변하는 개혁개방 사회에서 상처받고 소외받았던 당시 중국인민들의 모습이다.

개혁개방이라는 급격한 신구(新舊) 변화의 교체기에 처한 주인공들은 무엇을 따라야 할지 모른다. 방향감각을 상실한 채 패션과 헤어스타일, 그리고 유행가 등과 같은 사소한 감각을 추구하는 대중문화를 쫓아서 이리저리 흔들리며 불안과 초조를 느낄 뿐이다. 프레드릭 제임슨은 "대중문화는 19세기 말 이성화되고 물질화된 사회에 대한 저항과 반항을 표현해내고 있다. 또 다른 한편으로 대중문화는 집단의 가장 기본적이고 가장 핵심적인 희망과 환상을 반드시 표현해야 된다. 대중문화는 상상적인 해결의 서술구조와 사회조화에 대한 시각 이미지 환각의 방식을 통해 동시에 압제와 희망을 실현하고 압제의 책략 중에서 환상을 불러일으키는 것이다"라고 언급하고 있다. 이러한 제임슨의 언급 속에서 대중문화는 두 가지 상반되는 측면을 내포하고 있다는 사실을 알 수 있다. 하나는 대중문화가 사회전체에 사상적 영향을 가하는 통치계급의 이데올로기에 도움을 줄

수 있다는 이야기이다. 다시 말해 사이비종교와 같은 의식 마비의
환각 속에서 기존 질서에 복종한다는 이야기이다. 한국에서 1980년
대 군사독재의 상황하에 스포츠, 섹스, 영화 등으로 표현되는 우민
정책을 사용해서 국민들의 정신을 마비시켰던 상황을 떠올리면 잘
이해할 수 있을 것이다. 또 다른 하나는 대중문화가 사람들을 위로
하는 동시에, 격려하고 고취하는 역할을 하여, 이로부터 촉발된 에
너지를 일상생활에 투입시키게 할 수 있다는 것이다. 대중문화는 바
로 이 같은 두 가지 상반된 속성을 가지고 있다. 〈플랫폼〉에서 들리
는 많은 유행가들은 유기적으로 이야기 속으로 융합되어 여러 차례
서사를 이끌어가고, 감정을 고양시키는 힘을 가질 뿐만 아니라 인물
과 이야기에 대한 관객들의 감정적 동질감을 강화시킨다. 결국 대중
문화의 발생과 유행은 분명 동시대인들의 어떤 심리적인 공감과 동
시에 교차되어야 비로소 입과 마음으로 전달되는 기초를 가질 수 있
게 된다. 그러나 대중문화는 사람을 허무하게 할 뿐만 아니라 거짓
형상으로서 쓸쓸하게 만든다. 자장커의 말을 빌리면, "그것들이 사
람들에게 주는 거짓 형상은 마치 차이와 격차를 없애고 메워주는 것
처럼, 사람들에게 유행을 향유하는 것이야 말로 현대화를 누리는 것
과 같은 착각에 빠져들게 하는 것이다." 대중문화가 바로 소읍 편양
과 대도시 광저우와 같이 엄청난 차이를 보이는 개혁개방의 격차를
표면상 없애주는 것과 같은 착각현상에 빠지게 한다는 것이다. 그래
서 문예선봉대들이 개혁개방의 선두주자였던 대도시 선전의 가무단
이라고 속이고 정류소 소장에게 광장 사용허가를 받으러 가지만 오
히려 시골 사람한테 속기만 하는 장면, 트럭 위에서 쌍둥이 자매가
공연하지만 아무도 거들떠보지 않는 장면, 인루이쥐안이 라디오에
서 나오는 〈가로등 아래 아가씨路燈下的小姑娘〉란 노래에 맞춰 춤을

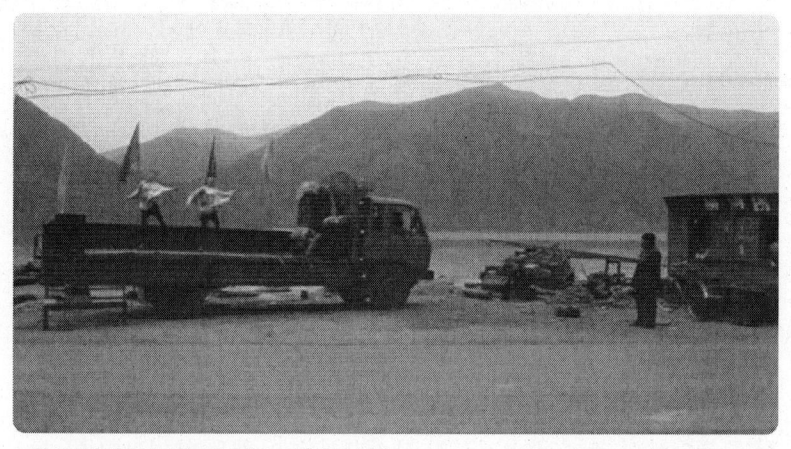
트럭 위에서 쌍둥이 자매가 우울한 공연을 하고 있다.

추는 장면 등은 대도시와 소읍 사이의 물질적 격차를 대중문화 속에서 해소하려고 하지만 결국 해소될 수 없는 허탈감과 상실감과 소외감을 잘 보여주고 있다. 그들은 어디에서도 정착할 수 없다. 그들의 머리는 개혁개방의 새로운 물결이 흐르는 대도시를 생각하지만 그들이 있는 곳은 보수적이고 전통적인 소읍 펀양일 뿐이다. 그들은 정착할 곳이 없는 유이민(流移民)의 신세에 놓인 중국인이다. 유행가에 자신의 꿈을 기탁하면서 오직 자위할 뿐이다.

이는 장쿼의 방에서 1980년대 중국 대중을 지배했던 덩리쥔의 노래 〈술과 커피美酒加咖啡〉가 타이완 라디오 방송에서 흘러나오는 것을 들으면서 방황하는 젊은이들의 대사에서 잘 나타난다. "울란바토르가 어디야?" "몽골 수도지." "몽골은 어디야?" "북쪽으로 쭉 가서, 내몽골을 지나면 돼." "그 북쪽은 어디야?" "소련이지." "소련 북쪽은?" "바다겠지!" "그 바다 북쪽은?" "귀찮아 죽겠네, 뭘 꼬치꼬치 캐물어?" "그 북쪽은 바로 여기 펀양이야. 우자(武家) 골목 18호, 장쿼의 집이지." "한나절 떠들어봤자, 우린 아직 바다 북쪽에 있네."

이 장면은 하루 종일 방 안에 죽치고 앉아 라디오에서 흘러나오는 대중가요를 들으면서 그 가요 속에 꿈을 담아 답답한 일상을 탈출하고자 하지만 결국 자신이 머물고 있는 편양에서 벗어날 수 없는 쓸쓸함의 숙명이 잘 나타나 있다. 이러한 쓸쓸함의 정체는 자유롭게 거주지를 옮겨 다닐 수 없는 호구제도, 낙후된 지역이 발전한 대도시에 포섭되어 식민지화되는 문제와 관련되어 있다. 따라서 〈플랫폼〉은 생산력의 발전만이 중국의 유일한 희망이라고 내세우는 개혁개방시기, 발전에서 소외된 낙후된 지역이 식민지화되는 상황 속에서 중국인들의 총체적인 정신적 상실감과 불안함을 반영하고 있다.

영화 제목인 "플랫폼"은 역에서 기차를 타고 내리는 곳이라는 의미로서, 1980년대 중국 젊은이들이 가장 좋아하던 류훙(劉鴻)의 유행가 제목 중 하나이다. 이 노래는 플랫폼에 서서 사랑하는 사람이 기차를 타고 올 것을 기다리고 갈망하는 애상의 정서를 표현한 것이다. 자장커는 "그 노래는 나의 1980년대를 여는 기억의 열쇠이다. 플랫폼은 출발하는 곳이기도 하고 동시에 돌아오는 곳이기도 하다. …… 나는 이 노래의 제목을 아주 좋아한다. 일종의 피곤하면서도 애상적인 생명의 정서를 담고 있기 때문이다"라고 하였다. 영화 중간에 〈플랫폼〉이라는 노래가 두 번 나온다. 노래가사는 다음과 같다. "기나긴 플랫폼에서 끝없는 기다림, 기나긴 열차는 나의 짧디짧은 사랑을 태우고, 시끌벅적한 플랫폼 적막한 기다림, 단지 떠나간 사랑은 내게 돌아오지 않네, 고독한 플랫폼 적막한 기다림, 나는 기다리네 영원히 기다리네." 이 노래는 추이밍량이 광산에서 일하는 이종 사촌동생 한쌴밍과 헤어진 후 트럭에서 카세트를 듣는 장면에서 나온다. 그 전 장면에서 추이밍량의 이종사촌은 글을 읽을 줄 몰라 추이밍량에게 광산의 생사합의서를 읽어달라고 한다. 합의서에는 "첫째, 목숨과 부귀는 하늘에 달린 것이다. 본인은 석탄 채굴에 자원한 것이다. 사고가 나도 탄광과는 아무 관계가 없다. 둘째, 만약 인명 사고가 나면 탄광은 일인당 500위안의 보조금을 직계가족에게 지급한다. 셋째, 급료는 일당 10위안이다"라고 적혀 있다. 그것을 들은 사촌동생은 조용히 합의서에 사인을 하고 광산에서 일을 한다. 목숨 하나의 값어치가 한 달 반치의 월급이다. 그리고는 동생은 떠나는 추이밍량을 뒤쫓아 가 자신의 누이인 원잉에게 전해달라고 5위안을 건네면서 "꼭 대학에 합격해서 절대로 이 시골로 올 생각 말라"고 전한다. 이런 장면에서, 발전된 지역이 낙후된 지역을 식민지화하는 중국식 자본주의 개혁개방의 실상을 잘 볼 수 있다. 또한 슬픈 현실과 긴밀하게 연결되어 있는 이러한 장면을 통해 오늘날까지 심각한 문제가 되고 있는 개혁개방 이후의 중국 인권문제, 민영화, 황금만능주의 등이 싹튼 출발이었다는 점을 분명히 보여주고 있다.

   이런 우울한 감정하에서 사촌동생과 헤어진 추이밍량은 〈플랫폼〉이라는 노래를 나른하게 듣는다. 그때 기차가 달려온다. 문화선봉대 대원들은 달리는 열차를 보면서 환호하며 열차를 향해 뛰어간다. 이는 기차를 타고 개혁개방의 물결이 흘러넘치는 곳으로 가고 싶어 하는 대원들의 열망을 보여주는 것이다. 하지만 기차는 그들을 외면하고 기나긴 기다림만 남긴 채 떠난다. 떠나버린 기차 꽁무니를 그들은 계속 응시할 뿐이다. 플랫폼은 기차를 기다리는 긴 기다림의 장소인 것이다. 결국 이들은 기차를 타지 못한 채 플랫폼에서 순수했던 과거의 사랑을 기다리는 것이다. 영화 첫 부분에서 대원들이 입으로 내는 기차소리, 중간에 플랫폼이란 유행가 가사, 마지막에 주전자에 물 끓는 듯한 기차소리 등, 기차는 이 영화에서 개혁개방에서 상실되어가는 젊은이의 꿈과 패기와 열정을 가장 잘 대변하는

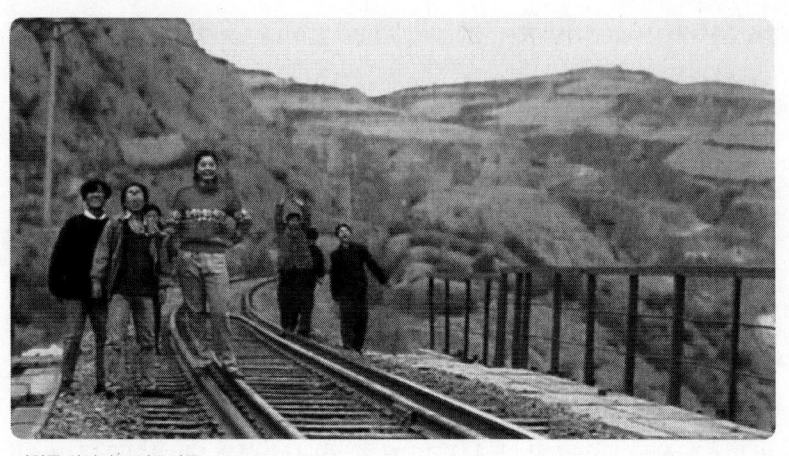
기차를 갈망하는 젊은이들

상징적인 장치이다.

　〈플랫폼〉에는 자장커 영화미학의 모든 정수가 녹아 흐르고 있다. 자장커 영화 속에 펼쳐지는 화면과 스토리는 일견 리얼리즘을 추구하는 것 같지만, 영화 전체를 지배하는 것은 상징의 힘과 환상적 서술이다. 인물들의 대화와 사건은 항상 현실과 긴밀하게 연계되어 인간사의 사실적 이야기를 전달하지만, 카메라의 무빙과 배경은 풍부한 상징과 감정을 통해서 감독의 목소리를 탁월하게 전달한다. 따라서 자장커는 스크린에 등장하는 모든 것들을 의미 있는 존재로 만들면서 하나의 주제로 수렴시킨다. 〈플랫폼〉에서도 다양한 기차소리의 미묘한 변화, 마오쩌둥 아래에서 춤을 추는 중핑, 차를 거부하고 걸어서 광산으로 가는 추이밍량의 사촌동생, 트럭의 움직임, 대원들의 돌팔매질 등과 같은 모든 행동은 보이는 화면 밖에 더 많은 것이 있다는 사실을 상징적으로 보여준다. 이런 행동들은 모두 개혁개방에서 무언가를 상실한 젊은이들의 순수한 정서를 가장 잘 대변하는 상징적인 장치이다. 인과관계가 결여된 듯한 인물들의 행

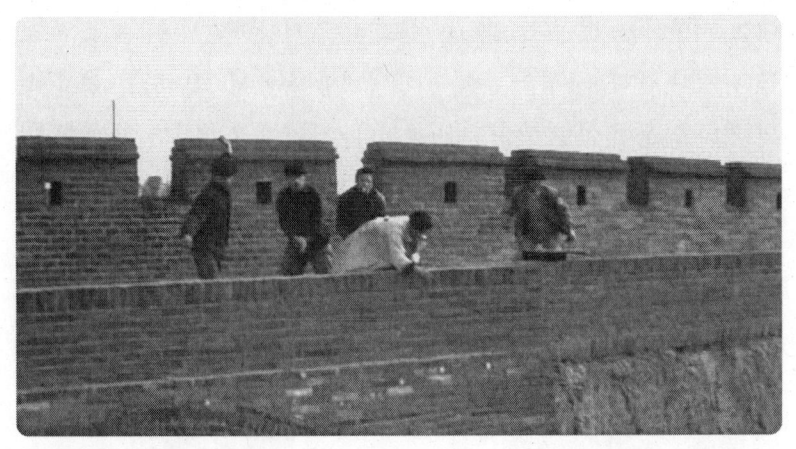
젊은이들의 분노, 속절없는 돌팔매질

동은 관객들의 생각을 혼란스럽게 하는 듯하지만, 이 모든 행동은
한마디로 정의 내릴 수 없는 개혁개방의 욕망과 희망, 불안과 우울,
혼란과 상실을 종합적으로 드러낸다. 한편 영화에서는 동작의 움직
임뿐만 아니라 배경의 고요함이 절묘하게 조화되어 있다. 〈플랫폼〉
에서는 움직임을 나타내는 부분과 정지된 부분이 대단히 명확하게
구분되어 있기 때문에 관객들에게 절제되고 균형감 있는 감정을 불
어넣는다. 그래서 알차다. 움직임과 고요함은 모두 의미를 내뿜고
있다. 영화 속의 모든 움직임은 개혁개방의 상실감을 상징한다. 〈플
랫폼〉에서 환경은 급속도로 변화하고 인물들을 좌절시킨다. 고요함
속에 격정이 가득할 수밖에 없는 이유다. 그 속에서 순수한 인간의
삶을 마감한 사람들은 곧 허무함으로 들어선다. 그래서 슬픔과 우울
의 감정이 물밀 듯이 밀려들어 오는 것이다.

영화에서 중펑과 장쥔은 추이밍량과 인루이쥐안보다 훨씬 개방
적이다. 그래서 그들은 영원히 돌아오지 못한다. 중펑이 전하는 것
은 인간다운 순수함에 기초한 주춧돌 위에서 당시 사회의 부조리에

대해 저항하는 것이다. 그녀는 부조리에 저항하면서 늘 새로운 것을 가져다 준다. 중핑의 존재는 개혁개방 속에서 고민하는 영화 속의 기타 인물이 아닌 것처럼 느껴진다. 정열의 존재이다. 스페인 음악을 마오쩌둥 아래서 추는 중핑은 바로 붉음에 대한 예찬인 듯 보인다.

그녀는 정열적이고, 적극적으로 개혁개방과 다른 새로운 미래의

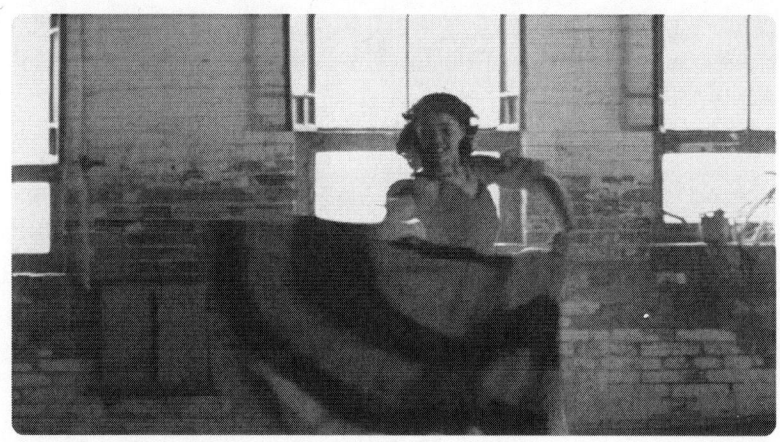

마오쩌둥 아래서 춤추는 중핑

삶을 위해서 투신한다. 그러나 그녀의 길은 현실적으로 꽉 막혀 있다. 우울하다. 그녀는 어떻게 되었을까? 붉음의 정열은 더 이상 앞으로 나아갈 수 없다는 것인가. 그녀의 남자친구 장쥔은 마지막에 그녀를 배신한다. 장쥔은 늘 세상과 부딪치지만 중핑과는 다르게 개혁개방의 겉멋만 들어 있을 뿐 아무것도 만들지 못한다. 그는 늘 떠나 있는 기차일 뿐 돌아올 방법을 모르는 듯이 결국 돌아오지 않는다. 또 추이밍량의 아버지는 점차 퇴물로 변하고, 다른 여자를 만나 가게를 차린다. 성공한 개혁개방의 상징적 인물이다. 추이밍량을 이끌

어줄 아버지는 개혁개방과 바람이 나서 집으로 돌아오지 않는다. 오직 어머니만이 홀로 집에 남아 있다. 아버지의 부재. 그것은 다름 아닌, 거칠기는 하지만 순수했던 중국혁명 초기 마오쩌둥 사상의 부재가 아닐는지. 추이밍량의 애인 인루이쥐안의 아버지는 그를 가로막는 존재다. 그들 앞에 펼쳐진 사회적 환경은 주인공을 억압하는 기제이다. 그리고 어머니는 중국이라 할 수 있다. 늘 먹을 것을 주며 기다리고 있다. 그리고 인루이쥐안도 끝까지 추이밍량을 기다린다. 플랫폼의 가사처럼. 순수했던 사랑을 다시 만나기 위해 기다린다. 이 영화는 젊은 그들이 플랫폼을 떠나 플랫폼으로 돌아오는 과정에 대한 영화다. 고향을 떠나 다시 돌아와야 한다. 그래서 추이밍량은 인루이쥐안에게서 멀어졌다가 다시 돌아온다. 돌아오는 것이 이 영화의 주된 모티브다.

　다시 기차로 돌아가 보자. 영화는 시종일관 기차소리가 이어진다. 영화의 첫 부분에서 문화선봉대 대원들은 즐거워하며 입으로 경적 소리를 낸다. 그 기차는 어디로 달려가는가? 혁명의 마오쩌둥 사상을 향해 달려간다. 하지만 수많은 우여곡절을 거쳐 기차는 방향을 선회한다. 문화대혁명과 본질적 차이가 없는 개혁개방이라는 자본주의적 혁명을 향해 달린다. 그 여정 속에 중국인민들은 정신없는 세월을 보내고, 큰 의미도 없는 시간을 보낸다. 엔딩 장면에서 기차는 물 끓는 소리로 다시 나타난다. 이질적인 기차의 등장이다. 그 기차소리는 휘청거릴 정도로 관객들을 위태롭게 한다. 인루이쥐안은 주전자 앞에서 아기를 흔들며 장난을 치고, 추이밍량은 소파에 앉은 것도 아니고 누운 것도 아닌 불안한 자세로 손에는 담배까지 꽂은 채 자고 있다. 이렇게 불안해 보이는 장면은 개혁개방 이후의 중국인들의 심리를 나타낸다. 또한 소파에 지쳐 쓰러진 추이밍량의 모습

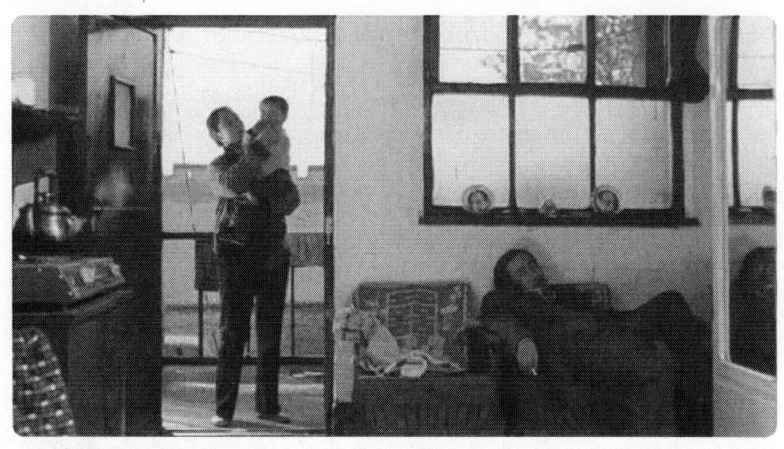
엔딩 장면. 중국호 어디로 갈 것인가?

에서 그들의 기차가 정체되고 더 이상 동력이 사라졌음을 알 수 있다. 기차는 희망과 사랑의 메시지이자 이별의 메시지이기도 하다. 기차는 바로 중국이다. 중국은 지금 어디로 가는가? 중국호를 탄 사람들은 어디로 가고 어디로 갈 것인가. 그 기차에 실려 사랑을 찾아가는 중국인들은 과연 사랑을 이룰 수 있는 곳에 도착할 것인가? 미래에는 민주적 가치와 평등으로 모든 인민이 조화롭게 살며 사랑 넘치는 사회주의를 구현할 것인가? 그 의문들은 현재 중국에 살고 있는 중국인들의 어깨 위에 짊어진 과제일 것이다. 이 순간에 영화에 등장하는 젊은이들의 답답한 미래와 사랑과 이상을 향한 기다림이 단지 1980년대 중국 상황일 뿐만 아니라 지금 여기 한국에 살고 있는 젊은이들의 상황과 오버랩되는 것은 무슨 이유일까?

• 소무(자장커, 1997)

이 영화는 감독의 고향 산서성 편양(汾陽)을 배경으로 변하는 세상에서 변화에 적응하는 사람, 변화에 적응하지 못하는 사람들의 고단하고 우울한 삶의 묘사를 통해 인간을 소외시키는 사회주의의 기형적인 모습을 그린 작품이다. 소무는 조그마한 도시의 소매치기이다. 경찰이 일제단속을 벌이면서 소무는 궁지에 몰린다. 잠시 몸을 사리고 찾아간 친구에게서 죽마고우이자 예전에 함께 소매치기를 했지만 개혁개방의 물결 속에서 담배밀수를 발판으로 성공한 소용의 결혼 소식을 듣고 자신만 초대받지 못했다는 사실을 알게 된다. 소무는 소매치기를 한 돈으로 소용에게 축의금을 전달하지만 소용은 출처가 불분명한 돈을 받을 수 없다며 봉투를 되돌려준다. 소무는 소용의 결혼식 피로연에서 엉망으로 취해 난동을 부린다. 소무는 단골 가라오케에서 미미를 만나 사랑에 빠진 것 같았지만 미미는 부유한 남자를 따라 가버린다.

• 임소요任逍遙(자장커, 2002)

〈소무〉와 마찬가지로 사회주의에서 개혁개방의 자본주의 물결로 넘어가는 중국의 현실을 담담하게 담아내고 있는 작품이다. '임소요' 라는 제목은 『장자』 내편에 실려 있는 소제목이며 그 뜻은 '무한한 자유에서 오는 기쁨' 을 의미한다. 제목과 다르게 영화 속 인물들은 무한한 자유의 기쁨을 누리지 못하는데, 개혁개방의 거대한 현실의 벽을 넘지 못하고 끊임없이 좌절한다. 몽골과 가까운 시골마을에 사는 열아홉 살의 동갑내기 친구인 샤오지와 빈빈은 직업도 없이 빈둥거리며 살아간다. 어둡고 폐쇄적으로 하루하루 희망 없는 삶을 보내던 그들은 결국 은행을 털기로 한다. 미래에 대한 불안감은 이들을 현실과 단절시키고 둘은 은행을 털면서도 죄책감도 느끼지 못한다. 영화는 시종일관 유쾌하게 그려지고 있지만 중국 사회의 출구 없는 미로에 갇혀 버린 청년들의 삶을 섬세하게 그려내고 있다.

• 세계世界(2004)

올림픽을 앞둔 베이징의 테마파크 세계공원을 배경으로 그 안에서 일하는 남루한 노동자들의 힘겨운 일상적 삶을 그린 작품이다. 세계공원에서는 미국의 자유의 여신상으로부터 이집트의 피라미드, 파리의 에펠탑까지 세계 각지의 온갖 명소를 한눈에 볼 수 있는 그야말로 가짜가 판을 치는 공원이다. 화려한 네온사인과 폭죽놀이로 가득한 테마파크, 각국의 유명 관광명소를 그대로 따라 재현해놓은 미니어처들 앞에서 영화 속 모든 인물들은 '세계인'인 된 것과 같은 착각 속에서 살아가지만, 이들은 중국의 가난한 노동자들일 뿐이다.

• 스틸 라이프三峽好人(2006)

자장커의 인문학적 시각이 총결집되어 나타난 작품으로 2006년 베니스영화제 황금사자상을 수상하였다. 이 영화는 개혁개방의 물결에서 소외되는 삶에게 이기적이지 않는 순수한 시선이 놓여 있으며, 인간으로서 포기해서는 안 될 고귀한 존엄이 담겨져 있는 작품이다. 담배(烟), 술(酒), 차(茶), 사탕(糖) 등 네 개의 주요한 시퀀스로 나뉜 영화는 16년 전 떠나간 아내와 딸을 찾아 산샤(三峽)로 온 남자, 산밍의 이야기와 소식이 2년째 끊긴 남편을 찾아 길을 떠나 산샤로 온 여자 선홍의 이야기를 그리고 있다.

• 북경 자전거+七歲的單車(왕샤오솨이, 2000)

개혁개방 이후 중국사회의 변화와 문제점을 다루고 있다. 자세한 내용은 이 책의 제2부 〈북경자전거〉를 참고하세요.

참고 자료

랑셴핑(2011), 『부자 중국 가난한 중국인』, 미래의창, 서울

박노종 외(2011), 『쉽게 이해하는 중국문화』, 다락원, 서울

박정희(2007), 「지아장커의 영화로 본 중국문화사」, 『동북아문화연구』 제13집, 동북아시아문화학회, 부산

유세종(2008), 「현 중국사회를 읽는 하나의 거울」, 『중국연구』 제42권, 한국외국어대학교 외국학종합연구센타 중국연구소, 서울

이시활(2007), 「현대 중국의 대변화와 인간문제에 대한 인문학적 성찰과 기록」, 『중국학』 제29집, 대한중국학회, 부산

현실문화연구 편집부(2002), 『지아장커, 중국 영화의 미래』, 현실문화연구, 서울

朱大可(2004), 『21世紀中國文化地圖(第2卷)』, 廣西師范大學出版社, 桂林

개혁개방과 현대사회

중국현대사

책상서랍 속의 동화 一個都不能少
(張藝謀, 1998)

우 강 식

1. 경제발전 이후 농촌문제 대두

개혁개방 이후 중국은 비약적인 경제발전과 더불어 사회와 문화 등 각 방면에서도 하루가 다르게 발전하고 있다. 이제 중국은 미국의 경제생산 규모에 버금가는 G2, 곧 세계 2대 경제 대국으로 당당히 성장했다. 냉전 이후 미국이 세계의 경찰을 자처하는 초강대국의 역할을 해왔다면, 현대 중국은 미국에 정치·군사·경제적으로 대적할 수 있는 유일한 국가라 하겠다. 이렇게 중국의 비약적인 경제발전은 국민들의 생활수준 향상을 가져왔다. 그렇지만 개발지상주의는 동과 서, 남과 북 그리고 도시와 농촌 등 지역적, 경제적 격차를 초래했다. 경제발전의 커다란 성과 이면에는 항상 그늘진 면이 존재하기 마련인데, 현대 중국사회에서는 빈부의 격차가 갈수록 심화되고 과도한 경제개발로 인한 환경오염문제, 부정부패와 범죄의 증가 등 각종 사회문제와 복지에 관한 문제 등이 부각되고 있다는 점이다.

그렇지만 현대 중국사회에서 이러한 사회문제와 지역, 계층 간의 격차 가운데 무엇보다 중요한 화두로 떠오른 것은 바로 도시와 농촌에 관한 문제라 하겠다. 이는 잠재적인 사회불안 요인이 되는데, 농촌문제는 크게 두 가지 방향으로 인식되고 있다. 하나는 상대적 빈부 격차에 의한 경제적 문제이고, 다른 하나는 사회복지와 기반산업의 열악한 상황에 따른 상대적 박탈감이 그것인데, 특히 낙후한 교육여건이 그러하다. 먼저 경제적인 문제에 있어서 농촌은 근본적으로 도시에 비해 큰 소득 차이가 있다. 엄밀히 말하면 개혁개방으로 인한 중국의 경제 성장은 도시의 발전에 국한된 것이었고, 농민들은 여전히 가난에 허덕이고 있다. 그래서 농민들은 돈을 벌기 위해 어쩔 수 없이 고향을 버리고 도시로 몰려든다. 그렇지만 이들은 도시인들이 만들어놓은 이른바 '삼무인원(三無人員, 합법적인 신분증명서, 합법적인 거처, 정당한 직업이 없는 사람)'이란 차별의 벽에 부딪치고, 결국 도시경제 개발을 위해 온갖 잡일을 하지만, 도시의 정당한 구성원이 아닌 새로운 도시빈민으로 전락한다. 이는 또한 도시의 치안과 실업, 범죄문제 등과 얽혀 현대중국의 또 다른 잠재적 불안요인이 되고 있다. 농촌의 교육환경 역시 상대적으로 열악한 농촌의 재정사정으로 인해 낙후한 실정이다. 경제적인 격차에 문화적인 격차까지 추가되는 상황이다. 경제발전에 주안점을 두었던 중국 정부로서도 농촌과 농촌의 교육문제는 더 이상 방치할 수 없는 과제 가운데 하나로 인식하고 있다.

2. 농촌의 교육환경 실정에 대한 폭로

영화는 수이추안 초등학교(水泉小學)에 한 명뿐인 교사 가오(高) 선생이 노모가 위독하여 한 달 정도 자리를 비우게 되면서 시작된다. 가난에 찌든 낡은 학교 건물, 수이추안 초등학교에 학생들은 가난한 농촌을 떠나 하나둘 도시로 흘러들어 가고 전교생 40명 가운데 지금은 28명만 남아 있다. 촌장이 데리고 온 임시교사는 학생들보다 겨우 몇 살 더 많은 열세 살짜리 소녀 웨이민즈(魏敏芝)이다. 웨이민즈는 임시교사를 하는 대가로 50위안(元)을 약속받았다. 촌장은 가오 선생이 돌아올 때까지 28명의 학생들 중에서 한 명도 이탈하는 학생이 있어서는 안 되며, 그렇게 끝까지 잘 지켜내면 10위안을 보너스로 주겠다고 했다. 웨이민즈는 가오 선생이 지시한 대로 교과서가 없는 학생들을 위해 매일 칠판 가득 교과서 내용을 판서하고, 그림자가 벽에 비치는 걸로 시간을 가늠해서 학생들을 집으로 돌려보

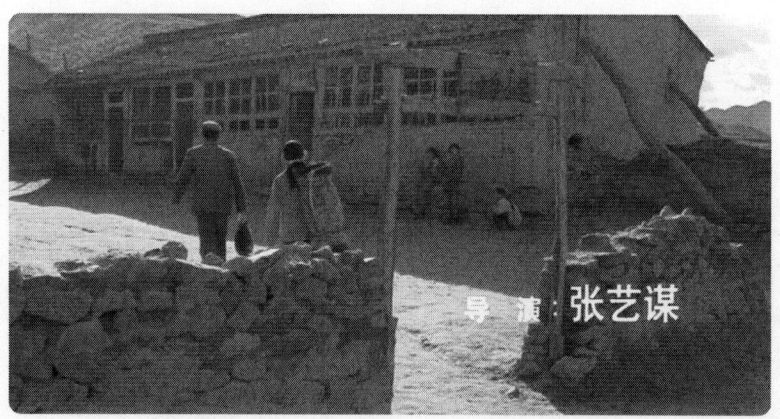

촌장을 따라 수이추안 학교에 들어서는 임시교사 웨이민즈. 낡아빠진 학교 건물이 보인다.

낸다. 물론 아이들은 누구 하나 웨이민즈를 따르기보다 딴 짓을 하거나 장난을 친다. 가오 선생이 주고 간 학습 도구는 하루 한 자루씩만 사용하라는 분필 26자루가 전부였다. 가르친다는 것이 무엇인지, 그리고 무엇을 가르쳐야 하는지도 모르는 임시교사 웨이민즈는 단지 50위안의 보수를 받기 위해 이러한 일상을 계속한다. 웨이민즈에게는 아이들이 공부를 하는지, 자신을 따르는지 아닌지가 중요치 않다. 중요한 것은 가오 선생이 돌아올 때까지 학생을 28명 지켜내는 것이다.

그렇지만 그녀의 노력에도 불구하고 여자 아이 하나가 육상선수로 뽑혀 도시학교로 전학 가는 일이 발생한다. 그리고 하루에 한 자루밖에 쓸 수 없는 소중한 분필마저 말썽꾸러기 장후이커(張慧科)가 부러뜨린다. 게다가 그 장후이커마저 사라져버린다. 여타의 농촌 아이들처럼 가난 때문에 도시로 돈을 벌러 간 것이다. 웨이민즈는 촌장을 비롯한 주민들의 반대에도 불구하고 장후이커를 찾으러 도시로 간다. 종일 걷고, 헤매고, 온갖 고생 끝에 얼떨결에 방송국을 찾게

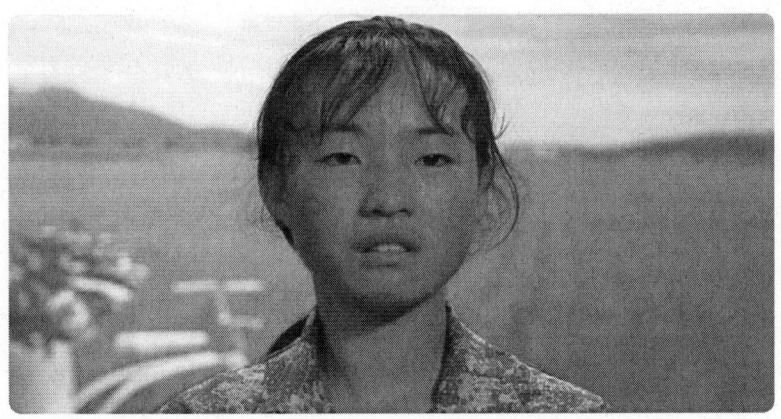

울면서 제자가 돌아오길 호소하는 웨이민즈

되고 급기야 방송에 출연하게 된다. 그리고 오로지 장후이커가 돌아오기만을 눈물로 호소한다. 결국 장후이커는 웨이민즈와 함께 농촌으로 돌아오게 된다. 더불어 그들의 이러한 실정과 교육환경이 알려지면서 도시인들이 학교에 도움의 손길을 보낸다. 교실에 가득 쌓인 학용품, 특히 형형색색의 분필을 앞에 두고 학생들은 즐겁게 칠판에 각자 글자를 적어보며, 영화는 결말을 맺는다.

영화의 원제는 "한 명도 줄어들어서는 안 된다(一個都不能少)"이다. 극중 대사에서 따온 것인데, 한국에서는 다소 미화된 표현인 〈책상서랍 속의 동화〉로 소개되었다. 영화에 등장하는 인물은 모두 전문 배우가 아니라 일반인이 배역을 맡았고, 그래서 다큐멘터리 같은 분위기를 연출하여 좀 더 사실적으로 이야기를 전달한다. 영화는 임시교사와 학생들 간에 펼쳐지는 동화 같은 표면적인 이야기 이면에 중국 농촌사회의 어두운 단면을 보여준다. 곧 도시와 비교되는 농촌의 경제상황, 그리고 이와 맞물린 교육 문제가 바로 그것이다.

영화는 1999년 베니스영화제에서 황금사자상(Golden Lion)을 수상했으며, 같은 해 부산국제영화제(제4회) 폐막작으로 선정되었다. 일부에선 영화가 중국 정부와 공산당의 정책을 미화하고 선전하고 있다는 점을 제기하였고, 칸영화제에서는 이러한 점이 비판받기도 하였다.

3. 개혁개방 이후 중국의 교육환경

중국은 고대 사회에서부터 줄곧 교육을 중시하여왔다. 이는 신중국이 건국된 이후에도 마찬가지였다. 하지만 1966년 문화대혁명(文

化大革命)이 일어나면서 교사를 비롯한 교육계 종사자들은 많은 박해를 받았다. 심지어 많은 학교가 폐교를 당하는 등 교육 자체를 경시하는 상황이 초래되었다. 교사는 교단에서 권위를 잃어버리고 위축되었으며, 더불어 학생도 학습 의욕을 상실하였다. 사인방(四人幇)이 실각하고 난 뒤 중국 정부는 문화대혁명 시기의 많은 과오들을 바로잡았고, 특히 교육에 대한 개혁과 투자, 지도를 재정비하였다. 각종 직업학교와 성인교육을 강화하였고, 비중을 두고 집중적으로 교육을 진행하여 중점적으로 육성할 학교를 설정하는 등 전문 인력 양성에 집중하고 있다.

1982년 덩샤오핑은, 교육은 "현대화를 향해, 세계를 향해, 미래를 향해 나아가야 한다(面向現代化, 面向世界, 面向未來)"는 이른바 '3개 지향(三個面向)'을 주장하였고, 이는 개혁 개방 이후 중국의 교육 개혁과 발전 방향의 지표가 되었다. 현재 중국은 1986년 「중화인민공화국의무교육법(中華人民共和國義務敎育法)」을 제정하여 9년제 의무교육을 시행하고 교육개혁을 진행하고 있다. 사회주의 이념교육에

〈표1〉 교육기관 명칭과 학제

한국	중국	비고
유치원	유아원(幼兒園)	
초등학교	소학(小學)	
중학교	초중(初中, 初級中學)	
고등학교	고중(高中, 高級中學)	인문계고등학교: 보통고중(普通高中) 실업계고등학교: 중등직업학교(中等職業學校)
전문대학	전과학교(專科學校)	
단과대학	학원(學院)	
대학교	대학(大學)	
대학원	연구생원(研究院, 研究生院)	

치중했던 과거의 교육 방향 또한 현재에는 개혁개방 시대에 맞는 실용성에 역점을 두고 전문 인력 양성에 주안점을 두는 교육을 시행하고 있다.

〈표1〉에 제시된 것 외에도 특수목적학교로 각종 농업중학, 고등전문학교, 직업기술학교 등을 두고 있으며, 성인을 위한 교육기관도 두고 있다.

기본적인 학제를 살펴보면 만 6세 이상의 아이는 초등학교에 진학할 수 있는데, 중국에서는 근대교육의 시작과 더불어 6·3·3년제를 시행하였다. 그러다가 문화대혁명 시기 잠시 5·3·2년제를 시행하기도 했으며, 현재는 지방관할청의 선택에 따라 6·3·3년제와 5·4·3년제를 병행해서 시행하고 있다.

신중국 건국 이후 정부가 의지를 가지고 시행한 의무교육 확대와 각종 교육 강화 정책에 힘입어 1982년 22.8%에 달하던 문맹률은 1990년 15.9%로 낮아졌고, 2000년 기준 15세 이상 인구의 문맹률은 18.5%에서 2003년 9.1%로 감소하였다. 그렇지만 문맹률은 도시에 비해서는 농촌이, 특히 농촌 지역의 여성이 남성에 비해 월등히 높은 실정이다. 정부는 2015년까지는 현재의 문맹률을 50%까지 감소시킨다는 계획 아래 교육정책을 추진하고 있다. 2005년 가을부터 초·중학교 교육과정을 전면 개편하고, 2007년부터는 교육 복지정책의 하나로 9년제 의무교육에 대한 지원을 대폭 증가하고 있다.

학급당 학생 수의 편성에 관한 지침은 학급당 45명이며, 50명을 초과하지 않도록 하고 있으나 지역에 따라 편차가 많다. 농촌지역은 40명 이하의 학급이 많은 반면 도시지역은 학교에 따라 50명 이상의 과밀학급도 있는 실정이다. 학기는 1년 2학기제이며, 신학기는 매년 9월에 시작하고, 주 5일제로 운영한다. 보통 1월 중순에서 2월 중순까지, 그리고 7월 중순에서 8월 말까지가 방학기간이며, 교사의 정년은 일반적으로 여교사는 55세, 남교사는 60세이다.

3. 현대 중국의 농촌 의무교육

1) 의무교육법의 개정

의무교육은 모든 인민이 교육받을 권리를 가지고 있다는 것을 전제로 한다. 먼저 의무교육을 시행하는 주체인 국가기관과 학부모가 아동의 취학과 학교설치 등 교육받을 권리를 시행할 의무가 있겠고, 다음으로 교육받을 권리를 시행하는 데 드는 비용을 국가기관에서 무상으로 제공하여 교육에 대한 경제적인 부담을 해소하여주는 것이며, 마지막으로 이렇게 진행되는 교육이 모든 공민에 평등하게 적용해야 한다는 평등성의 원칙이 그것이다. 그렇지만 현대 중국은 노동자, 농민의 지지를 기반으로 하여 건설된 인민공화국이지만, 경제개발이라는 시대적인 조류 속에서 이들에 대한 관심은 철저하게 소외되었고, 교육받을 권리조차 제대로 향유하지 못하는 것이 오늘날의 실정이다. 그래서 중국정부는 도시에 비해 낙후된 농촌의 교육환경과 정책을 수정하고 보완하지 않을 수 없게 되었다.

중국은 2006년 6월 29일 중화인민공화국 제10기 인민대표대회 상무위원회 제22차 회의에서 1986년 4월 제정하여 시행해왔던 「중화인민공화국 의무교육법」의 수정안을 의결하여 동년 9월 1일부터 시행하였다. 수정된 의무교육법에는 의무교육 경비의 보장, 체육과 예술 등을 유기적으로 결합하여 학생들의 자질을 향상시키는 교육의 전면적인 추진, 교육경비와 인력 등 의무교육 자원의 합리적 운용, 학생의 안전과 교원운용 등 의무교육 학교 운영에 대한 규정, 교사의 처우와 관리 등 의무교육 학교의 교사에 관한 규정, 교재의 양과 질적인 면을 제고하여 학생들의 학습 부담을 줄여주는 교과서에 대한 규정 등의 내용을 담고 있다. 이 가운데 특히 제6장의 경비보장에는 지출경비와 재원에 대해서 명시하고 있는데, 의무교육 경비를 재정예산에 편입하여 경비를 지출하도록 했고(제42조), 국무원과 해당 지방정부가 공동으로 이를 부담하도록 했는데, 농촌지역은 국무원의 규정에 따라 항목과 비율을 분담하기로 명시되어 있다.(제44조)

2) 도시와 농촌의 소득격차

수이추안 초등학교 전교생 40명 가운데 이미 학교를 떠난 학생은 10여 명이고 장후이커마저 학교를 떠났다. 모두 가난 때문에 돈을 벌기 위해서였다. 그들에게 도시로 가서 무슨 일을 하며 돈을 벌 것인가는 중요치 않다. 그저 도시로 가면 벌 수 있을 거라는 환상이 있다. 장후이커의 어머니도 마찬가지였고, 촌장도 그렇다. 그렇지만 정작 도시로 간 장후이커는 거리를 떠돌며 구걸을 한다. 이것이 바로 개혁개방 이후 학교를 떠나 도시로 밀려드는 농촌 학생들의 실상이며, 현대 중국 교육이 처한 상황이기도 하다.

현대 중국에서 도농(都農) 간의 소득격차는 개혁개방 초기에는 (1978년) 2.57배 수준이었다가 1985년 잠시 1.86배로 다소 완화되었지만, 이후 지속적으로 확대되어 1994년에는 2.86배, 2008년에는 3.31배에 달할 정도이다. 지역별로는 중부지역이 동부지역보다 상

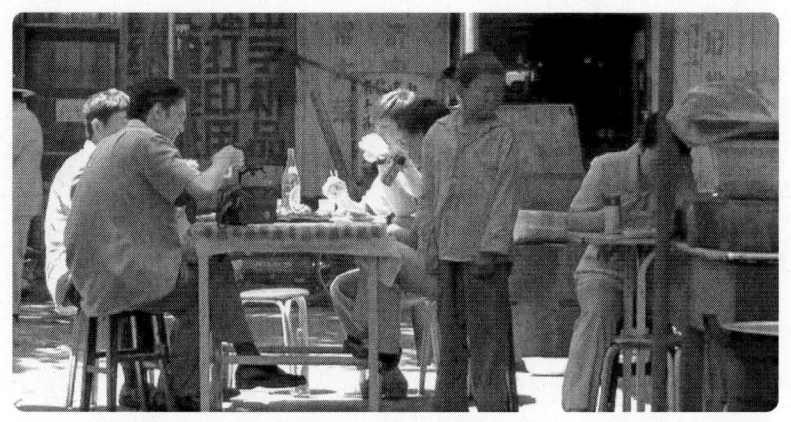

돈을 벌기 위해 학교를 떠났지만 도시를 떠돌며 구걸하는 장후이커

대적으로 도농 간의 소득격차가 심했고, 서부지역은 중부지역에 비해 도농 간의 소득격차가 더 크게 나타났다. 도농 간에 이렇게 심각한 소득불균형이 지속되는 한, 농촌 학생들이 배움의 현장을 떠나 주저 없이 도시로 이탈하는 현상은 근본적으로 해소하기 어렵다고 하겠다.

3) 농촌 의무교육 실상

(1) 관리 체계

영화에서는 가오 선생이 자리를 비우면서 임시교사를 구하게 되는데, 이를 주도하고 관리하는 사람이 바로 촌장이다. 임시교사가 학생들을 제대로 통솔하지 못하자 역시 촌장이 나서서 학생들을 정리한다. 또 도시학교로 학생을 전학 보내는 것도 역시 촌장이 주도한다. 이는 비록 웨이민즈가 임시교사이고 현장 경험이 없어 미숙하다는 점도 있지만, 제대로 정비되지 않는 중국 농촌 교육의 관리 현장을 단적으로 보여주는 것이기도 하다.

중국 국무원에서는 2001년과 2003년 의무교육 시행을 위해 지방
정부의 책무를 분담해야 한다고 공포하였다. 현대 중국에서 농촌의
의무교육은 기본적으로 현(縣)정부가 중심이 되어 진행해야 한다.
중앙에서 관리하던 것이 관할 정부의 재정상태와 관리체계 등 실정
을 제대로 파악하지 못하면서 문제점이 제기되었기 때문이다. 중앙
정부는 2003년에서 2005년까지 지속적으로 "국가빈곤지역 의무교
육 프로젝트", "동부지역 학교의 서부빈곤지역 학교 지원 프로젝
트", "도시학교의 빈곤지역 학교 지원프로젝트" 등을 추진하며 실정
에 맞는 정책을 집행하려 하고 있다. 또 교육 분야의 오랜 관행이었
던 "마구잡이식 잡부금 징수(亂收費)" 문제가 의무교육 시행에 걸림
돌로 지적되었고, 이에 중앙정부는 지역상황에 맞게 대처하면서 교
육비 절감 효과를 위해 학비는 물론 교과서 및 기타 잡비를 일괄 징
수하고 국가에서 지원해준다는 "일원화 징수제(一費制)"를 지방정
부에 일임하였다. 하지만 이러한 정부의 노력에도 불구하고 여전히
교육비 부담으로 중도에 학교를 포기하는 농촌 아이들이 많다.

(2) 재정 실정

지은 후 거의 수리하지 않아 쓰러질 듯한 학교 건물, 낡아빠진 책
상과 의자, 그리고 교사와 학생들의 공동 주거공간이기도 한 남루한
교무실. 이것이 수이추안 초등학교의 시설이다. 동시에 현대 중국
농촌의 학교 모습이라 할 수 있다.

중국의 무상교육은 현재 완전한 무상교육의 개념이 아닌 교재,
학용품, 기타잡비 등은 학부모가 부담하는 것으로 되어 있다. 현재
교육비는, 지방 교육사업 발전을 위한 제원마련을 목적으로 하여

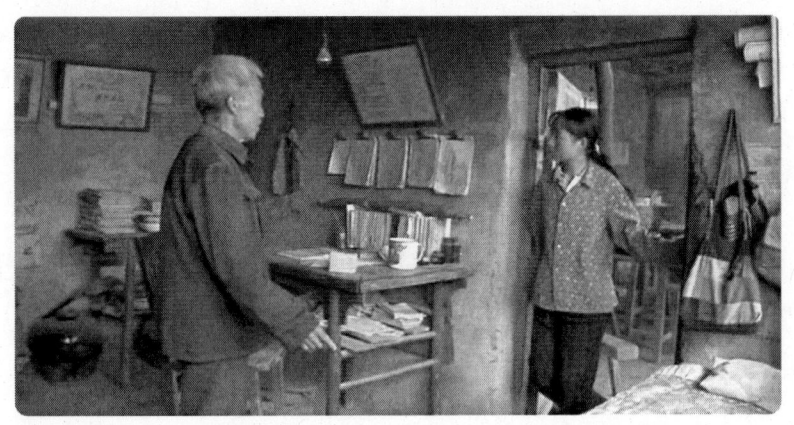
남루한 교무실

1986년 발표한 「교육비 부가 징수와 관련한 잠정 규정(徵收敎育費附加的暫行規定)」에 의해서 제품세, 영업세, 증치세(增值稅, 한국의 부가가치세), 담배세 등을 징수하고 있다. 하지만 농민들의 소득 수준에 비해 교육비와 관련된 지출 부담은 여전히 크며, 의무교육을 관할하고 있는 농촌 현(縣)정부의 재정 상황 역시 풍족하지 않다. 그래서 농촌 학교의 기타 예산은 여전히 부족한 상황이며, 컴퓨터와 도서관 시설 등은 물론 책걸상조차 제대로 교체 공급되지 않는 실정이다.

(3) 교사의 처우: 50위안(元), 그리고 10위안의 보너스

촌장의 소개로 가오 선생 앞에 선 웨이민즈는 노래와 율동 등 간단한 테스트를 받은 후 가오 선생의 우려에도 불구하고 촌장의 강요와 50위안의 유혹에 이끌려 한 달간 임시교사직을 맡는다. 그리고 돌아올 때까지 남아 있는 28명의 학생 중 한 명도 이탈자가 없다면 10위안의 보너스를 지급하겠다는 약속을 받는다. 웨이민즈는 급료를 미리 달라고 하지만, 가오 선생은 자신도 월급을 받은 지 오래되었다고 하면서 지금은 돈이 없으니 돌아와서 주겠다고 한다. 촌장이 중간에서 보증을 선다. 다소 극단적인 면도 없진 않지만, 현대 중국 농촌 학교에 근무하는 교사들의 처우에 대한 실상을 단편적으로 보여주는 대목이라 하겠다.

수정된 「중화인민공화국의무교육법」 제4장 제31조에는 교사의 임금과 복지, 그리고 사회보장에 대해 명시하고 있다. 거기에는 교사의 평균임금 수준을 현지 공무원보다 낮지 않게 하도록 명시하고 있다. 또 정책적으로도 농촌 학교 교사들에게 각종 연수 프로그램 교육 등의 혜택을 우선적으로 부여하는 등 다양한 혜택을 주도록 하고 있다. 그렇지만 재정상황이 열악한 지방정부는 의무교육 재정 확보에 여전히 어려움을 겪고 있는 상황이며, 교사의 임금이 제대로 지급되지 않는 상황이 발생하여 우수교사의 이탈을 막을 수 없는 실정이다. 때문에 돈을 벌기 위해 학교를 떠나 도시로 들어가는 농촌 학생들과 마찬가지로, 교사들 역시 기회만 되면 도시로 가려고 한다. 농촌에서 어느 정도 교육 경력과 연수 프로그램 등을 거쳐 수준이 향상된 교사들은 도시로 가고, 빈자리는 웨이민즈와 같이 어쩔 수 없이 부임하게 되는 신임 혹은 정식 사범교육을 받지 않는 학력 미달의 부적격자들로 채워진다. 이러한 악순환은 도농 간의 경제와 문화생활 등의 격차가 완화되지 않는 한 지속될 것이고, 도농 간의 소득수준 격차가 확대되는 것과 마찬가지로 교육의 질의 격차 또한 갈수록 심화되는 것이다.

(4) 열악한 교육환경: 26자루 분필

가오 선생은 석연치는 않지만 달리 방법이 없어 웨이민즈에게 임시교사를 맡긴다. 대신 웨이민즈에게 이탈이 없도록 아이들을 관리하고, 수업은 노래를 가르치는 것과 교과서가 없는 아이들에게 매일 칠판 가득 교과서 내용을 판서해줄 것을 주문한다. 그리고 분필 26자루를 주며 하루에 한 자루씩만 사용하라고 한다.

26자루의 분필은 교사라는 직책을 가지고 학생들을 통제할 수 있는 유일한 학습도구이며, 동시에 분필이 다 소진되었을 때 받을 보상을 상징한다. 이는 미약하게나마 존재하는 교사의 권위라고도 할 수 있고, 동시에 교사와 학생 모두에게 제대로 된 학습도구도 갖추어주지 못하는 농촌 교육환경의 열악한 실상을 보여주는 것이기도 하다. 이들의 실상이 알려지면서 보내 온 많은 학용품, 특히 책상 가득 쌓인 형형색색의 분필을 두고 벅차하는 장면은 열악한 농촌 교육환경을 상대적으로 부각시키는 장면이다.

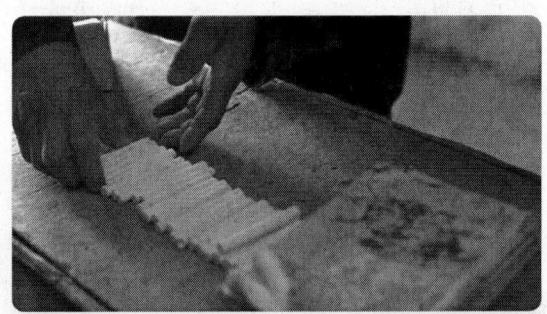

열악한 농촌 교육환경을
그대로 전해주는 26자루 분필

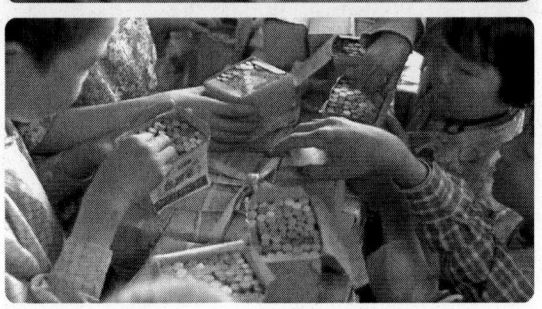

도시인들로부터 기증받은
형형색색의 분필

4. 농촌 교육, 그래도 희망은 남아 있다!?

"열심히 공부해서 눈뜬장님이 되지 말자(積極學文化不當睜眼瞎)", "국가의 흥성은 교육이 근본이 된다(國家興旺敎育爲本)." 이는 수이추안 초등학교의 허름한 벽에 씌어 있는 문구이다. 비록 제대로 된 시설과 지원도, 외부의 관심도 없지만, 배움의 끈을 놓아서는 안 된다는 의지를 되새기는 메시지라 하겠다. 또 제자를 찾으러 도시로 온 웨이민즈가 마지막 희망을 갖고 찾아간 곳이 방송국인데, 도시인의 무관심과 냉대와는 달리 방송국 국장은 따뜻하게 웨이민즈를 맞이하고 방송 출연까지 허락한다. 의무교육을 홍보하면서 농촌의 열악한 교육환경을 알리는 방송에 출연한 웨이민즈는 눈물로 제자의 귀향을 호소하고, 결국 장후이커는 돌아온다. 더불어 방송을 본 많은 도시인들이 학용품과 기금을 보내주기까지 한다. 수이추안 초등학교 교실로 돌아온 장후이커는 기증받은 분필로 칠판에 "웨이 선생

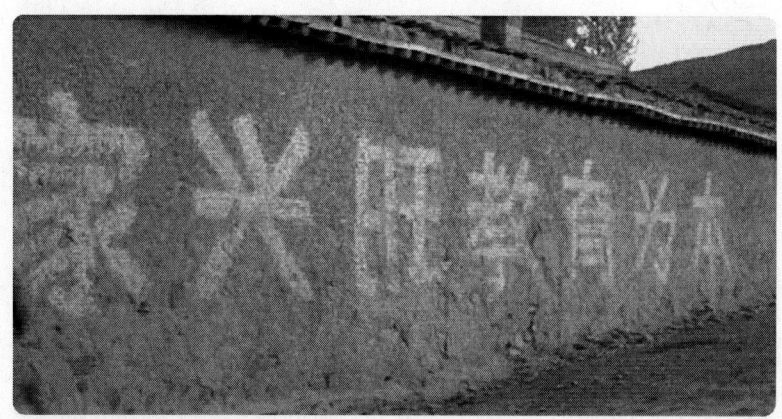

교육에 대한 의지를 담은 학교 외벽 문구

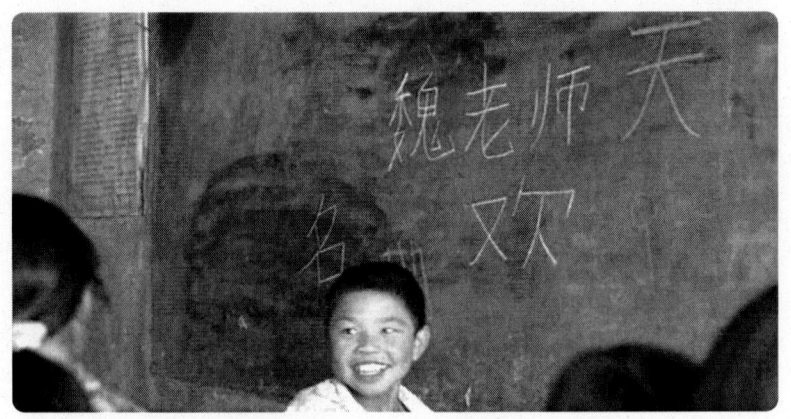

도시로 가출했다가 돌아온 장후이커. 칠판에 웨이 선생님이라고 적고 환히 웃고 있다.

님(魏老師)"이라고 적는다.

영화 전반에 걸쳐 표현된 이러한 장면들은 열악한 농촌의 교육환경을 여과 없이 보여준다. 그러면서 동시에 의무교육 시행 주체인 공산당 정부는 물론 도시민들 또한 농촌의 교육을 방치하지 않고 있다는 것을 메시지를 부각시킨다. 중국정부는 앞서 언급한 중앙정부 차원의 다양한 교육프로그램과 각종 장학금 지급 등 교육경비에 대한 투자를 꾸준히 확대하여 2000년 GDP 대비 4.3%에서 2005년에는 5.32%로 증가시켰다. 이 가운데 서부지역의 의무교육비가 교육경비의 24.86%에 달하는 것처럼 교육환경이 낙후한 지역에 집중 투자하여 일정 정도 효과를 보고 있는 상황이다.

또 다른 측면에서 영화는 웨이민즈가 갖은 역경과 반대를 무릅쓰고 도시로 가서 제자를 찾아오는 과정을 돌출시켜 미화하고 있다. 곧 역경에 굴하지 않고 헌신적으로 농촌 교육사업에 임하는 교사의 자세를 부각하고 있다. 웨이민즈의 형상은 공산당이 농촌 교육정책을 대하는 자세를 대변하는 것이라 할 수 있고, 동시에 개혁개방 이후 도농 간의 격차가 심화된 경제정책의 실패를 변호하는 이미지를 담고 있다. 이러한 점은 이 영화가 국내외적으로 중국정부의 정책을 비호하고 미화하였다는 논란과도 연관이 된다.

5. 성과와 한계

현재까지 추진된 농촌 의무교육의 성과와 한계를 정리하면 다음과 같다.(박영진 2006, 조양 2009 참조)

(1) 성과

첫째, 각 지방정부의 지도자들이 해당 농촌지역의 의무교육 문제를 상당히 비중 있게 인식하게 되었다. 이로 인해 현실적이고 직접적인 정책이 수립되고 추진될 수 있게 되었으며, 실태 조사와 연구도 진행되었다.

둘째, 교육경비에 대한 중앙과 지방정부의 명확한 분담을 통해 농촌지역 의무교육 예산을 장기적으로 확보할 수 있게 되었다.

셋째, 농촌지역 의무교육을 위한 전담 부서를 정비하고 강화하는 등 농촌지역 의무교육 관리체계의 효율성이 증대되었다.

넷째, 교사들의 임금과 복지 등의 개선은 생활의 안정을 가져왔고 더불어 교육의 질적인 향상을 기대할 수 있게 되었으며, 현(縣)정부가 이를 책임지면서 교사들을 관리, 감독할 수 있게 되었다.

(2) 한계

첫째, 경제적 자립이 어려운 지방정부의 의존성이 한계로 나타나고 있다.

둘째, 재정적인 문제로 지방정부가 책임을 회피하기 위해 농촌지역의 학교 설립을 꺼리게 되었다.

셋째, 각종 연수와 재교육 프로그램 등에 우선권을 주는 등 농촌지역 교사들에게 혜택을 주고 있지만, 농촌지역 교사들이 도시로 이동하는 현상이 지속적으로 발생하고 있다.

넷째, 지방정부로서 넉넉지 않은 예산을 집행하는 과정에서 중점 지원과 소외지역이 발생하면서 농촌 내에서 또 다른 편차와 지역성이 나타났다.

추천 영화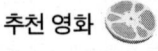

• 집으로 가는 길我的父親母親(張藝謀, 1999)

1950년대 중국 농촌을 배경으로 한 농촌 소녀와 초등학교 교사의 사랑 이야기. 농촌의 유일한 교사였던 아버지의 부고를 접하고 고향으로 돌아와 장례를 준비하는 과정에서 지난날 어머니와 시골학교 교사였던 아버지의 애틋한 사랑이 회상된다. 2000년 제5회 부산국제영화제를 통해 국내에 소개되었다.

참고 자료

남설봉 · 김석주(2010), 「中國 3大 地域 都農 間 所得隔差 現況 및 形成原 因에 關한 實證研究」, 『한국지역지리학회』 제16권 5호

박광득(2008), 「中國共産黨 제17기 3中全會와 農村改革」, 『정치정보연구』 제11권 2호

박영진(2006), 「중국 농촌지역의 의무교육현황 연구」, 『학생생활연구』 제14권

박완호 외(2006), 『영화로 이해하는 중국 근현대』, 르네상스, 서울

이강인(2010), 「'학교' 장치에서 보이는 영화 〈로빙화魯氷花〉의 '교육-권력' 과 〈책상서랍 속의 동화一個都不能少〉의 '규율-권력'의 의미적 탐색」, 『동북아문화연구』 제23집

이상엽 · 조양(2009), 「중국 농촌의무교육의 실태와 발전방안」, 『한국자치행정학보』 제23권 1호

이종화(2009), 「17기 3중전회에 나타난 중국 삼농(三農)개혁의 변화와 의미」, 『社會科學研究』 제17권 2호

조양(2009), 『중국 농촌의무교육의 발전방안에 관한 연구』, 한서대학교, 2009년 석사논문

張衛 · 張藝謀(1999), 「"一个都不能少" 創作回顧當代電影」, 『當代電影』 2期

영화로 만나는 현대중국

농민공

북경자전거 十七歲的單車
(王小帥, 2000)

박재형

1. 6세대가 그려내는 중국사회의 그늘

1990년대 중국은 개혁개방의 거대한 물결 속에 각 분야에서 많은 변화를 겪게 된다. 1992년 덩샤오핑의 남순강화(南巡講話)와 사회주의 시장경제론 등장과 함께 지금까지 고도의 경제성장을 기록하고 있다. 개혁개방 이후 30년이 지난 오늘날 세계적인 경제 불황의 여파 속에서도 중국경제는 여전히 연 8%대의 고속성장을 보이며 미국과 함께 G2 대열에 들어섰다. 그러나 그 이면에는 급성장에 따른 빈부격차나 도시빈민 문제, 실업 문제 그리고 농민공 문제 등이 조화사회(和諧社會)와 과학적 발전관(科學發展)을 이념으로 내건 오늘날 중국사회 전반에 심각한 문제로 나타나고 있다.

급격한 산업화, 도시화가 진행되면서 농민들은 돈을 벌기 위해 베이징이나 상하이와 같은 대도시나 연해 공업도시로 대규모 인구 이동의 조류(潮流)를 보이게 된다. 이러한 현상을 민공조(民工潮)라고 부르는데, 민공조에 참여한 농민을 1980년대에는 이들이 맹목적으로 이동한다는 시각에서 맹류(盲流)라 했고, 1990년대에는 농민공(農民工) 혹은 민공(民工)이라 했다. 이러한 현상은 개혁개방 이후 중국의 지역격차, 도시와 농촌 사이의 소득격차 때문이라 할 수 있다. 농민공이란 개혁개방 후 호구(戶口)상 신분이 농민이고 자기 소유의 농토도 있으나 농촌으로부터 이탈하여 다양한 비농업분야에 종사하며, 임금을 주 수입원으로 삼는 사람이라 할 수 있다. 농민공은 대도시 호구를 갖지 못하고 그에 따른 도시 내 거주, 교육, 의료혜택과 같은 사회보장을 받지 못하며 그 자녀들 역시 도시호구를 갖지 못해 교육의 기회조차 얻지 못한다. 이로 인해 '농민공' 문제는 현대중국 사회가 해결해야 할 가장 큰 문제 중 하나로 떠오르고 있다.(이민자 2001, 20쪽)

6세대를 대표하는 감독 왕샤오솨이(王小帥)의 〈북경자전거〉는 바로 도시 속의 소외계층이라 할 수 있는 농민공과 도시 빈민의 모습을 대도시 베이징을 배경으로 그린 작품이다. 〈북경자전거〉는 시골에서 돈을 벌기 위해 도시로 올라온 농민공 샤오구이(小貴)와 베이징에 살고 있지만 빈민가에 자라난 고등학생 샤오졘(小堅)이 자전거를 가지고 벌이는 갈등을 축으로 스토리가 전개된다. 그 배경이 되는 공간은 베이징의 뒷골목인 후퉁(胡同)이다. 〈북경자전거〉의 주된 스토리라인인 두 주인공의 대립과 갈등은 현재 중국사회의 갈등을 대변하는 상징적 의미를 지닌다. 도시와 농촌의 갈등, 그리고 도시 내 부자와 빈민층의 갈등 등 다방면에 있어 중국사회의 갈등과 문제점에 대해 표출하고 있다.

영화로 만나는 현대중국

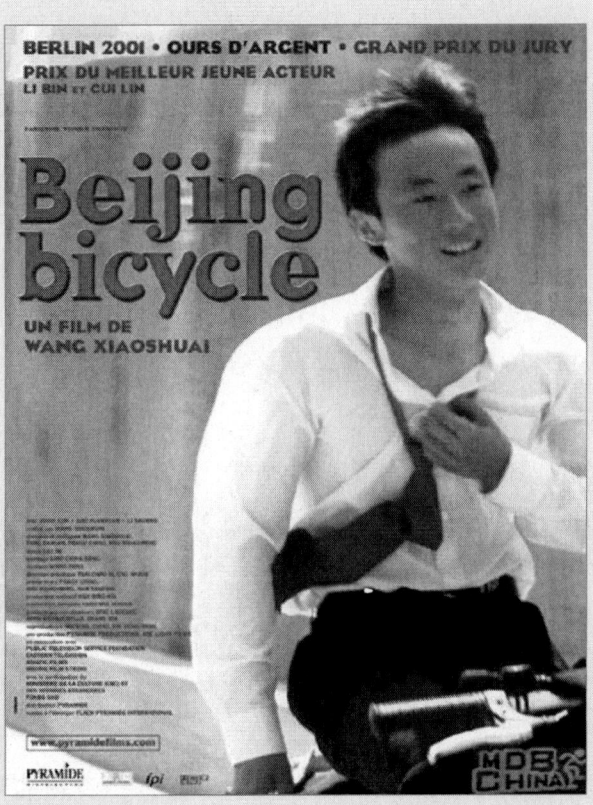

〈북경자전거〉 포스터와 DVD

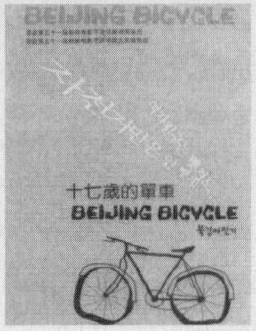

이 영화 역시 많은 6세대 감독의 영화와 마찬가지로 당국의 상영 금지 처분을 받았다. 그 이유는 베이징 올림픽 개최를 앞두고 영화 속에 보이는 베이징 서민들의 삶터라 할 수 있는 후퉁의 모습이 오늘날 중국의 수도 베이징으로 비쳐지는 것을 우려했기 때문이었다. 왕샤오솨이는 후퉁이 언제 철거되고 사라질지 모르는 상황에서 후퉁을 최대한 앵글에 잘 담으려 많은 노력을 기울였다. 실제로 베이징 올림픽이 결정되자 중국정부는 상징성을 가진 일부를 제외하고 후퉁지역의 많은 부분을 철거했다. 이러한 상황에도 불구하고 〈북경자전거〉는 2001년 베를린영화제 은곰상과 전주국제영화제 관객상을 수상하는 영광을 차지했다.

왕샤오솨이 감독은 1966년 상하이에서 출생했고, 1985년 베이징 영화아카데미에 입학했다. 어린 시절에는 미술을 공부했고, 극장 간판에 그림을 그리기도 했다. 대표작으로는 〈나날들冬春的日子〉(1993), 〈극도한랭極度寒冷〉(1997), 〈천국까지 그렇게 가까이扁擔・姑娘〉(1998), 〈북경자전거〉, 〈청홍靑紅〉(2005), 〈좌우左右〉(2007) 등이 있다. 다른 6세대 감독들과 마찬가지로 왕샤오솨이 감독의 작품도 중국사회에 대한 반항적인 시각과 가감 없는 현실 묘사로 인해 수차례 중국 내 상영금지 처분을 받았지만, 해외영화제에서는 작품성을 인정받아 수많은 수상의 영예를 안았다.

중국영화의 세대(世代)라는 용어는 5세대 감독들의 등장부터 사용되었다. 그 용어를 누가 먼저 사용하였는지는 알려지지 않았으나, 이들을 기준으로 중국영화사를 재편, 자연스럽게 1세대에서 5세대까지 구분을 하게 되었다.

1세대 감독은 중국영화의 선구자라 할 수 있으며, 주로 1910년에서 1930년대 중반까지 활동했다. 그들은 서양의 상업영화와 중국 전통문화의 결합을 시도했고, 무성영화의 형식에 계몽, 가정, 윤리적 내용을 결합한 영화가 주류를 이루었다. 중국 최초의 영화인 〈딩쥔산定軍山〉(1905)을 시작으로, 중국 최초의 극영화인 정정추(鄭正秋)의 〈난부난처難夫難妻〉(1913)〉를 비롯해서 〈할아버지를 구한 고아이야기孤兒求祖己〉(1923), 〈자매姐妹花〉(1934) 등이 대표적인 작품이다.

2세대 감독은 1930년대 중반에서 1940년대, 상하이를 중심으로 중국영화의 황금기를 열었던 세대이다. 그들은 영화에 국가사회의식을 반영했고, 자유주의 영화, 좌익영화(左翼電影), 항일영화(抗日電影) 등의 현실적인 작품 위주로 활동을 하였다. 대표적인 감독과 작품으로는 차이추성(蔡楚生)의 〈어부의 노래漁光曲〉(1934), 우융강(吳永剛)의 〈신녀神女〉(1934), 쑨위(孫瑜)의 〈대로大路〉(1934), 위안무즈(袁牧之)의 〈거리의 천사馬路天使〉(1937) 등을 들 수 있다.

3세대 감독은 1949년 사회주의 중국 건국 이후의 영화 제작자들로서, 이 시기에 영화는 혁명에 봉사하고 사회주의 건설에 도움을 주며 인민교육의 수단으로 제작되었고, 선전도구가 되었다. 1966년 일어난 문화대혁명은 영화제작에도 많은 영향을 끼쳤다. 대표적 감독으로 셰진(謝晋)을 들 수 있으며, 〈부용진芙蓉鎭〉(1986), 〈톈윈산의 전기天雲山傳記〉(1977), 〈목마인牧馬人〉(1982) 등의 작품이 있다.

4세대 감독은 문화대혁명의 종결과 함께 1970년대 말 정치, 사회적으로 새로운 분위기에서 영화를 제작한 세대이며, 안으로는 과거의 정치적 상황을 성찰하고 밖으로는 세계영화의 흐름에 관심을 가졌다. 작품은 대부분 사실주의적 경향을 가지고 있으며, 대표적인 감독과 작품으로는 우톈밍(吳天明)의 〈인생人生〉(1984), 〈오래된 우물老井〉(1987), 〈변검變臉〉(1996), 셰페이(謝飛)의 〈우리들의 들판我

們的田野〉(1983) 등이 있다.

5세대 감독은 중국영화사적 역할과 의의에 있어 그 비중이 매우 크다고 할 수 있다. 5세대 감독들은 문화대혁명이 종결된 후 베이징 영화아카데미 첫 졸업생(1978년 동기생)을 위주로 구성되어 있으며, 문화대혁명이라는 중국현대사의 특수한 사건으로 인해 4세대 감독들과 동시대에 활동했다. 그들은 과거의 중국영화와 4세대의 영화를 부정하고 새로운 중국영화를 표방했으며, 문화대혁명을 거치면서 형성된 자신의 정체성을 인식하고 자신의 경험과 생각을 작품에 반영했다. 이는 영화가 선전도구에서 세계관의 표현도구로 변화했다는 것을 말한다. 그들의 작품은 사회주의 건국 이후 중국사회를 반영한 최초의 작품들이며, 해외영화제의 수상 등으로 중국영화를 세계에 알리는 데 공헌했다. 그들은 작품에서 자신들이 체험한 역사에 대한 비판적 성찰이나 극복을 우회적으로 표현했고, 사회주의 체제하에 인간다움, 자연스러움, 개성과 창의성을 잃고 정신적 빈곤상태에 빠진 중국사회를 우회적으로 표현해냈다. 중국의 전통적 색채, 서북지역 풍격의 음악과 같은 다양한 시각적, 청각적 수단을 이용하여 중국의 영화언어를 새롭게 창조했고 영화에 예술적 가치와 사회 정의적 가치를 부여했으며, 표현주의적이면서도 사실적이고 자연주의에 근접한 영상기법을 도입, 그들의 문화에 접목함으로써 고유한 문화전통을 살려냈다. 또한 중국영화 부활의 책임의식과 전통적 요소(오리엔탈리즘)를 적극 활용하여 중국영화의 황금기를 이끌었다. 대표적인 5세대 감독과 작품으로는 5세대 영화의 첫 작품이라 할 수 있는 장쥔자오(張軍釗)의 〈한 사람과 여덟 사람一個和八個〉(1983), 천카이거(陳凱歌)의 〈황토지黃土地〉(1985), 〈대열병大閱兵〉(1986), 〈아이들의 왕孩子王〉(1987), 〈현 위의 인생邊走邊唱〉(1991), 〈패왕별희霸王別姬〉(1993), 〈풍월風月〉(1996), 〈무극無極〉(2005), 황젠신(黃建新)의 〈흑포사건黑炮事件〉(1985), 톈좡좡(田壯壯)의 〈말 도둑盜馬賊〉(1986), 〈푸른 연藍風箏〉(1993), 장이머우(張藝謀)의 〈붉은 수수밭紅高粱〉(1998), 〈국두菊豆〉(1990), 〈홍등大紅灯籠高高挂〉(1991), 〈귀주 이야기秋菊打官司〉(1992), 〈인생活着〉(1994), 〈책상서랍 속의 동화一個都不能少〉(1998), 〈집으로 가는 길我的父親母親〉(1999), 〈행복한 시간幸福時光〉(2000), 〈영웅英雄〉(2002), 〈연인十面埋伏〉(2004), 〈황후화滿城盡帶黃金甲〉(2006), 〈산사나무 아래山楂樹之戀〉(2010) 등이 있다.

6세대 감독은 1960~70년대에 출생해서 1980년대 중반에서 1990년대 초에 대학을 졸업한 젊은 영화인들이며 일명 톈안먼 세대로 불리기도 한다. 그들은 톈안먼 사태를 몸소 체험했고, 급변하는 사회 속에서 젊은 시절을 보냈다. 대표적인 감독과 작품으로는 장위안(張元)의 〈베이징녀석들北京雜種〉(1993), 〈아이들의 훈장看上去很美〉(2006), 자장커(賈樟柯)의 〈소무小武〉(1997), 〈플랫폼站台〉(2000), 〈임소요任逍遙〉(2000), 〈세계世界〉(2004), 〈스틸라이프三峽好人〉(2006), 〈동東〉(2006), 〈24시티二十四城記〉(2008), 왕샤오솨이의 〈북경자전거〉, 〈청홍〉, 〈좌우〉, 러우예(婁燁)의 〈주말연인周末情人〉(1993), 〈수쥬蘇州河〉(1999), 〈자줏빛나비紫蝴蝶〉(2002), 장밍(章明)의 〈무산의 구름巫山雲雨〉(1996), 왕취안안(王全安)의 〈투야의 결혼圖雅的婚事〉(2006), 장양(張揚)의 〈애정마라탕愛情麻辣燙〉(1998), 〈샤워洗澡〉(1999), 〈낙엽귀근落葉歸根〉(2006), 장원(姜文)의 〈햇빛 찬란한 날들陽光燦爛的日子〉(2000), 〈귀신이 온다鬼子來了〉(2001) 등을 들 수 있다.

바로 6세대의 대표주자인 왕샤오솨이의 영화는 탈 이데올로기시대 자본주의적 병폐가 만연한 중국사회 속에서 개인의 생존체험과 불안정한 심리상황에 관심을 가지고 소외계층과 소시민의 이야기를 독특한 기법으로 영화에 담으며, 도시와 개인의 삶에 대한 관찰과 기록으로 현실을 반영, 솔직담백하게 사회적 모순과 갈등하는 중국의 현실을 표현해냈다. 현실을 직시하고 사회문제를 다루지만 원인 설명이나 해결 제시보다 개인의 삶에 미치는 사회문제들의 영향을 고찰하는 데 많은 관심을 가지고 있다. 또한, 일상적인 것 속에서 삶을 포착하고 그 속에서 휴머니즘을 표현해내고 있는데, 이는 6세대 영화를 대표하는 특징이라고 할 수 있다. 장이머우와 천카이거로 대표되는 5세대 감독들이 중국영화를 세계에 널리 알렸다는 사실을 부인할 수 없으나 그들의 영화에는 실재하는 현실 속의 중국인 모습을 찾아보기 힘들다. 화려한 색채와 영상, 향토생활, 민속적 풍경, 전통역사 이야기 등 중국의 단적인 면만 포장하는 모습과 1990년대 복잡한 중국사회 속에서 안일한 현실인식과 상업주의로 전향하고 관방과 밀착하는 등 당면한 중국 사회문제를 회피함으로써 그들은 6세대들에게 비판의 대상이 되었다.

반면 앞서 언급한 것처럼 6세대는 개인과 도시에 대한 관심, 소외계층과 삶의 모습을 카메라에 솔직담백하게 표현해냈다. 이러한 그들의 영화에서 몇 가지 특징을 찾아볼 수 있다. 먼저 기술적으로 롱테이크를 자주 활용하고 관찰과 분석적 시각을 이용하는 다큐멘터리적 기법을 사용한다. 즉, 전통적인 극영화에 비해 연기와 대사에 대한 의존도가 낮고, 조명, 의상, 분장에 조작을 가하지 않으며, 야외 촬영 위주에 스튜디오 촬영을 결합하고 자연광을 사용하여 현장감을 살린다. 편집에 있어서는 일반적인 극영화보다 거칠고 주제에 따라 표현한다. 이러한 6세대 영화의 특징은 이탈리아의 네오리얼리즘(NeoRealism) 영화(1945~1952)*와 많은 유사점을 가지고 있다. 실제로 6세대 영화인들은 현실을 직시하고 사회문제를 다루지만 원인을 설명하거나 해결을 제시하기보다는 그것이 개인의 삶에 미치는 영향에 대한 고찰을 추구하는 네오리얼리즘의 영향을 많이 받았는데 촬영기법을 비롯한 여러 방면에서 그 영향을 받았음을 알 수 있다. 영화의 서사적 측면을 살펴보면 의도적으로 현실적 시간순서를 따르지 않음으로써 직선적 시간관의 억압성과 획일성을 거부하고, 클라이맥스도 결말도 존재하지 않는다. 또한 '낯설게 하기'를 통해 황당한 장면이 자주 등장하고, 초현실적 요소를 통해 환영적 효과를 연출한다.

영화 〈북경자전거〉는 여러 가지 면에서 이탈리아 감독 비토리오 데 시카(Vittorio De Sica)의 〈자전거도둑Ladri Di Biciclette〉(1948)을 떠올리게 한다. 비토리오 데 시카는 이 영화에서 2차 세계대전 이후 이탈리아의 빈곤과 실업문제를 표현하였는데, 주인공이 어렵게 얻은 일을 수행하기 위해 어렵게 자전거를 사지만 곧 잃어버리고 자전거를 찾기 위해 로마시내를 헤매는 모습과 절망하는 주인공의 모습은 〈북경자전거〉와 많은 유사점을 보인다. 전형적인 사실주의 영화로 가능한 편집을 자제하고 롱테이크를 즐겨 구사하며 객관적 카메

---

* 네오리얼리즘(NeoRealism): 전후 이태리의 피폐한 상황과 극심한 가난을 배경으로 현실을 꾸밈없이 솔직히 드러내는 사실주의 영화이다. 그것이 영화 역사에서는 종래의 사실주의보다 더 사실적인 새로운 사실주의라 하여 '네오리얼리즘(NeoRealism)'이라고 부른다. 이들 영화들은 극영화이긴 하지만 거의 기록영화에 가까울 정도로 사실적이다. 사실성을 획득하기 위하여 비 직업배우들과 직업배우들을 혼합하여 쓰는 새로운 연기법을 구사했다. 대표적으로, 비토리오 데 시카(Vittorio De Sica)의 〈자전거도둑Ladri Di Biciclette〉(1948), 〈구두닦이Sciuscia〉(1946), 로베르토 로셀리니(Roberto Rossellini)의 〈무방비 도시Roma Citta Aperta〉(1945), 〈파이잔Paisan〉(1946), 루키노 비스콘티(Luchino Visconti)의 〈흔들리는 대지La Terra Trema〉(1948) 등을 꼽을 수 있다.(정재형 2003, 274쪽)

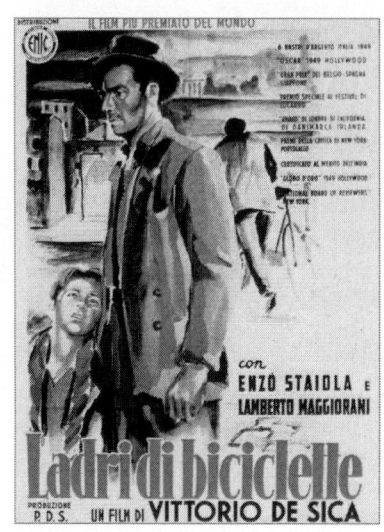

비토리오 데 시카의 〈자전거도둑〉 포스터

라 앵글을 가져간다. 이는 네오리얼리즘 영화의 대표적 특징으로, 현실 그대로의 모습을 여과 없이 카메라에 담으려는 감독의 의지가 엿보인다고 할 수 있다. 앞에서 언급하였듯이 많은 6세대 감독들이 이러한 네오리얼리즘 영화에 영향을 받았으며 왕샤오솨이 역시 영화 〈북경자전거〉에서 스토리라인이나 촬영기법 등에서 많은 영향을 받았다고 할 수 있다. 실제로 〈북경자전거〉에서는 롱테이크를 활용하여 베이징의 현대식 건물과 옛 건물을 나란히 잡아 상징적 의미를 부여하고 도시 속 수많은 차량과 자전거 인파 속에 샤오구이를 비추며 도시 속에 소외된 주인공의 모습을 잘 표현하고 있다.

6세대는 주선율영화와 주류 상업대작영화에 대해 비판적 시각을 가지고 영화의 교화적 기능을 거부하며 정치적 선언이나 주장, 계몽으로부터 자유로워야 한다고 주장했다. 또한 저예산의 독립영화 제작방식으로 자신들만의 독특한 예술세계를 구축했다. 하지만 이들의 영화는 관객의 심미적 욕구와 거리가 있으며 일반관객과 소통하기 어렵고 한계성을 가짐으로써 문화상품으로서의 가치와 상업성 측면에서 어려움에 직면하게 되었다. 이러한 상황은 6세대의 창작활동에 많은 제약과 어려움을 가져왔고 동시에 이로 인해서 6세대는 제도권 진입을 시도하고 있는 상황이다.

2. 베이징이란 공간 속 두 소년

앞서 살펴본 바와 같이 영화 〈북경자전거〉는 도시 속의 소외계층이라 할 수 있는 농민공과 도시빈민의 모습을 대도시 베이징을 배경으로 잘 그리고 있는 작품이다. 어린 농민공 샤오구이와 후통에 사는 고등학생 샤오젠의 대립·갈등을 통해 현재 중국사회에서 일어나고 있는 도시와 농촌의 갈등, 그리고 도시 내 부자와 빈민층의 갈등을 엿볼 수 있다.

〈표1〉 지역별 농민공 월평균 소득(단위: 위안, %)

	2008년	2009년	증감	증가율
전국평균	1,340	1,417	77	5.7
동부지역	1,352	1,422	70	5.2
중부지역	1,275	1,350	75	5.9
서부지역	1,273	1,378	105	8.3

영화는 한 택배회사의 면접 장면으로부터 시작된다. 주인공 샤오구이와 여러 농민공들의 면접 모습에서 그들이 어디 출신인지, 도시에서 어떻게 살아가고 있는지를 사실적으로 보여준다. 이들을 대하는 면접관의 무미건조한 말투와 시선은 영화 속에서 일관되고 있는 농민공을 향한 시선이기도 하다. 계속되는 실업의 고통과 대도시에 주눅이 든 찌들고 후줄근한 농민공의 모습은 이 시대 중국사회의 그림자이다.

영화의 초반 장면에서 우리는 농민공에 대한 도시인들의 횡포와 무시를 엿볼 수 있다. 페이다(飛達) 택배회사 사장은 업무를 위해 각자에게 나누어준 자전거 값 600위안을 다 갚으면 택배기사가 그 소유권을 가질 수 있는데, 그 전까지는 이익금을 8:2로, 그 이후에는 5:5로 회사와 나누어 가진다며, 이것이 선진적인 방법이라고 떠들어 댄다. 하지만 이는 사실 농민공을 착취하려는 자본주의적 속성에 지나지 않는다. 샤오구이가 나름 계산해본 바에 따라 자전거를 소유하게 되었다고 생각하는 날, 경리직원들은 "네 계산이 틀렸어", "넌 현실을 몰라"라고 말한다. 그들에게 있어서 농민공은 그저 무시의 대상일 뿐이다.

영화는 베이징의 높은 건물과 넓은 거리, 수많은 차량과 대비되는 후퉁 안의 일상적이고 빈곤한 삶의 모습을 샤오구이의 자전거를 따라 묘사하고 있다. 자기 자전거를 가질 수 있다는 희망 하나만으로 샤오구이는 힘차게 페달을 밟는다. 내일이면 자기 소유의 자전거가 생기고 자신은 베이징 시민의 일원으로 당당히 살아갈 수 있으리라는 기대감으로. 자전거를 잃어버리기 전 사우나 장면은 연민의 정을 느끼기에 충분하다. 한국도 빈부의 격차가 심하지만 중국에 비할 수 있을까. 중국의 경우 극소수의 부를 축적한 계층에 비해 빈곤한

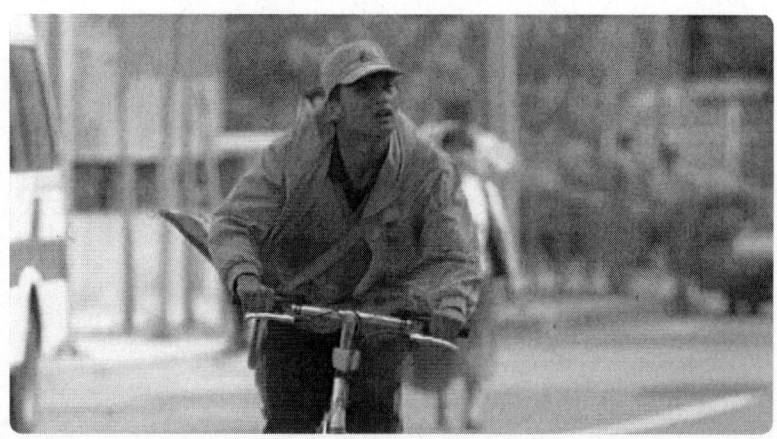

택배 일을 시작한 샤오구이

하층민의 수가 너무나 많다. 샤오구이에게 사우나는 가본 적도 없고, 앞으로도 가기 어려운 곳이다. 주눅이 들어 두리번거리며 샤워를 하는 샤오구이의 모습과 이어지는 자전거의 분실은 이 어린 청년에게는 너무나 가혹한 대도시의 현실이다. 한편 중국 대도시의 사우나에는 손님의 옷을 정리해주고 수건으로 물기를 닦아주는 직원이 여러 명 있는데, 이들 역시 대부분 농민공이라 할 수 있다. 자전거를 분실한 샤오구이는 절망감에 빠져 하루 종일 베이징 거리를 헤매고 다니지만 자전거를 찾지 못한다. 수많은 자전거 중에서 자기 것은 한 대도 없다는 절망감은 도시에 나와 힘들게 생활하는 농민공의 현실과 절망감이기도 하다. 설상가상으로 샤오구이는 그날 배달해야 할 물건을 배달하지 않아 해고를 당한다.

또 다른 주인공 샤오졘은 대도시의 빈민이다. 샤오구이처럼 농촌에서 돈을 벌기 위해 도시로 온 농민공이 아니라 도시호구를 가지고 있다. 베이징의 허름한 후통에서 아버지와 새엄마, 그리고 새엄마가 데리고 온 여동생과 살고 있는 샤오졘은 늘 자신에게 자전거를 사주려 하기보다는 동생의 학비를 우선시하는 아버지에게 불만이 가득하다. 결국 샤오졘은 아버지가 동생의 등록금을 위해 모아놓은 돈을 몰래 가져다가 자전거를 산다. 그런데 하필이면 그것은 샤오구이가 잃어버린 자전거이다. 샤오졘에게 자전거는 어떤 의미일까? 분명 샤오구이와는 다른 의미일 것이다. 그에게 자전거는 자기 또래의 부유한 친구들과 어울릴 수 있는 유일한 수단이며, 좋아하는 여자아이와 연결해주는 사랑의 메신저이기도 하고 자신감의 표현이기도 하다. 베이징이란 대도시의 일원으로서 필요충분조건인 셈이다. 샤오졘의 책상에 펼쳐져 있는 자전거 관련 잡지나 밤중에 집 앞에서 자전거 묘기를 연습하는 장면에서 자전거에 대한 샤오졘의 집착을 엿볼 수 있다. 여자친구를 집에 데려다 주고 돌아오는 길에 두 손을 놓고 환하게 웃으며 달리는 샤오젠의 모습은 머지않아 자전거를 잃어버리고 절망하며 어둡고 우울한 나날을 보낼 그의 얼굴과 대조를 이루는 장면이다. 그 순간만큼은 남부러울 것이 없지 않았을까.

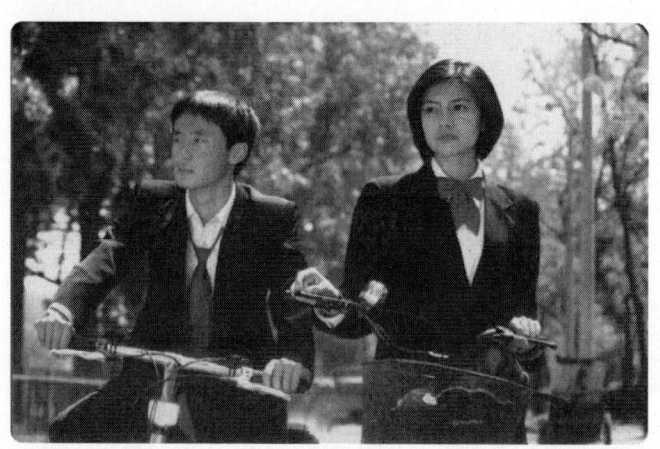

샤오젠과 여자친구

3. 자전거란 매개체가 주는 절망과 희망

이제 영화는 두 주인공의 갈등으로 치닫는다. 우연히 잃어버린 자전거를 찾게 된 샤오구이는 다시 복직이 되지만 대신 자전거를 잃어버린 샤오젠은 절망에 빠진다. 샤오젠에게 자전거를 잃어버렸다는 것은 마치 베이징의 젊은이로 살아갈 수 있는 유일한 통로가 막혀버리는, 심장이 뚫린 것과 같은 절망적인 기분이었을 것이다. 샤오젠의 여자친구는 자전거에 집착하는 그를 이해하지 못한다. 부유한 부모를 가진 그녀에게 자전거란 언제든지 다시 사면 되는 것이기 때문이다. 똑같은 수도 베이징의 시민이지만 그들 간에는 엄연히 빈부 격차가 존재한다. 자본주의국가보다 더 자본주의화되어가는 중국의 상황을 잘 보여주는 장면이다.

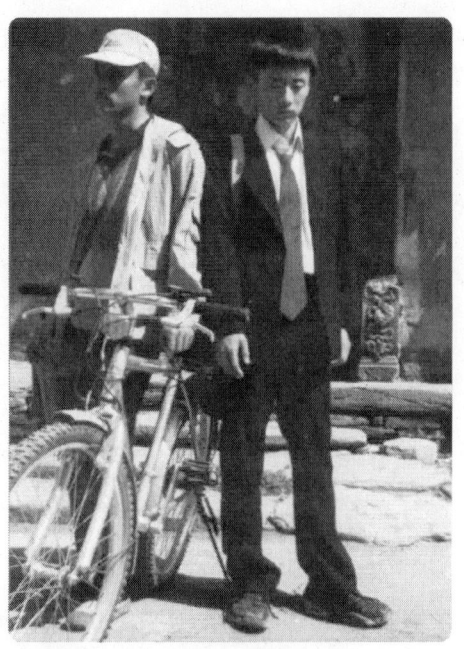

자전거를 공유하는 샤오구이와 샤오젠

자전거를 찾게 된 샤오구이, 다시 자전거를 되찾아 오는 샤오젠, 두 소년 간에 자전거 한 대를 두고 찾고 잃어버리기를 반복하는 과정 속에서 샤오젠은 여자친구와 헤어지고, 그의 친구들은 말이 통하지 않는 샤오구이에게서 답답함을 느낀다. 결국 두 소년은 각자 하루씩 자전거를 나누어 타기로 한다.

이를 계기로 그들 간의 갈등이 차츰 해소되는데, 어느 날 샤오젠은 샤오구이에게 악수를 청하며 이름을 묻는다. "열일곱 살의 자전거(十七歲的單車)"라는 영화의 원제목처럼 열일곱 살의 두 소년은 자전거를 매개로 서로의 공통점을 발견하고 무언의 동질감을 느낀다. 하지만 샤오구이와 샤오젠에 있어 자전거가 갖는 상징적 의미에는 분명 차이가 있다. 자전거를 빼앗기지 않기 위해 샤오젠과 그의 친구들에게 구타를 당하면서도 끝까지 자전거를 붙들고 절규하는 샤

개혁개방과 현대사회

오구이에게 자전거는 자신을 도시에 머무르게 해줄 수 있는 유일한 고리이며, 생계의 수단이고, 전부이다. 자전거를 끌어안고 절규하는 샤오구이에게서 고된 삶에 절규하는 농민공의 모습을 엿볼 수 있다. 반면에 샤오젠에게 있어서 자전거란 베이징이라는 대도시의 일원으로 살아갈 수 있는 최소한의 조건이며 또래들과 어울릴 수 있고 자신을 과시할 수 있는 유일한 수단이다. 생존수단으로서의 자전거와 또래의 범주에 속하기 위한 수단으로서의 자전거는 서로 다른 상징성을 지닐 수밖에 없다.

한편 영화에 등장하는 이웃집 젊은 여자는 샤오구이와 그의 친척 형이 선망하는 대상이다. 그들에게 그녀는 감히 말조차 걸 수 없는 존재이며, 그저 훔쳐보기로 잠재된 욕망을 달래주는 세련된 도시 여성이다. 하지만 사실은 그녀 역시 도시의 소외계층이자 농민공일 뿐이다. 그녀는 부잣집에서 가정부로 일하면서 주인 몰래 예쁜 옷과 구두를 신어보며 도시의 주류로 살아가는 인생을 꿈꾸지만 결국 주인에게 들통이 나서 쫓겨난다. 그녀가 자신들과 같은 부류였음을 알게 되자 진즉 사실을 알았더라면 넘볼 수나 있었던 듯 친척 형은 아쉬움을 나타낸다. 그녀를 그토록 선망의 대상으로 바라보거나, 자전거에 부딪혀 자신의 침대에 누워 있던 그녀를 조심스럽게 대하지 않았을지도 모를 일이다.

여자친구와 헤어진 샤오젠은 어느 날 그녀가 다른 남학생과 함께 있는 것을 보게 된다. 그 남학생은 자신보다 키도 크고 체구도 좋으며 심지어는 지포라이터까지 가지고 있다. 그리고 무엇보다도 자신의 옛 여자친구가 현재 좋아하는 소년이다. 그 소년의 거만한 표정과 자신의 초라한 현실에 샤오젠은 좌절감과 절망감을 느낀다. 그것은 이내 분노로 바뀌어 그를 따라가서 돌로 찍어 내린다. 억눌리고

영화로 만나는 현대중국

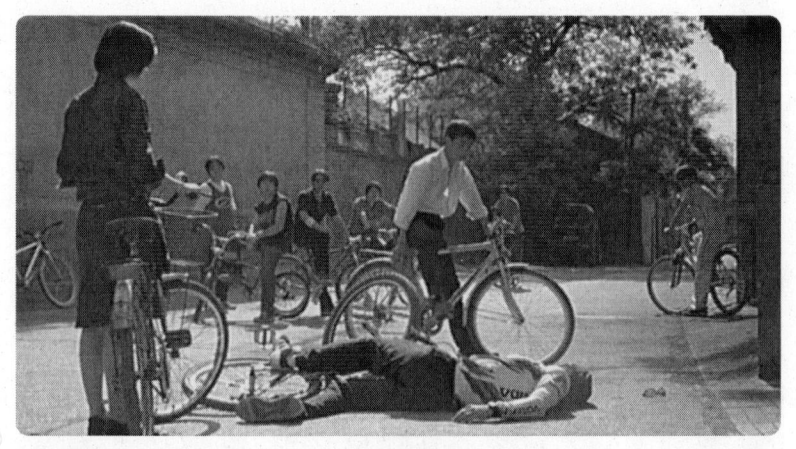
샤오젠의 분노

답답한 사춘기 소년의 분노가 폭력으로 분출된 것이다.

　샤오젠은 분노한 그의 친구들에게 쫓기게 되고, 자전거를 받기 위해 기다리던 샤오구이는 엉겁결에 같이 도망간다. 참으로 자전거 하나 때문에 많이도 엮이게 되는 두 사람이다. 자전거 추격전이 펼쳐지고 이 장면에서 수많은 베이징의 후통들이 등장한다. 베이징의 뒷골목을 도망치는 두 소년과 그를 추격하는 무리들, 대조적으로 한가하게 장기를 두며 무관심하게 앉아 있는 노인들의 모습이 어우러지며 영화는 사라져가는 베이징의 뒷골목을 조명하고 있다. 결국 만신창이가 된 두 주인공과 부서진 자전거만이 남게 되고 샤오구이는 부서진 자전거를 둘러매고 사람과 자동차의 물결로 출렁이는 베이징 거리를 횡단한다. 하지만 이 도시는 샤오구이에게 관심조차 없다. 암울한 현실 속에서 자전거를 둘러매고 힘겨운 발걸음을 내딛는 샤오구이에게서 중국사회의 어두운 그늘을 엿볼 수 있기에 씁쓸한 여운을 남지만, 한편으로 모든 것이 망가지고 사라져버린 상황에서도 자전거를 둘러매고 가는 모습에서 감독은 어렵고 힘들지만 포기하지 않는 중국의 미래를 두 주인공을 통해 내다보는 것은 아닐까 생각할 수 있다.

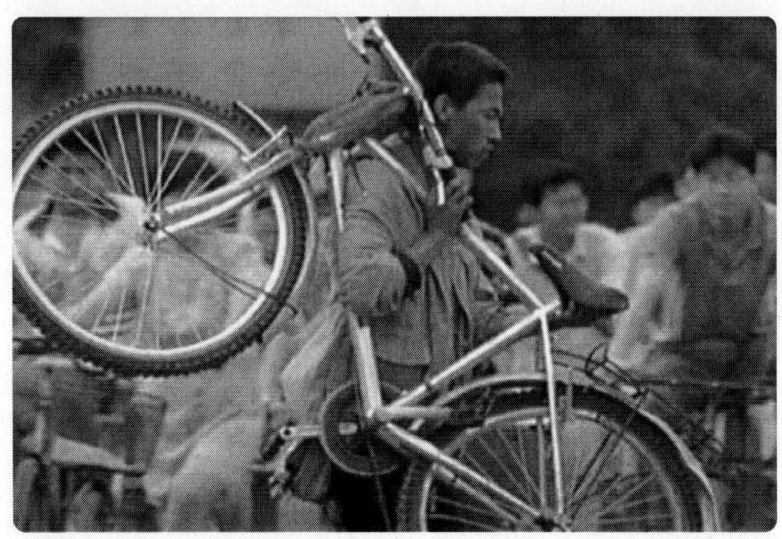

부서진 자전거를 메고 베이징 시내를 쓸쓸히 걸어가는 샤오구이

4. 조화사회 속 농민공의 현실

오늘날 중국의 핵심적 지배이념은 조화사회(和諧社會)와 과학적 발전관(科學發展)이다. 하지만 현실은 심각한 빈부 격차와 중국식 자본주의의 병폐로 인한 양극화 현상이 극도로 심화된 상황이다. 돈이면 다 되는 물질만능주의 세태 속에서, 오늘도 돈을 벌기 위해 수많은 농민공이 도시로 몰려들고, 대도시는 싼 값으로 그들의 노동력을 제공받는다. 하지만 그들은 각종 사회보장과 의료혜택을 누릴 수 없으며 기본적인 의식주마저 해결하기 어려운 것이 현실이다. 또한 각종 임금체불과 노사문제의 갈등으로 인한 파업행위 등으로 중국정

부는 여전히 어려움을 겪고 있다.

〈표2〉 농민공의 규모 변화 추이(단위: 만 명, %)

	2008년	2009년	증감	증감률
농민공 전체 수	22,542	22,978	436	1.9
외지에 취업한 농민공의 수	14,041	14,533	492	3.5
단신 이주 농민공의 수	11,182	11,567	385	3.4
가족동반 이주 농민공의 수	2,829	2,966	107	3.7
고향에 취업한 농민공의 수	8,501	8,445	-56	-0.7

　영화 〈북경자전거〉는 개혁개방의 물결 속에서 급속하게 발전하고 있는 중국사회의 그늘을 잘 보여주는 영화이다. 도시의 소외계층, 주변인이라 할 수 있는 농민공과 도시 빈민을 대상으로 그들의 생활과 그 속에서 벌어지는 다양한 도시 속 모습을 통해 오늘날 중국의 모습을 진솔하게 그리고 있다는 점에서 높이 평가할 수 있다.

추천 영화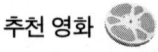

　농민공을 다룬 또 다른 영화로는 자장커의 〈소무〉(1997)와 〈세계〉(2004), 왕샤오솨이의 〈천국까지 그렇게 가까이〉(1998), 리양(李楊)의 〈맹정盲井〉(2003)과 〈맹산盲山〉(2007), 양야저우(楊亞洲)의 〈미꾸라지도 물고기다泥鰍也是魚〉(2006) 등을 들 수 있다. 이들 영화는 대부분 농민공의 삶과 부조리한 사회고발, 인성회복에 초점을 맞추고 있어 현대 중국사회를 조망할 수 있는 좋은 영화들이다.

• 미꾸라지도 물고기다 泥鰍也是魚 (양야저우, 2006)

여주인공은 남편과 이혼하고 고향인 산시성(陝西省)을 떠나 쌍둥이 딸을 데리고 대도시 베이징으로 나와 생활하는 농민공이다. 영화의 남녀 주인공은 모두 니추(泥鰍, 이하 미꾸라지)로 불린다. 중국사회에서 미꾸라지는 신분이 낮은 사회 하층계급을 상징적으로 의미한다. 공사현장의 인력을 조달하는 남자 미꾸라지와 여자 미꾸라지는 베이징의 고궁 개보수 공사현장에서 같이 일을 하게 된다. 남자 미꾸라지는 쌍둥이 딸을 위해 밥도 제대로 먹지 못한 채 일을 하는 여자 미꾸라지를 동정한다. 여러 상황을 거치며 주인공들은 누구나 꺼리는 도시의 지하 하수도에서 일을 하게 된다. 감독은 "미꾸라지도 고기다"란 제목에서 비록 사회의 소외계층이지만 희망을 잃지 않고 미꾸라지처럼 강인한 생명력을 가진 농민공들도 중국정부가 내세우는 조화사회의 일원임을 의식적으로 표현하고 있다.

참고 자료

이민자(2001), 『중국 農民工과 국가-사회 관계』, 나남출판, 서울
정재형(2003), 『영화 이해의 길잡이』, 개마고원, 서울

호구제도

입춘立春
(顧長衛, 2007)

곽 수 경

1. 호구제도

중국은 전통적으로 농업국가였다. 개혁개방 이후 급격한 경제성장을 이루면서 도시화가 이루어져 도시와 농촌의 인구 비율은 1978년 17.92% 대 82.08%에서 2001년 37.66% 대 63.24%로 변화했으며 (유홍준 · 김지훈 2005, 156쪽 표5-1 참고) 2010년 제6차 인구조사에 의하면 도시 49.68% 대 농촌 50.32%로 농촌인구가 여전히 절반이 넘는다. 경지면적 또한 지속적으로 줄어들면서 현재 1인당 평균 경지면적은 0.08hr에 불과하다. 이는 자연히 농촌의 잉여노동력 증가를 초래했다. "1978년에 중국의 총경지면적은 99,938hr에 1인당 평균 1,030㎡였고 각 가정의 평균 경지면적은 5,730㎡였다. 그러나 1995년에 이르러 경지면적이 4.55hr가 감소하여 94,970.9hr가 되었을 때, 1인당 평균 경지면적은 780㎡가 되었고 각 가정 평균 경지면적은 4,080㎡가 되었다. 경지 면적의 지속적인 감소는 결과적으로 농촌 잉여노동력의 증가를 불러왔다."(허칭리엔 2004, 282쪽) 그리하여 농촌에서 일할 수 없거나 더 많은 수입을 위해 도시로 가서 노동에 종사하기를 원하는 사람들이 늘어나는 것은 당연한 이치이다. 하지만 이들은 '호구'라고 하는 제도적 족쇄에 묶여 있어 농촌을 떠나지 못하거나 농촌을 떠나 도시로 가더라도 도시에 정식으로 편입되지 못한 불법거주자의 신세가 되어 법의 사각지대에서 각종 불이익을 감수해야 하는 실정이다. 농민들이 농업호구에 발이 묶여 합법적으로 농촌을 떠나지 못하게 된 기원은 마오쩌둥 시대로 거슬러 가야 한다.

마오쩌둥은 집권 초기에 구소련을 모델로 하여 불균형 발전전략을 취했는데, 그것은 농업의 희생하에 도시의 대형 국유기업을 중심으로 집단화 산업을 추진하는 것이었다. 도시의 안정은 당시 국가권력에 있어 무엇보다도 중요한 과제 중 하나였다. 따라서 국가가 지원하고 관리하는 주택, 직장, 연금, 식량 등 각종 사회복지 혜택은 도시의 단위조직 구성원에게 독점적이고 배타적으로 분배되었으며 농민은 그런 혜택들로부터 배제되었다. 이런 체제하에서 국가와 당의 부담을 최소화하기 위해 각종 사회복지 혜택을 제공받는 도시단위조직에 소속된 노동자 수를 제한할 필요가 있었기 때문에 농민들이 자유롭게 도시로 이주하는 것을 제한할 목적으로 호구제도가 도입되었다. 그리하여 모든 중국인은 자신의 호구지에 등록되었으며 출생지에서 발급되는 호구에 따라 농민(농업호구소유자)과 비농민(비농업호구 소유자)으로 분류되었다. 호구를 변경하기 위해서는 공식적인 승인이 필요했는데, 농업호구소유자는 극히 예외적인 경우를 제외하고는 평생 도시호구를 가질 수 없었다. 따라서 호구제도의 엄격한 실시로 인해 농업인구의 도시진입이 차단되었으며, 거주 이전 및 직업 선택의 자유가 박탈되었고 도농 간의 소득격차가 확대되었다.(김익수 외 2005, 201-202쪽 참고)

〈표1〉 도시와 농촌의 1인당 연평균 소득변화 추이
(단위: 위안)(『중국통계연감』, 新京報 2006. 4. 14)

연도	도시	농촌
1985	480	388
1990	1,670	686
1995	4,283	1,578
2000	6,280	2,253
2001	6,860	2,366
2002	7,703	2,476
2003	8,472	2,522
2004	9,422	2,936
2005	10,493	3,255

　　실지로 현실적인 여건이나 농촌의 발전을 통한 노동 간의 격차 해소 등을 위해서도 호구제도의 개선이 중요하다. 그리하여 1995년 호구정책의 변경을 통해 현성(縣城)과 중심진(中心鎭)으로의 호구 이전을 철폐하고 있으며, 농촌의 잉여노동력이 소도시로 이전하는 것을 엄격하게 제한해오던 것을 완화시키고, 투자능력을 지닌 외래인구에게 대도시 녹색카드(green card)를 부여하고 있다. 그리고 2003년 후베이성(胡北省)의 우한(武漢), 샹관, 황시(黃錫) 등에서는 농업과 비농업 호구의 구분을 폐지하고 후베이성 주민으로 통일한 바 있으며 산둥성(山東省)에서도 이 제도를 시행하여 더 이상 도시수용비(增

用費)를 받지 않고 있다. 나아가 2005년 중국 공안부는 농업과 비농업 호구의 구분을 폐지하고 도시와 농촌 사이의 구분을 없애 통일된 호구관리제도를 실시할 계획을 가지고 있다. 베이징을 제외한 산둥성, 랴오닝성(遼寧省), 푸젠성(福建省) 등 11개 성이 대상지역이며, 향후 합법적이고 고정된 거주지에 주민이 정착하도록 지원하는 제도를 대상지역에 확대할 것으로 알려지고 있다. 그러나 문제는 농업인구의 도시 이전에 대한 엄격한 제한을 풀고는 있으나 이들 노동력이 산업이 발전하지 않은 도시보다는 대도시로 옮기려는 현상이 줄어들지 않고 있다는 점이다.(백창제 2008, 191-192쪽 참고)

매년 적어도 5천만 명 내외의 농민과 노동자들이 대도시로 몰려들고 있다. 하지만 대도시로 가면 벌이가 좋을 것이라는 이들의 꿈은 그야말로 꿈으로, 현재와 같은 현실적 여건과 제도하에서 그들은 합법적인 증빙서류도 없고, 합법적 거주지도 없으며, 고정적인 직업도 없이 떠돌아다니는 사람을 뜻하는 '삼무인원(三無人員)'이 될 수밖에 없다. 이들이 도시에 거주하려면 임시거주증과 같이 해당 도시에서 요구하는 증명서가 있어야 하는데 이를 만들기 위해서는 1년치 수입에 해당하는 돈을 지불해야 하기 때문에 대부분 불법 거주자의 신분을 택할 수밖에 없는 상황이다. 이렇게 해서 오늘날 중국의 4억 2천만 농촌 노동력 중에서 적어도 38%에 달하는 1억 6천만 명의 노동력이 남아돌고 있으며 긴급하게 구제가 필요한 농촌 빈민 가정은 약 1억 4천만 명에 달한다고 한다.(허칭리엔 2004, 285-286쪽 참고)

영화로 만나는 현대중국

2. 이상과 현실 사이에서 방황하는 인물들

구창웨이(顧長衛)는 장이머우(張藝謀)와 마찬가지로 촬영감독에서 영화감독으로 전환한 인물이다. 그는 장이머우의 〈붉은 수수밭紅高粱〉, 천카이거(陳凱歌)의 〈패왕별희覇王別姬〉, 장원(姜文)의 〈햇빛 쏟아지는 날들陽光燦爛的日子〉과 〈귀신이 온다鬼子來了〉 등을 촬영하여 해외영화제에서 여러 번 촬영상을 수상했으며 할리우드로 진출하여 〈진저브레드맨〉, 〈뉴욕의 가을〉 등을 촬영하는 등 일찍이 촬영분야에서 탁월함을 보여주었다. 그가 영화감독으로 데뷔한 〈공작孔雀〉은 2005년 베를린영화제에서 심사위원대상을 받았고 중국 내에서도 1천만 위안의 흥행을 기록함으로써 예술성과 상업성이 행복한 조우를 한 영화였다고 할 수 있다.

〈공작〉에 이어 구창웨이가 두 번째로 감독한 영화가 바로 〈입춘〉이다. 원래는 제목처럼 2008년 입춘이었던 2월 4일에 개봉하려고 했지만 남방지역의 폭설로 인해 필름 운송에 차질이 생겨 개봉일을 4월 11일로 늦추었다. 제2회 로마영화제에서 주인공 왕차이링(王彩玲) 역을 맡았던 장원리(蔣雯麗)가 최우수여우주연상을 받았고 제23회 홍콩영화제 국제영화평론가연맹상 부문에 유일하게 들어간 대륙영화로서 홍콩에서 개봉되어 홍콩영화제, 각 매체와 영화팬들에게 크게 호응을 받았지만 중국 내에서의 흥행 성적은 썩 좋지 못했다.

〈입춘〉은 〈공작〉과 마찬가지로 리창(李檣)이 시나리오를 썼으며 1980~90년대 중국 내륙의 소도시에 사는, 예술을 추구하지만 현실의 벽에 부딪혀 좌절하는 젊은이들의 이야기이다. 중국은 개혁개방 정책이 실시되면서 경제적인 면에서뿐만 아니라 사회적으로도 많은 변화가 나타났고 그에 따라 사상적인 면에서도 변화가 잇달았다.

문화부문에서도 이전 시대에는 국가가 그 방향을 주도하고 엘리트들이 앞장을 섰던 것과는 달리 1980년대를 지나 1990에 이르면 대중의 시대를 맞이하게 된다. 그리하여 인민과 국가를 최우선으로 생각하는 이데올로기를 중심으로 교육적이고 교화적이던 이전 시기의 문예는 더 이상 설 자리를 잃고 감각적이고 자극적이며 흥미진진한 모습의 대중문화가 사람들을 유혹하기 시작했다. 그에 따라 대중을 선도하는 엘리트문화의 길을 걷던 문예청년들은 대중으로부터 외면당하고 시대의 변화에 적응하지 못한 채 설 땅을 잃고 방황하게 되었다.

〈입춘〉에는 이상과 같은 내용이 잘 표현되어 있다. 영화의 주요 인물은 대도시 베이징에서 멀리 떨어진 소도시 바오터우시(包頭市)에서 살고 있는 고급예술을 추구하는 사람들이다. 국립가극원의 수석소프라노가 될 거라고 믿는 음악교사 왕차이링, 미술대학에 진학해서 유화를 그리고 싶어 하는 청년 노동자 황쓰바오(黃四寶), 발레를 하는 시(市)군중예술관 교사 후쥔취안(胡金泉)이 바로 그들이다. 이들은 바로 시장경제 체제하에서 이상과 현실, 혹은 고급예술과 세속적인 생활 간의 괴리로 발버둥을 치다가 좌절하는 인물들이다. 그 밖에 시 낭송에 재능이 있고 왕차이링에게 노래를 배우는 노동자 저우위(周瑜), 거짓말로 전국노래경연대회에 참가해서 수상을 한 가오베이베이(高貝貝), 왕차이링의 옆집에 사는 젊은 장선생(小張老師)이 있다.

먼저 주인공 왕차이링은 몸매도 좋지 못하고 피부도 엉망이며 이빨이 툭 튀어나와 못생긴 외모를 가진 독신여성이다. 하지만 외모와는 달리 그녀에게는 아름다운 목소리가 있다. 그녀는 자신이 아름다운 목소리를 가지고 있다는 사실을 자랑스러워하지만 그것은 그녀

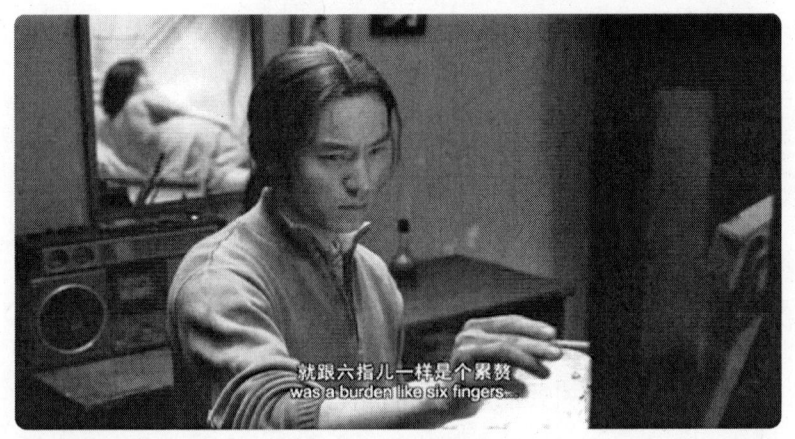

왕차이링이 황쓰바오에게 모델을 서주며 체홉의 『세 자매』 이야기를 한다.

를 불행하게 만드는 것이기도 하다. 그녀는 황쓰바오에게 모델을 설
때 체홉의 『세 자매』 이야기를 가지고 자신들의 처지를 빗대어 말한
다. 대도시 모스크바로 가기를 희망하지만 그러지 못하고 작은 마을
에 사는 사람이 여섯 종류의 언어를 할 줄 아는 것은 마치 여섯 개의
손가락을 가진 것처럼 거추장스러울 뿐이라고 하면서 자신의 목소
리를 여섯 번째 손가락에 비유한 것이다. 그녀는 중앙가극단, 더 나
아가 파리가극단에서 공연하는 것이 꿈이지만 번번이 퇴짜를 맞고
대학의 임시 잡직 자리조차도 얻지 못하는 것이 현실이다. 하지만
그녀는 꿈을 포기하지 않고 틈틈이 무대의상을 만들면서 이탈리아
어를 공부하며 자신의 이상을 실현하기 위해 고군분투한다.

　하지만 왕차이링이 자신의 꿈을 포기하려 할 때가 있는데 그것은
바로 다른 사람과 관계맺음을 할 때이다. 그녀는 황쓰바오와의 사랑
을 위해서 베이징 호구를 포기하려 하고, 어처구니없게도 가오베이
베이를 베이징에서 열리는 노래경연대회에 참가시키기 위해 거의
완성된 베이징 호구를 포기한다. 하지만 그녀의 이런 행동은 모두

배신당한다. 황쓰바오는 그녀를 누나로 생각하겠다며 그녀를 마음 아프게 하더니 그것도 모자라 그녀의 마음을 무참하게 짓밟는다. 가오베이베이는 사실 암에 걸리지도 않았고 이미 전문적으로 노래를 배운 적도 있었던 것으로 밝혀진다. 이런 결과와 상관없이 왕차이링이 이 두 사람을 위해서 그토록 오매불망하던 베이징 호구를 쉽게 포기할 수 있었던 것은 사실은 그것이 자신의 꿈을 실현하는 또 다른 방법이기도 했기 때문이다. 왕차이링에게 있어서 사랑은 현실이 아니라 또 다른 꿈이었던 것이다. 그녀는 소도시의 음악교사로 지내면서 생활 속에서 예술을 가까이하는 것에 만족하지 못하고 계속 베이징가극단에 들어가는 것을 꿈꾸듯이 사랑에 대해서도 "썩은 살구 한 상자보다는 제대로 된 복숭아 하나를 먹겠다"며 세속적인 결혼을 하기보다는 사랑을 추구한다. 그녀에게 있어서 예술과 사랑은 동일한 맥락으로 현실과 배치(背馳)되는 것이다. 그리고 그녀는 가오베이베이가 꿈을 이룰 수 있도록 하기 위해 베이징 호구를 만드는 수수료를 되돌려 받아 가오베이베이에게 준다. 이는 언뜻 보기에 공감하기 힘들 수도 있지만 사실 왕차이링은 가오베이베이에게서 자신의 모습을 보며 안타까움과 연민을 느꼈을 것이다. 하지만 그녀는 이들로부터 철저히 배신당하고 가장 진실한 생활을 선택한다. 그녀는 자신의 말대로 끝내 "평범한 삶은 거부한다." 그녀는 '썩은 살구 한 상자를 먹는 것'처럼 적당히 남자를 만나서 결혼을 하는 것이 아니라 부모님 곁으로 돌아가 시장에서 양고기를 팔고 여자아이를 입양해서 키우는 삶을 선택한 것이다. 그런데 그녀가 입양할 때 선택한 아이는 다른 아이들과 어울리지 못하고 언청이라는 결함을 가지고 있는 아이다. 왕차이링은 아이의 모습에서 사람들에게 인정받지 못하고 함께 어울리지 못하며 이상을 이루는 데 치명적인 결함을 가

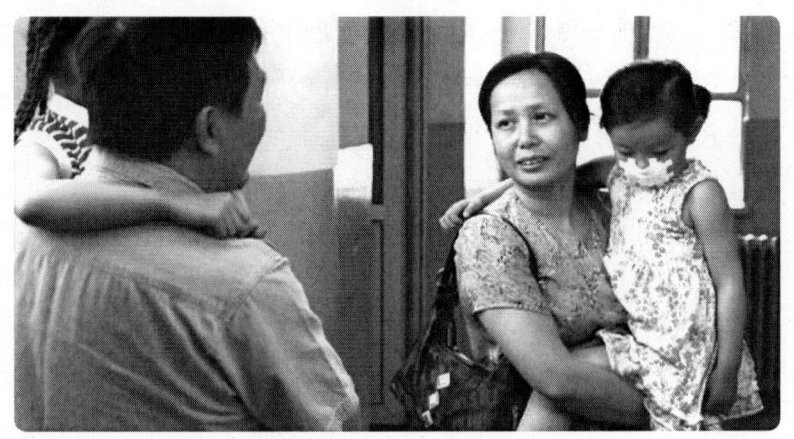

딸을 입양한 후 딸의 수술을 위해 병원에 갔다가 저우위와 마주친 왕차이링

진 자신의 모습을 보았을 것이다. 그래서 그녀는 그런 아이를 데려
다가 수술로 외형적 결함도 제거해주고 밝고 정상적인 아이로 키운
다. 어쩌면 아이를 통해 그녀가 이루지 못했던 이상을 실현할 수 있
는 가능성을 열어두었는지도 모른다.

이와 같은 왕차이링이라는 인물의 변형이 왕차이링을 중심에 두
고 양극단을 달리는 황쓰바오와 후쥔취안이다. 이들 역시 예술을 추
구하지만 그것이 막다른 골목에 도달했을 때 황쓰바오는 미련 없이
예술을 포기하고 세속적인 삶을 넘어 타락에 가까운 삶을 선택한다.
그에 반해 후쥔취안은 끝까지 예술을 지키기 위해 위장결혼을 하려
고도 하고, 의도적인 범죄를 저지르고 감옥에 갇히지만 그 안에서
마침내 마음의 평안을 얻고 끝까지 예술을 지킨다.

황쓰바오는 유화를 좋아하며 미술대학에 들어가고 싶어 하는 젊
은 노동자이다. 그는 다섯 번이나 입학시험에서 낙방하여 나이 제한
에 걸렸지만 호구(戶口)를 고쳐서라도 시험을 치겠다는 의지를 보인
다. 하지만 현실의 벽은 높디높아서 매번 시험에 낙방하여 술에 취

해 저우위에게 업혀 오는 일을 반복할 뿐이다. 게다가 이처럼 공식적으로 인정을 받지 못할 뿐 아니라 그의 어머니와 저우위같이 가장 가까운 주변사람들에게조차 인정받지 못해 어머니는 그를 때리면서 욕하고 저우위도 끝내 그를 이해하지 못한다.

왕차이링만이 예술을 향한 그의 마음을 이해하고 공장으로 찾아와서 반 고흐의 책을 전해주며 용기를 북돋워준다. 더 나아가 왕차이링은 그를 위해 모델이 되어주고 여러 가지 이야기를 나눈다. 황쓰바오는 어렵게 말이 통하는 사람을 만났다고 생각하며, 그녀가 베이징으로 떠나면 외로울 거라고 생각하기에 이른다. 두 사람은 결국 마음이 맞아 기차를 타고 베이징을 향해 떠난다. 달리는 기차 속에서 두 사람은 마치 답답한 가슴이 뻥 뚫리는 듯한 상쾌함을 느끼며 의기투합해서 이야기를 하다가 갑작스레 상황은 반전된다. 왕차이링이 황쓰바오에게 계속 자신을 사랑할 거냐고 묻자 뭔가 이상함을 느낀 황쓰바오는 자신은 그녀를 그저 누나로만 생각한다고 말한다. 각자 헤어졌던 두 사람은 황쓰바오가 술에 취해 왕차이링을 찾아가 하룻밤을 같이 지내면서 두 사람의 관계뿐만 아니라 황쓰바오의 인생도 바뀌게 된다.

결코 사랑하지 않았던 왕차이링과 하룻밤을 지내게 된 것을 알고 난 후 황쓰바오는 "강간당한 것 같은 기분"을 느낀다. 그리고 예술마저 포기한 채 선전(深圳)으로 가버린다. 그가 그토록 갈구하던 베이징이 아니라 선전으로 갔다는 것은 예술이라는 이상을 포기하고 현실을 선택했음을 의미한다. 선전은 개혁개방과 동시에 그 정책의 선두주자가 되었던 경제특구 중의 하나로서, 상업도시이다. 따라서 그가 선전으로 갔다는 것은 그 역시 개혁개방의 물결 속에 "돈을 향해 달려가는(向前看)" 길을 선택한 것이다. 결국 그는 결혼중개소를 차려놓고 사람들에게 사기를 치는 가장 세속적인 속물로 전락한다.

이처럼 황쓰바오가 현실의 한가운데에서 뒹굴면서 속물적인 근성을 가진 인물로 타락한 데 반해 후쥔취안은 자신을 버리면서까지 예술을 지키고자 하는 극단적인 열정과 애정을 보여준다. 황쓰바오는 모친을 데리고 공원에 나들이를 갔다가 그 앞에서 "기생 같은 놈"이라고 욕을 듣는다. 황쓰바오 자신은 이미 그런 욕에 익숙해졌을 정도로 수차례 들었을 테지만 어머니를 욕되게 하는 일은 무엇보다도 견디기 힘들었을 것이다. 예술관의 관장조차 칭찬이라고 하는 말이 "태국사람보다 잘 춘다"로, 후쥔취안의 춤을 태국에서 관광객을 대상으로 하는 게이들의 춤에 비유할 정도이니, 후쥔취안이 그런 몰이해와 오해 속에서 생활하는 것은 자신의 신념을 지키는 것조차 힘들게 하는 일이다. 후쥔취안의 이런 감정은 식당에서 왕차이링에게 하는 말에서 잘 나타나는데, 자신이 사람들에게는 "목에 가시"나 "괴물"일 것이며, 자신이 밉다, 더욱이 자신이 춤추는 것을 사람들이 이상한 눈으로 볼 때는 죽고 싶은 마음까지 든다고 한다.

그는 이런 현실을 극복하기 위해 왕차이링을 찾아가서 사람들의 입을 막고 두 사람이 예술에 전념할 수 있도록 위장 결혼을 하자고 한다. 하지만 왕차이링은 두 사람 간의 차이를 말하는데, 후쥔취안은 세상과 어울리지 못하는 사람이지만 자신은 평범함을 거부하는 사람이라고 한다. 이 말에는 왕차이링 역시 다른 사람과 마찬가지로 후쥔취안을 비정상적으로 취급하는 의미가 숨어 있지만, 사실은 그만큼 후쥔취안이 더 예술에 심취하고 몰입해 있다는 말이기도 한다. 왕차이링의 매몰찬 거절에 상처를 입은 후쥔취안은 절망하며 눈 속에서 울며 돌아간다. 결국 그가 생각해낸 방법은 수강생을 강간함으로써 자신이 온전한 남성임을 증명하고 사람들의 왜곡된 시선을 벗

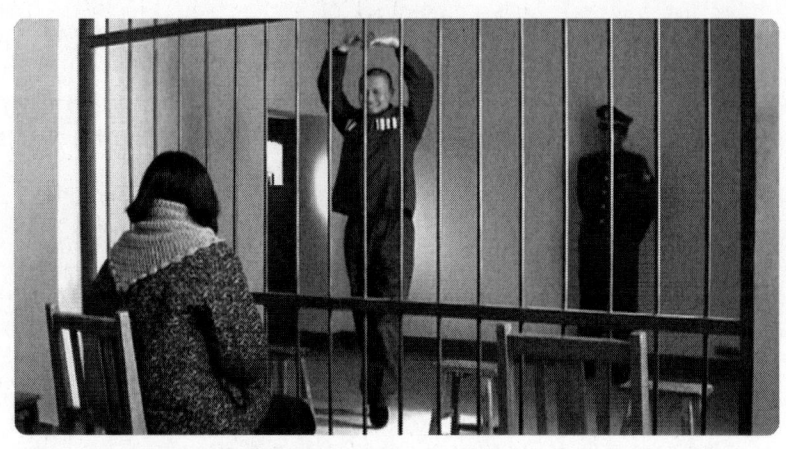
면회를 간 왕차이링 앞에서 춤을 추는 후쥔취안

어나는 것이다. 그는 사고를 저지른 후 혼자서 한바탕 춤을 추는데 마음의 짐을 다 털어낸 후쥔취안은 일종의 해탈을 함으로써 가장 편안한 마음으로 춤을 춘다. 이는 왕차이링이 면회를 갔을 때에도 나타난다. 그는 "가시가 뽑혀서 자신도 사람들도 편안해졌다"고 하며 자신이 얼마나 평온한 시간을 보내는지 웃는 얼굴로 춤을 추는 모습을 보여준다. 하지만 왕차이링은 비통하고 기가 막혀 면회소를 나와 버린다.

　이상 세 사람이 예술을 위해 고군분투하다가 결국 타락하거나 좌절, 혹은 승화하는 과정을 보면, 그들의 예술은 일반대중은 물론이고 가까운 사람에게조차 이해받지 못함으로써 그 과정이 더욱 빨리 초래된다. 왕차이링의 이웃인 젊은 장선생(小張老師)은 왕차이링이 말하는 "토스카"가 무엇인지 알지 못하며 황쓰바오의 어머니는 자신의 몸을 그리는 아들을 죽일 기세로 욕하고 가장 가까이에 있는 벗 저우위조차도 친구가 기를 쓰고 미술대학에 입학하고 싶어 하는 마음을 이해하지 못한다. 후쥔취안의 경우는 더욱 열악해서, 그의

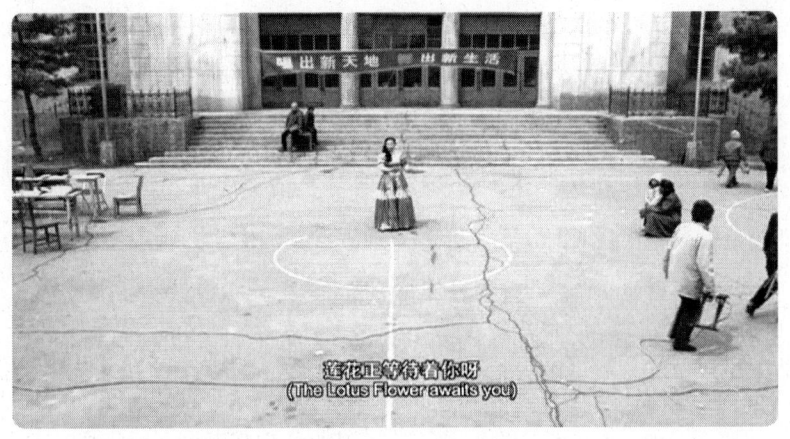

噴出新天地 ... 新生活

蓮花正等待着你呀
(The Lotus Flower awaits you)

거리 공연에서 집단 민간춤을 출 때는 함께 즐거워하며 호응하던 관객들이 후쥔취안의 발레와 왕차이링의 가곡이 공연되자 다들 자리를 떠난다.

춤은 예술관 관장에게조차 태국사람들이 관광객을 대상으로 보여주는 게이들의 춤에 비견될 뿐이다. 낡은 극장 앞 거리공연에서 후쥔취안이 추는 발레 〈백조의 호수〉는 사람들의 웃음거리로 전락하고, 왕차이링이 부르는 가곡 〈노래의 날개 위에〉는 사람들에게 외면당한다. 사람들은 후쥔취안의 발레에는 관심도 없고 그저 몸에 밀착된 그의 발레복과 발레동작이 우스꽝스러워서 킥킥거리고 장난스럽게 그의 동작을 흉내 낼 뿐이다. 왕차이링의 노래는 사람들에게 하품만 나게 하고 결국 하나둘 자리를 떠나게 만드는 것에 불과하다. 이것은 거리공연의 첫 부분에서 집단 민간춤이 사람들에게 환영받고 사람들이 흥겨워하는 것과 극히 상반되는데, 여기에서 고급예술이 대중들에게 전혀 파고들지 못하는 상황을 이해할 수 있다.

영화에서 그나마 성공한 사람은 가오베이베이라고 할 수 있는데, 그녀가 작은 성공을 이룰 수 있었던 이유는 그나마 속임수를 썼기 때문이다. 자신은 고작 2년밖에 살 수 없고 언제 쓰러질지도 모른다는 거짓말로 왕차이링의 도움을 받고 노래경연대회에서도 주목을 받을 수 있었던 것이다. 이제 실력만으로는, 그리고 정직한 방법으로는 더 이상 성공을 하기가 힘든 시대가 된 것이다. 그래서 마지막에 오페라하우스에서 왕차이링이 무대의상을 입고 오케스트라의 음악에 맞춰 노래하는 장면과 "삼가 이 마음과 장면을 왕차이링에게 바칩니다"라는 자막으로 영화를 끝내는 것은 변화하는 시기에 자신의 신념을 지키고자 고군분투했던 이들에 대한 감독의 애정과 찬사라고 할 수 있을 것이다.

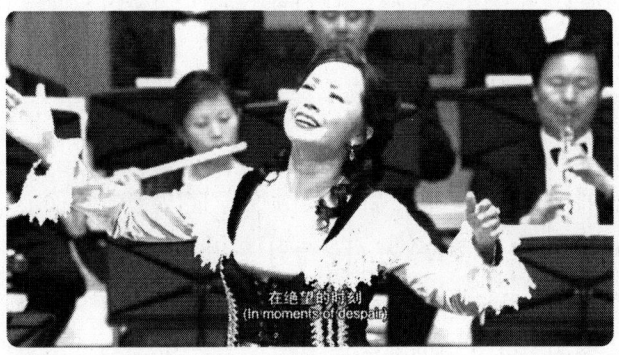

영화의 마지막에 왕차이링이 오페라무대에서 멋진 모습으로 노래하는 장면을 삽입했다.

3. 대도시의 신화: 베이징과 파리

영화에서 왕차이링이 꿈꾸는 두 도시가 있는데, 베이징과 파리가 바로 그것이다. 영화에서 베이징은 현실적 장소라기보다는 상징적 의미를 가진 도시이다. 베이징은 곧 파리이고, 파리는 곧 베이징으로, 동일한 의미 작용을 한다. 그것은 두 도시 모두 중국과 프랑스에서 최고의 도시인 수도이고 문화의 중심이며 아무나 편입될 수 없는 곳이기도 한 꿈의 도시이다. 그렇기 때문에 그곳에 편입된 사람은 특권을 가진 것이나 마찬가지이며, 그곳에 편입되기만 하면 모든 것이 다 이루어질 것만 같은 낭만의 도시이기도 하고, 대도시의 신화로 가득한 곳이기도 하다. 그래서 왕차이링을 비롯한 많은 인물들은 줄곧 베이징으로 가기를 갈망한다.

어느 날 밤 왕차이링을 모델로 하여 그림을 그리다가 저우위의 질투로 인해 야간순찰을 받은 황쓰바오와 왕차이링은 의기투합해서 베이징으로 떠나기로 한다. 시원스레 달리는 베이징행 기차 안에서 두 사람은 "이것이 파리로 가는 기차면 좋겠다", "나는 파리오페라단에서 노래하고 당신은 파리미술대학에서 그림을 그리고……"라는 대화를 나누며 파리로 가서 각자의 이상을 실현하는 꿈을 꾼다. 하지만 도시로 진입하는 것 자체가 꿈이다. 파리는 그야말로 이들이 현실적으로 가기 힘든 꿈의 도시이고, 베이징은 호구라는 제도가 버티고 서서 그들의 진입을 막고 있다. 그녀가 아무리 아름다운 목소리를 가지고 있어도 베이징 호구가 없는 한, 대학에서 임시직이라도 좋으니 아무 일이라고 하게만 해달라고 사정을 해도 단번에 퇴자를 맞을 수밖에 없다. 그래서 그녀는 3만 위안이라는 적지 않은 돈을 들여 호구를 사려고 한다. 그녀가 사람들에게 여러 차례 자신은 베이징에서 살았던 적도 있고, 곧 다시 베이징으로 갈 거라고 말하는 것은 단순히 거짓말이라기보다 그녀 스스로가 그렇게 믿고 싶은 것이고, 그만큼 갈구하는 것이다.

하지만 이것은 그녀에게 족쇄가 되어 돌아오고 결국 그녀가 베이징으로 갈 수 없게 만드는 결정적인 요인이 된다. 베이징에 가본 적도 없고, 가기도 힘든 사람들이 그녀를 찾아와 함께 데리고 가달라거나 아는 사람을 소개시켜달라고 도움을 청한다. 저우위는 황쓰바오가 베이징으로 가서 미술학원에 들어갈 수 있도록 도와줄 사람을 소개시켜달라고 부탁하고, 가오베이베이 역시 그녀를 찾아와서 베이징에서 열리는 전국노래경연에 나가고 싶으니 베이징에 아는 사람들 소개해달라고 부탁한다. 심지어 그녀가 술집에서 술에 취해 웨이터에게, 자신은 베이징에서 왔고 국립오페라하우스에서 메인소프라노라고 하자 웨이터는 그녀를 따라 베이징으로 가고자 버스정류장으로 그녀를 쫓아 나선다. 하지만 베이징으로 가는 것이 얼마나 어려운 일인지를 누구보다 뼈저리게 느끼고 있는 왕차이링은 황쓰바오에게는 반 고흐의 작품집으로 격려하고, 술집 웨이터에게는 "베이징이 그렇게 쉽게 갈 수 있는 곳인 줄 아느냐. 여기서 열심히 일하라"고 냉정하게 잘라 말하며 그를 되돌려 보낸다. 그리고 가오베이베이에게는 거의 성사되기 직전인 호구를 포기하고 그 수수료를 되돌려 받아 그녀에게 주며 자신에게는 베이징에 아는 사람이 없으니 그 돈을 이용해서 베이징으로 가라고 한다.

이처럼 베이징은 모두에게 환상이자 함부로 발을 들일 수 없는 곳이다. 이것은 텐안먼 장면을 통해 잘 표현되고 있다. 왕차이링은

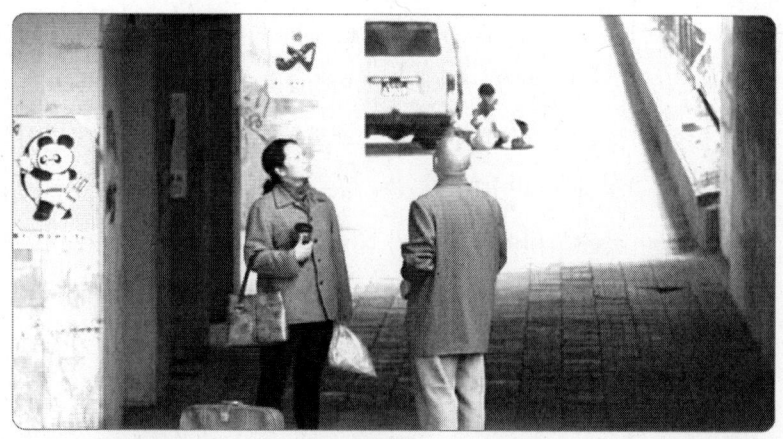

철로 아래쪽 좁은 통로에서 호구업자를 만나는 왕차이링

베이징으로 가서 호구업자에게 호구 처리 진척 상황을 묻고 난 후 톈안먼광장으로 가서 한참 동안 톈안먼을 바라본다. 이때 왕차이링은 난간 밖에 기대서서 안쪽에 있는 톈안먼을 바라본다. 톈안먼은 금색찬란한 환상적인 불빛을 반짝이고 있고 소프트포커스로 흐릿하게 처리되고 있다. 또한 난간 안쪽으로는 군데군데 사람들이 오가기도 하고 서 있기도 하다. 그녀는 그 속에 들어가지 못한 채 외부인의 위치에서 그들을 바라보고 있을 뿐, 톈안먼, 즉 그 속으로 들어가는 것은 몽롱한 환영(허상)이나 마찬가지라는 느낌을 강하게 표현하고 있다. 게다가 그녀 앞으로 지나가던 공안 두 명이 그녀를 쳐다보자 난간 밖에 서 있던 그녀는 고개를 돌려 그들을 피했다가 그들이 지나가고 난 후에야 다시 고개를 바로 하고 한참을 톈안먼을 바라본다. 그녀는 합법적으로 그곳에 들어갈 수 없는 신세이기 때문이다. 이처럼 그녀가 베이징에서 있을 수 있는 곳이라고는 불법호구업자를 만나는 철로 아래쪽의 통로나 오페라가 시작되어 표를 싸게 살 수 있기를 기다리는 어두운 오페라하우스 계단 같은 곳들로서, 이는

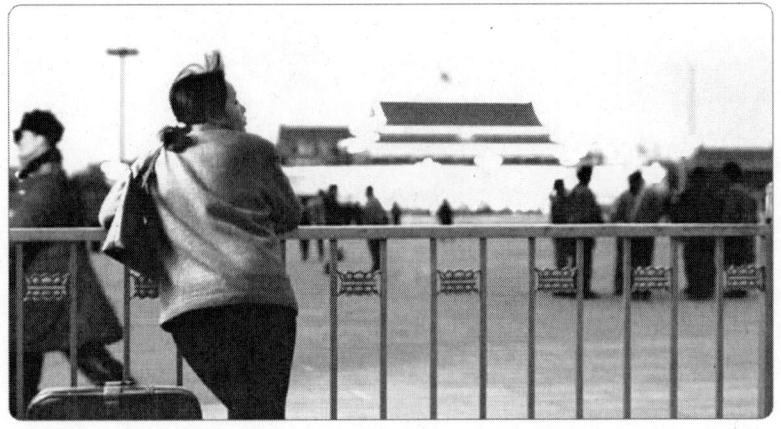

난간 밖에서 톈안먼을 바라보다가 공안이 지나가자 얼굴을 피하는 왕차이링

모두 밝고 당당한 곳이 아니라 아래쪽에 위치하거나 어두운 곳으로, 그녀의 처지를 잘 나타내준다.

하지만 그녀가 베이징으로 편입되기를 포기하자 베이징은 더 이상 그녀를 가로막지 않는다. 그녀가 이상을 포기하고 현실을 받아들이며 딸을 데리고 간 톈안먼은 환상적인 불빛을 내뿜지도 않고, 그녀를 가로막는 난간도 보이지 않는다. 그녀는 더 넓은 톈안먼 광장에 편안하게 앉아 딸과 장난을 친다. 이제 톈안먼은 더 이상 환상의 장소이자 편입되고자 기를 쓰는 상징적인 곳이 아니라 생활 중에 들른 하나의 현실적인 공간에 불과하다. 하지만 이때 왕차이링의 딸은 그녀와는 달리 이미 언청이를 교정하는 수술을 마쳐서 결함을 극복한 상태로, 아무런 장애도 없이 그 공간 안으로 들어가 있는데 그런 딸을 통해 그녀의 이상이 실현될 수도 있음을 상징한다고 하겠다.

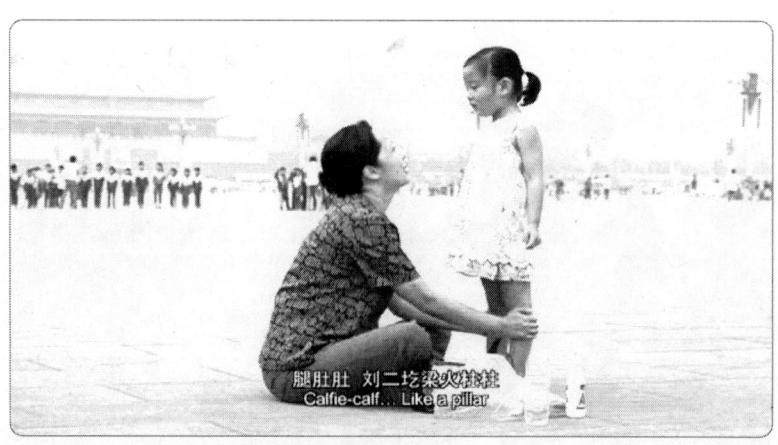

톈안먼 광장에 앉아 딸과 편안하게 장난을 치는 왕차이링

4. 영상언어와 오페라

〈입춘〉에는 상징적 기법이 많이 사용되고 있다. '입춘' 이라는 영화의 제목부터가 그러한데, 입춘의 의미는 여러 가지로 읽힐 수 있다. 우선 계절적인 절기로서, 봄이 시작되는 시기이지만 실질적으로는 아직 겨울이 다 지나가지 않고 추위가 남아 있는 시기이다. 그래서 봄을 기다리는 마음이 더 간절한 시기이기도 하다. 이는 곧 영화에서 두 가지로 상징되는데, 영화에서 배경으로 삼고 있는 1990년대를 맞이하기 직전의 1980년대 중반에서 1990년대 초라는 시간과 인생의 봄, 즉 이상과 현실 사이의 방황을 접고 하나를 선택, 혹은 양자의 행복한 결합을 맞이하기 직전의 시기가 그것이라고 할 수 있다. 먼저 1990년대 초까지가 1989년 톈안먼 사건으로 개혁개방이 잠시 주춤하고 사회적 분위기도 얼어붙어 있던 시기였다고 한다면 1990년대 중반이 지나면서는 시장경제가 좀 더 가속화되고 그에 따라 대중문화가 만개하며 더 나아가 상업적 이윤 추구를 향해 달려 나간 시기라고 할 수 있다. 따라서 이런 시대적 변혁기에 처해 있던 사람들은 이상과 현실의 충돌을 경험할 수밖에 없었다.

구창웨이 감독은 촬영감독 출신이었던 만큼 이상의 의미를 뛰어난 영상을 통해 잘 표현하고 있으며, 여기에 음악을 적절히 배합하여 그 효과를 더 극대화하고 있다. 여러 차례 거울이나 뿌연 유리창을 통해 마치 그림이나 사진을 보는 느낌을 주거나 상징적 의미를 부여하고 있다. 가령 저우위가 황쓰바오를 데리고 왕차이링을 찾아와서 베이징에 아는 사람을 소개시켜달라고 부탁할 때, 왕차이링은 저우위의 말은 제대로 듣지 않은 채 뿌연 유리창을 통해 황쓰바오가 쪼그리고 앉아 혼자 장난을 치는 모습을 보고 빙그레 웃는다. 이것은 마치 어린 시절의 앨범이나 회상 신(scene)을 따뜻하게 바라보는 느낌을 주어 왕차이링이 황쓰바오에게 관심을 가지게 될 것임을 짐작할 수 있게 한다. 또한 왕차이링이 피아노를 치며 가오베이베이의 노래를 테스트할 때 이들의 모습은 피아노 앞의 커다란 거울을 통해 보이는데 거울 한 쪽 귀퉁이가 금이 가 있다. 이는 가오베이베이로 인한 왕차이링의 이상이 깨어지고 미래에 금이 갈 것임을 상징하는 것으로 읽을 수 있다.

또한 영화는 예술을 추구하는 젊은이들을 주요인물로 내세우고 있는 만큼 오페라를 적절히 사용하고 있는데, 노래와 현실의 불협화음을 통해 그들의 이상과 현실의 충돌, 쉽지 않은 삶을 표현하고 있다.

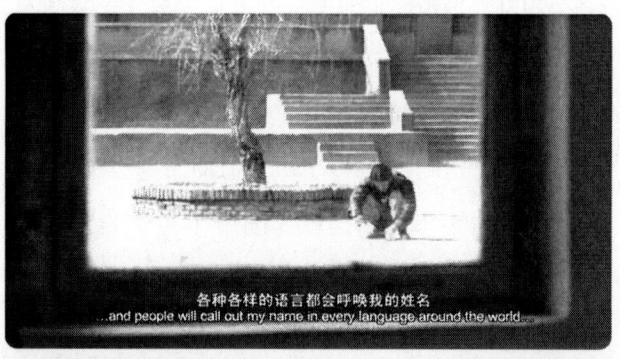

창을 통해 황쓰바오가 장난을 치는 모습이 보인다. 이것을 보고 왕차이링은 빙그레 웃음 짓는다.

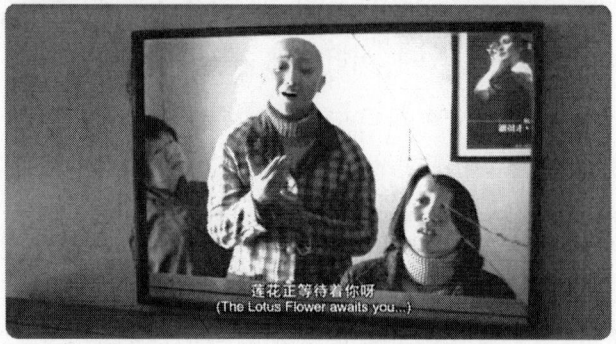

자신을 찾아와 노래를 가르쳐달라고 애원하는 가오베이베이의 노래 실력을 테스트하는 왕차이링. 거울 오른쪽에 금이 가 있어 앞날이 순탄하지 않을 것임을 알 수 있다.

영화의 첫 장면은 회색 톤으로 도시를 보여주면서 앙상한 나뭇가지와 사람들의 두꺼운 옷을 통해 봄이 오기 직전의 추운 느낌을 준다. 여기에 입춘에 대한 느낌을 말하는 왕차이링의 내레이션이 흐른다. 곧이어 왕차이링이 부르는 슈베르트의 〈봄의 찬가〉가 전봇대에 걸려 있는 초라한 스피커를 통해 흘러나오며 만물이 소생하고, 고통과 슬픔을 다 잊고 모든 것이 새로워지기를 바라는, 봄을 기다리는 간절함을 더해준다. 하지만 거리를 가득 메운 사람들의 통근 자전거 행렬 중에서 오직 한 남자, 저우위만이 스피커에서 흘러나오는 노래에 주목할 뿐 아무도 귀를 기울이지 않는다. 여기에서 여주인공, 즉 고급예술과 대중의 관계, 이상과 현실의 괴리가 암시되고 있다.

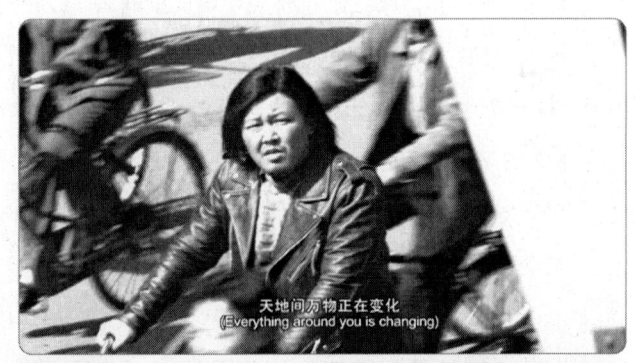

영화의 시작 부분에서 저우위가 스피커에서 흘러나오는 왕차이링의 노래를 듣는다.

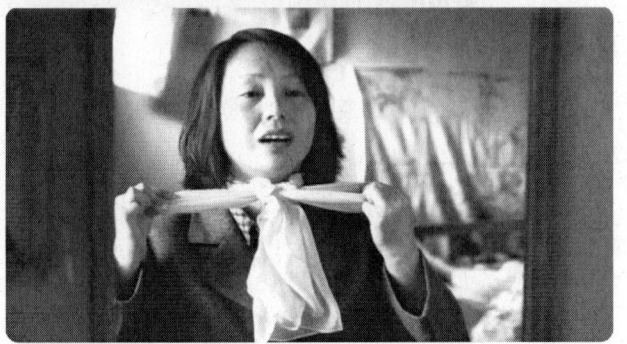

황쓰바오와 하룻밤을 지낸 후 행복한 기분에 젖은 왕차이링

또 한 번 〈봄의 찬가〉가 나오는 장면은 황쓰바오와 하룻밤을 지낸 후 사랑의 기쁨에 젖어 교실에서 〈봄의 찬가〉를 해석하고 부를 때이다. 그녀는 "마음으로 노래를 이해해야 한다. 〈봄의 찬가〉라는 노래의 제목처럼 찬미하고 다가가는 거지. 봄이 오기를 갈망하는 거야"라고 노래의 느낌을 학생들에게 설명하고 밝은 모습으로 노래를 한다. 이것은 봄을 닮은 왕차이링의 노란색 스카프와 밝은 표정, 들뜬 목소리와 잘 맞아떨어진다. 하지만 이 순간은 곧 황쓰바오의 분노의 외침으로 무참히 깨어진다. 현실과 사랑, 즉 이상이 불협화음을 보이는 순간이다.

다음으로 나오는 가곡은 낡은 영화관 앞에서 거리공연을 할 때 왕차이링이 부르는 멘델스존의 〈노래의 날개 위에〉이다. 후쥔취안이 〈백조의 호수〉를 추고, 왕차이링이 〈노래의 날개 위에〉를 부르기 직전에 사람들이 집단 민간춤을 출 때는 다들 흥겨워하였는데, 이와 달리 왕차이링이 〈노래의 날개 위에〉를 부르는 순간에는 하품을 하고, 결국은 집으로 돌아가 버리고 만다. 유토피아의 아름다움을 노래한 〈노래의 날개 위에〉는 멘델스존의 가곡 중에서 가장 대중화된 것으로, 기품 있고 낭만적이며 이해하기 쉽고 서정적이며 밝고 희망적이다. 이런 음악마저도 대중들에게 그대로 외면당하는데, 여기에서도 고급예술과 대중예술 혹은 민중예술의 충돌이자 현실과 이상의 충돌이 나타난다.

다음으로 푸치니의 토스카 중 〈노래에 살고, 사랑에 살고〉는 나폴레옹 혁명 시절 애인을 구하기 위해 권력자에게 육체를 바쳐야 하는 처지에 놓인 오페라가수 토스카가 극도의 심리적 갈등 속에서 부르는 노래이다. "노래에 살고 사랑에 살고 남에게 몹쓸 짓을 한 적이 없는데 …… 나 고통당할 때 어찌 하나님은 나 홀로 이렇게 내버려

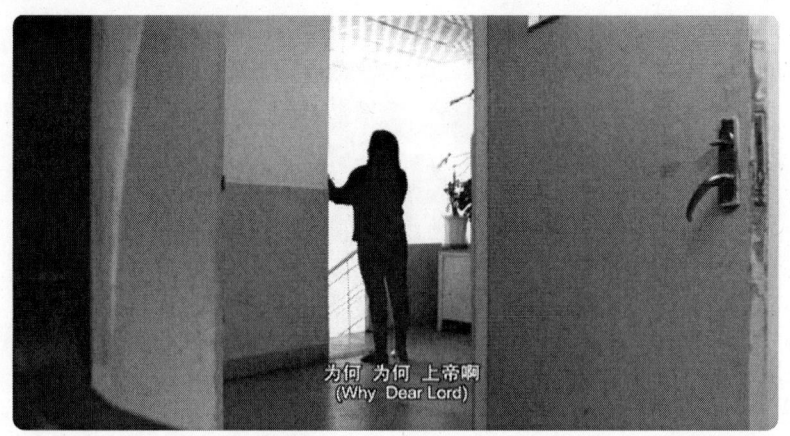

为何 为何 上帝啊
(Why Dear Lord)

중앙가극원을 찾아갔다가 퇴짜를 맞고 계단에 서서 〈노래에 살고, 사랑에 살고〉를 부르는 왕차이링

둔단 말입니까……"라고 노래하는 토스카의 모습은 곧 중앙가극원
에서 퇴짜를 맞은 후 계단을 향해 이 노래를 부르는 왕차이링의 모
습이기도 하다. 너무도 가혹한 현실 앞에 자신을 놓이게 한 운명에
대한 원망과 현실에 대한 절망이 잘 나타나 있다.

마지막으로 사용된 것은 드보르작의 오페라 〈루살카〉 중에서 나
오는 아리아 〈달의 노래〉이다. 이것은 인어공주와 비슷한 옛 슬라브
신화를 토대로 만든 오페라로서, 호수의 정령인 루살카가 호수로 헤
엄치러 오는 왕자를 사랑하게 되어 달을 향해 자신의 사랑이 왕자에
게 전해질 수 있기를 기원하는 내용인데, 아름답고 강렬하며 환상적
인 느낌을 준다. 왕차이링은 시골 술집에서 술을 마시다가 격정에
휩싸여 이 노래를 부름으로써 자기 내면에서 가장 갈망하는 꿈을 외
부로 표출한다. 하지만 그녀가 부르는 노래와 어두컴컴한 술집, 그
리고 그곳의 노래방기기에서 흘러나오는 요란한 노래는 선명한 대
비를 이룬다.

그 밖에도 영화는 썰렁함과 황당함, 혹은 불협화음을 사용해서

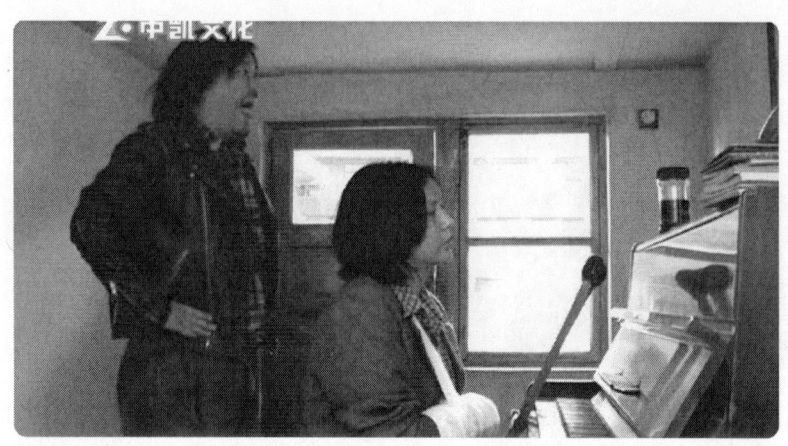
황쓰바오에게 모욕을 당한 후 자살을 시도했지만 실패하고 저우위에게 개호흡법을 훈련시키는 왕차이링

블랙 유머적 풍격을 표현하고 있다. 저우위의 개호흡법, 7층 높이에서 투신하고서도 팔만 부러져 과장스럽게 붕대를 감은 왕차이링, 가오베이베이의 예쁜 얼굴과 삭발한 머리 모습, 그리고 유달리 작은 키에 뚱뚱한 가짜 엄마의 부조화, 젊은 장선생을 왕차이링으로 오해하는 가오베이베이 모녀, 사람들에게 쫓기면서도 끝까지 신발을 챙

영화로 만나는 현대중국

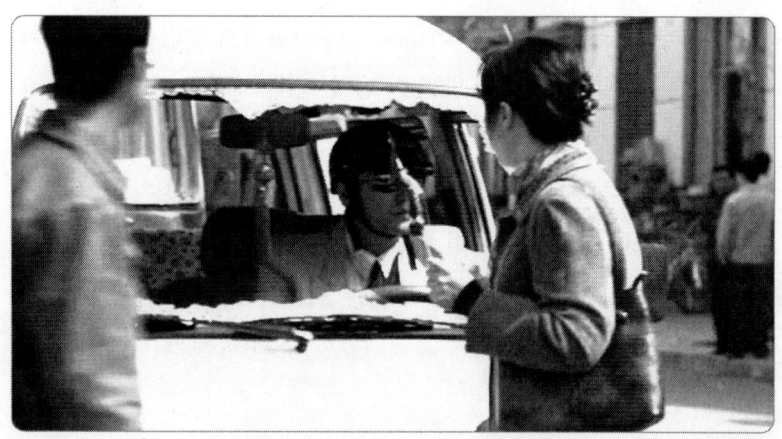
빚쟁이에게 쫓겨 유리가 다 깨어진 차를 몰고 가는 황쓰바오 앞을 지나가는 왕차이링. 두 사람은 알아보지 못한다.

기는 황쓰바오, 유리창이 다 깨진 차를 개의치 않고 몰고 가는 황쓰바오 등이 그것이다. 이것은 인생이 원래 마구 재밌거나 슬프지도 않고 때로 황당함을 표현하는 한편 영화에 몰입하는 것을 막음으로써 객관적인 태도로 바라보게 하는 효과를 가진다고 하겠다.

추천 영화

호구 문제를 직접적으로 언급하고 있는 영화를 찾아보기란 쉽지 않지만 농민공을 다룬 영화들은 그 이면에 모두 호구 문제가 내재되어 있다고 할 수 있다. 또한 〈청홍〉(일명 상하이 드림) 역시 호구문제를 다룬 영화는 아니지만 문혁시기 삼선건설을 위해 시골로 떠났던 아버지가 시골에서의 생활에 환멸을 느끼고 대도시 상하이로 다시 이주하고자 애쓰는 모습을 볼 수 있다.

• 청홍青紅(왕샤오솨이, 2005)

1960년대 정부의 방침에 호응하여 대부분 대도시에 살던 지식인들이 고향과 직장을 버리고 서부의 척박한 지역으로 이주한다. 청홍의 아버지는 시대의 변화에 따라 발전하는 중국을 보면서 희망은 상하이에 있다고 믿고 다시 상하이로 돌아가려 한다. 하지만 아버지를 이해하지 못하는 청홍은 아버지와 사사건건 대립하게 된다.

참고 자료

김익수 외(2005), 『현대중국의 이해』, 나남출판, 경기

백창재 외(2008), 『2012 차이나 리포트』, 인간사랑, 경기

유홍준 · 김지훈(2005) 공저, 『현대 중국 사회와 문화』, 그린, 서울

허칭리엔 저/김화숙 · 김성해 역(2004), 『중국은 지금 몇 시인가』, 홍익출판
   사, 서울

林華(2009), 《立春》: "80年代" 歷史與人的影像重塑, 影視評價第23期

趙品(2010), 嘶啞的歌喉 心酸的浪漫-試析電影《立春》中歌曲的作用, 戲劇文學
   第8期

宋瓊英(2009), 誰是 "第六指"? 評電影《立春》的文化哲學意蘊, 影視評價第9期

영화로 만나는 현대중국

인구

대지진 唐山大地震
(馮小剛, 2010)

곽수경

1. 인구와 인구정책

중국은 전통적으로 농경생활을 위주로 하며 자식이 많은 것을 다복하다고 여겼다. 중국이 사회주의국가로 건설된 후에도 최고지도 자였던 마오쩌둥의 주장과 정책 역시 이를 뒷받침함으로써 인구의 폭발적인 증가를 초래했다. 1950년대에 경제학자였던 마인추(馬寅初)는 『신인구론新人口論』이라는 저서에서 식량증산이 인구의 자연증가를 따라가지 못해 인구 증가가 장차 중국의 미래에 심각한 문제가 될 것이라고 주장했다. 이에 대해 마오쩌둥은 "사람이 많을수록 열기가 나고 힘도 나는 법"이라고 주장하여 순전히 인력에 의지해서 생산력을 높이고자 했다. 그리하여 전통적인 가족의 개념을 깨고 인민공사제도를 만들었고 그 체제하에서 각 가정의 가족 수에 따라 식

량을 배분해주었다. 그렇게 되자 당연히 가족 수가 많을수록 많은
식량을 배분받을 수 있었으므로 사람들 사이에서는 출생허가증을
사고파는 일이 횡행했고 농촌 인구는 폭발적으로 증가하게 되었다.

<표1> 인구증가 추이(김종현·곽수경(2002) 56쪽 및 중국국가통계국
『2010년 제6차 인구조사 자료』 재정리)

시기	인구(명)	평균증가율(%)
1840년	4.2억	
1949년	5.4억	0.2
1959년	6.7억	2.2
1969년	8.0억	1.8
1978년	9.7억	1.9
1990년	1,209,717,462	1.4
2000년	1,339,717,462	1.07
2010년	1,339,724,852	0.57
2030년	15.2억 예상	

위의 <표1>에 의하면 아편전쟁이 일어났던 1840년에 4.2억 명이
었던 중국 인구는 그로부터 110년이 지나 사회주의중국이 건국된
해인 1949년까지 1.2억 명이 증가했을 뿐이다. 하지만 그 후 약 10년
단위로 1959년에는 1.3억 명, 1969년에도 역시 1.3억 명이 증가했으
며 개혁개방이 시작된 1978년에는 1.6억 명이 증가하여 9.6억 명이
될 정도로 중국 인구는 기하급수적으로 증가했다. 중국 인구는 2030
년 15.2억 명으로 정점에 달했다가 그 후로는 감소할 것으로 예상하
고 있다. 이렇게 볼 때, 중국의 근현대시기에 전쟁과 자연재해가 끊
이지 않아 많은 사람들이 죽었기 때문이기는 하지만 110년간 늘었
던 인구수가 이후 약 10년 주기로 그 이상 증가했다는 것은 가히 상

상을 불허하는 일이다. 그리하여 개혁개방이 되면서 중국정부는 인구문제를 심각하게 고민하지 않을 수 없었고 강력한 산아제한 정책을 시행하게 되면서 인구의 평균증가율은 1978년의 1.9%에서 2010년에는 0.57%로 감소했다.

계획생육(計劃生育)이라고 불리는 중국의 산아제한정책은 첫째, 늦게 결혼하기, 둘째, 늦게 아이 낳기, 셋째, 한 가정 한 자녀 낳기를 주요 내용으로 하고 있다. 만약 이를 지키지 않을 경우에는 엄청난 벌금이나 주택 배분, 진급 등을 비롯한 여러 분야에서 심한 불이익이 가해졌기 때문에 도시에서는 상당한 효과를 거둘 수 있었다. 하지만 농촌의 경우에는 이런 불이익이 실효성이 없었던 데다가 농촌 개혁 과정에서 개혁의 내용이 인구정책과 배치되었기 때문에 사정은 개선되지 않았다. 즉 이전 시기 인민공사 제도하에서의 공동생산, 공동분배 체제가 개혁개방 이후에는 농가별 책임생산제도로 바뀌었는데, 이때 경작지를 가족 수에 따라 배분해주었기 때문에 가족이 많을수록 넓은 토지를 소유할 수 있었던 것이다. 게다가 가족이 모두 노동력이었기 때문에 가족이 많을수록 넓은 토지를 소유하고 더 많은 수확을 거둘 수 있었다. 게다가 농촌에서는 남아선호사상이 뿌리 깊게 만연해 있는 등의 이유로 농촌의 산아제한정책은 실패했다고 할 수 있다.

산아제한정책의 추진과 사회의 발전에 따라 전반적으로 인구증가율은 감소하고 있지만, 그로 인한 문제점도 적지 않다. 도시에서는 한 가구 한 자녀 정책으로 인해 소황제(小皇帝) 현상을 초래했고 농촌에서는 호구에 등록되어 있지 않은 아이(黑孩子)나 영아의 유기, 인신매매 등의 현상과 더불어 심각한 성별불균형을 가져왔다. 또한 고령화현상(2000년 진입) 역시 심각한 사회문제가 되고 있다. 이에 정부는 일부 농촌지역이나 부모 양쪽이 모두 독자일 경우에는 두 명의 자녀를 허용하는 등 차츰 산아제한정책의 규제를 완화하고 있다.

하지만 이러한 산아제한정책과 생활형태의 변화 등으로 인해 가족 혹은 가정의 형태도 변화를 보이고 있다. 현대사회에서는 부부와 한 자녀를 기본으로 하는 3인 가족 외에도 1인 가족, 2인 가족과 같은 핵가족이 늘어나고, 이혼가족, 재혼가족, 노인가족도 적지 않다. 또한 산업구조의 변화와 농민공 현상으로 인해 가족구성원들이 떨어져 사는 경우도 많다. 이러한 현상은 단순한 가족 수의 변화뿐만이 아니라 사람들의 의식에도 커다란 변화를 가져와서 가족 간의 유대가 약화되고 심지어 가족의 해체 현상까지 가져옴으로써 사회의 혼란을 야기하고 있다. 이렇게 되자 정부로서는 가족의 소중함과 중요성을 되새기고 전통적 가치관을 선전하는 일이 대단히 필요하게 되었다.

2. 탕산대지진의 복구와 희생자를 기억하는 정부

1994년 〈영원히 내 사랑을 잃어버리다永失我愛〉로 영화를 감독하기 시작했던 펑샤오강은 1997년 〈갑방을방甲方乙方〉으로 중국에서 처음으로 새해맞이영화(賀歲片)의 대문을 활짝 열어 새해맞이영화의 창시자이자 대가(大家)가 되었다. 그는 〈만날 때까지不見不散〉, 〈한도 끝도 없이沒完沒了〉, 〈한 번의 탄식一聲歎息〉, 〈거장의 장례식大脘〉, 〈핸드폰手機〉 등 주로 도시 소시민의 삶을 유머스럽게 표현했던 소품식 영화를 만들어 홍행 제조기가 되었다. 하지만 이런 초기의 영화 풍격에서 점차 무협블록버스터(〈야연夜宴〉), 전쟁블록버스터(〈집결호集結號〉), 중화권의 스타급 배우들을 동원하고 해외 로케이션을 감행한 영화(〈쉬즈 더 원〉) 등으로 다양한 변화를 모색하더니 2010년에는 〈대지진〉이라는 재난블록버스터영화를 내놓음으로써 할리우드에 대항할 수 있는 중국식 블록버스터영화를 만들기에 힘썼다.

평샤오강은 1997년부터 2008년까지 10편의 새해맞이영화로 10.78억 위안의 흥행을 거두면서 중국 대륙에서 최초로 흥행수입 10억 위안을 돌파한 감독이 되었다.* 1994년부터 2010년 8월 29일까지 중국 대륙에서 억대의 흥행을 거둔 감독의 영화는 모두 18편인데 그중에서 평샤오강이 5편으로, 장이머우보다 1편이 더 많다.(王韻 2010, 59쪽 참고) 한 편의 영화가 흥행을 거두기 위해서는 무엇보다도 작품이 좋아야 하겠지만 그것만으로는 가능한 일이 아니다. 영화의 흥행에 영향을 미치는 요소로는 많은 상영관 확보와 상영일수 및 상영시기, 홍보와 마케팅과 같은 여러 가지를 꼽을 수 있으며, 특히 중국의 경우는 여기에다가 정부의 지원이 더해져야만 하는 실정이다. 이는 익히 장이머우의 〈영웅英雄〉을 통해 확인된 바 있으며, 6세대감독들이 현실비판의 목소리를 접고 지하에서 지상으로 나온 것도 같은 맥락이다.

1980년대 정부의 지원하에 정부의 정책과 이데올로기를 선전하던 주선율영화들은 1990년대 이후 급격한 대중문화의 조류 속에서 관객들로부터 철저하게 외면당하게 되었다. 이 공백을 정부의 대대적인 지원하에 주선율 주제와 상업성을 결합시킨 영화들이 속속들이 나타나 메우기 시작했고, 이를 주류영화, 혹은 주선율대작이라고

---

* 자세한 수치는 이 책의 '대중문화-〈천하무적〉' 248쪽 참고

명명하게 되었다. 〈건국대업建國大業〉, 〈바람의 소리風聲〉, 〈시월위성十月圍城〉, 〈엽문葉問〉 등이 바로 그것인데 펑샤오강의 경우에도 2007년 〈집결호集結號〉를 시작으로 주류영화의 길로 선회한 것으로 보인다. 이는 중국의 WTO 가입으로 주로 할리우드블록버스터들의 공세가 더욱 가열차지고 영화의 오락성과 상업성이 더욱 중요해지는 상황에서 더 이상 과거와 같은 소품식 코믹영화로 관객들의 공감을 끌어내기에는 한계가 뚜렷하다는 데 대한 위기감 때문이었을 것이다.

2010년 7월에 중국에서 개봉되었고 그해 10월 부산국제영화제에도 초청되었던 〈대지진〉 역시 탕산지방정부로부터 투자를 받았고 1976년의 탕산대지진을 배경으로 가족의 중요성을 강조하며 지진으로 인해 희생된 사람들을 정부가 결코 잊지 않음을 선전하는 등 주류영화의 전형을 보여주고 있다. 또한 영화는 과거의 역사적 사건에 대한 사람들의 기억을 끌어내고 보편적인 부모와 자식 간의 관계와 정서를 다루었으며 전략적인 홍보의 성공 등 상업적 전략에 힘입어 개봉한 지 사흘 만에 1억 위안, 닷새 만에 2억 위안, 16일 만에 5억 위안을 돌파하는 등 9개의 신기록을 세웠고 중국 대륙에서 역대 최고흥행작이 되었다.(張慧瑜 2010, 31쪽 주1 참고)

영화 〈대지진〉은 캐나다에 거주하고 있는 작가 장링(張翎)의 중편소설 「여진餘震」을 각색했다. 원작이 여진, 즉 지진이 남긴 상처와 고통을 그린 것에 반해 영화는 위안니(元妮) 부부와 팡덩(方登), 팡다(方達) 쌍둥이 남매 일가족의 지진 사고를 통해 살아남은 가족의 고통과 슬픔, 가족으로부터 버림받은 상처와 치유과정을 통한 화해와 사랑을 전면에 내세워 가족의 소중함을 되새기는 한편, 재난 현장을 수습하고 재건하는 데 정부가 지원을 아끼지 않았으며 끝까지 희생자를 잊지 않고 있다는 메시지를 전달하고 있다. 그러다 보니 영화는 재난블록버스터를 표방하면서도 전체 영화 130분 중에서 막상 특수효과를 사용한 지진 장면은 초반의 10여 분에 불과해서 150위안이라는 비싼 관람료에 대한 불만과 이것이 과연 재난영화인가라는 논란을 낳기도 했다.

팡덩과 팡다는 일곱 살 난 쌍둥이 남매이다. 남매간 우애도 좋아 시비를 거는 동네아이들을 함께 골탕 먹이기도 하고 부모의 사랑 속에 행복한 나날을 보낸다. 하지만 단 32초간의 대지진이 이 모든 것을 앗아간다. 아빠는 죽고 남매는 건물의 잔해 더미 아래 깔린다. 하지만 기구하게도 남매는 각각 콘크리트 덩어리의 양쪽 끝에 깔리는 바람에 이들을 끌어내려면 콘크리트를 한쪽으로 기울여야만 하는데 그렇게 되면 한 아이는 살릴 수 있지만 반대편의 아이는 죽을 수밖에 없는 상황이 된다. 한쪽을 살리면 한쪽은 죽어야 하는 상황. 엄마는 당연히 두 아이를 모두 살려달라고 오열하지만 결국 아들을 선택한다. 어둡고 축축한 땅 밑에서 돌멩이를 두드리며 자신이 살아 있음을 알리던 딸은 "남동생을 구해주세요"라는 엄마의 목소리를 듣는 순간 버림받았다는 슬픔과 절망으로 눈에 눈물이 가득 차오른다.

어쩔 수 없는 선택이기는 하였으나 딸을 죽게 만들었다는 자책으로 엄마는 거의 실성을 한 듯 넋이 빠져 있다가 그 후 죽은 줄로만 알았던 딸과 해후하기까지 32년간의 세월을 남편과 딸을 늘 마음속에 묻은 채 탕산을 떠나려고도, 재혼을 하려고도 하지 않고 회한의 세월을 보낸다. 비록 지진으로 한쪽 팔을 잃기는 했지만 개혁개방의 조류를 타고 성공한 아들이 좋은 집을 사주려 하는 것도 거부한 채 속죄하는 마음으로 하루하루를 보낸다.

한편 죽은 줄로만 알았던 딸은 사고 현장에서 기적적으로 살아나

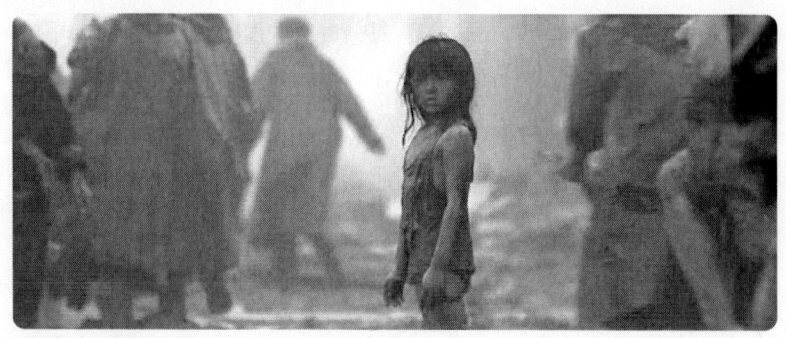
죽음에서 살아난 팡덩

인민해방군 부부에게 입양된다. 부부는 사랑으로 딸을 양육하지만 친모에게 버림받았던 기억은 팡덩/왕덩(王登)으로 하여금 당시의 기억을 거부하고 말하는 것조차 거부하게 한다. 팡덩의 이런 정신상태는 사고현장에서 다시 살아났을 때의 장면을 통해 잘 표현되고 있는데, 흑백의 화면 속에서 스르르 일어나는 아이는 마치 실체가 아니라 영혼 같다. 주위 사람들도 아무도 아이를 주목하지 않고 슬로우 모션으로 움직이는 사람들의 분주한 모습을 바라보는 아이는 혼자 동떨어져 있는데, 다시 살아나기는 했지만 그 삶은 죽음과 다를 바가 없음을 나타낸다. 이러한 트라우마는 결국 그녀가 의대 졸업을 포기하고 미혼모의 길을 선택하게 한다. 남자친구는 하루에도 얼마나 많은 여성들이 낙태를 하는지 아느냐며 그녀에게 낙태를 종용한다. 하지만 그녀는 남자친구에게 탕산지진 때의 상황을 이야기하며 자신은 죽음 속에서 다시 살아났기 때문에 다른 사람은 그럴 수 있어도 자신은 그럴 수 없다고 하면서 그런 심정을 당해보지 않은 사람은 결코 근본적으로 이해할 수가 없다고 생각하는데, 여기에는 자신을 버린 엄마에 대한 원망과 자신은 결코 그런 엄마가 되지 않겠다는 각오가 숨어 있다. 하지만 팡덩은 또 다른 지진사고 구조 현장

영화로 만나는 현대중국

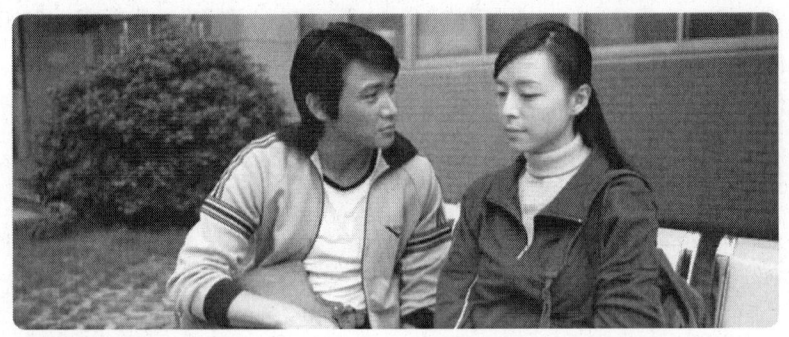

낙태를 종용하는 팡덩의 남자친구

에서 딸의 다리를 자르는 선택을 할 수밖에 없는 한 엄마의 모습을 보면서 자신의 엄마를 이해하게 되고 마침내 엄마와 딸은 화해하고 무너졌던 가정도 복구된다.

이와 같은 영화내용의 전개 과정에서 정부의 역할은 적지 않게 표현되고 있다. 무엇보다도 탕산지진 구조 현장에서 벌인 인민해방군의 활약과 해방군인 팡덩의 양부모를 통해 구체적으로 표현되고 있으며, 팡덩을 통해서도 표현된다. 지진이 일어나자 인민해방군은 질서 정연하게 사고 현장에 투입되어 먹을 것을 나눠주고 사람들을 도와주며 구조활동을 벌이고 현장을 수습한다. 죽은 사람들 틈에서 다시 살아나 어쩔 줄 모르는 팡덩을 보살펴주는 것도 인민해방군이다. 구조현장에서 돌아오는 이들을 환영하는 카퍼레이드는 위용에 넘치며 사람들은 이들에게 영웅이라는 찬사를 보낸다. 양모는 팡덩에게 말한다. "우리 군대가 커다란 혁명가족 같아 보이지 않니. 모두가 너에게 가족이 될 수 있어"라고. 이들은 지진구조의 영웅으로, 긴급구조팀의 군인은 정부를 대표하며 정부가 국민을 위해 헌신한다는 것을 선전한다. 이는 팡덩의 양부모 모습을 통해 구체적으로 표현된다. 그들은 지진현장에서 긴급구조활동을 벌일 뿐만 아니라 고

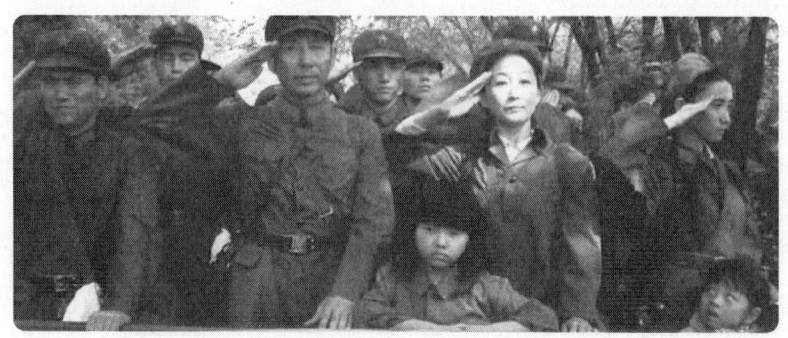

구조현장에서 보무당당하게 돌아오는 인민해방군

아가 된 아이들까지도 데려다가 끝까지 책임지는 모습을 보이는 것
이다. 팡덩의 양부모는 팡덩을 위해 노심초사하고 사랑을 다해 양육
한다. 양모는 팡덩에 대해 늘 엄격하게 굴지만 죽기 직전에 그동안
딸을 위해 돈을 모았던 저금통장과 시계를 건네주며 "가족은 언제나
가족이다"라는 말로 숨겼던 사랑을 표시하고 마침내 모녀의 정과 가
족의 사랑을 확인한다.

　한편 어린 시절 팡덩은 죽음의 갈림길에서 엄마에게 버림을 받았
다는 상처와 슬픔 때문에 기억을 거부하고 성장해서도 탕산에 가는
것조차 거부한다. 하지만 국제결혼을 해서 이국만리 캐나다에 살면

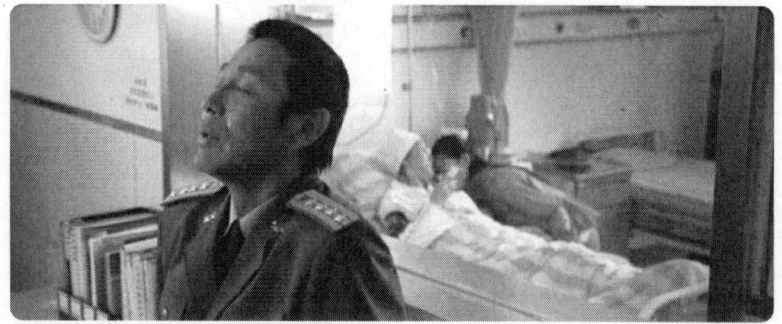

죽음 직전의 양모가 그동안 표현하지 못했던 사랑을 이야기하자 세 사람은 가슴 아파하며 진정한 한 가족
이 된다.

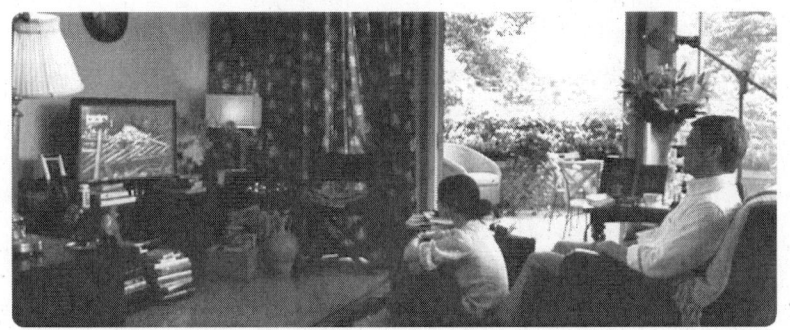
캐나다에서 중국에서 지진이 일어났다는 뉴스를 접하는 팡덩

서 원산(汶山)에서 지진이 일어났다는 보도를 보고 한달음에 원산으
로 달려가 의료봉사에 나선다. 팡다는 자신의 회사버스를 끌고 가고
구호물품도 전달한다. 그 밖에 전국 각지에서 구조행렬이 꼬리에 꼬
리를 물고 현장으로 향한다. 마치 그 옛날 인민해방군이 그랬듯이
그들은 혼신의 힘을 다해 구조작업을 벌이는데, 시대의 변화에 따라
과거 시대의 인민해방군이 이제는 시민구조대로 모습을 바꾼 것이
다. 여기에서 우연찮게 팡덩은 어쩔 수 없이 딸의 다리를 자르는 선
택을 하게 되는 한 엄마를 보고 자신의 엄마의 고통과 선택을 이해
하게 될 뿐만 아니라 팡다와 해후를 하게 되어 애써 외면했던 과거

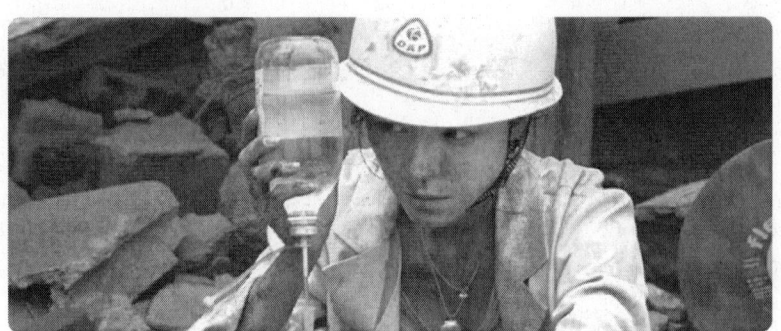
원산지진 구조현장에서 딸의 다리를 자르는 선택을 하는 한 엄마를 보게 되는 팡덩

를 받아들이고, 엄마를 용서하고 자신도 용서하게 된다.

이와 같은 국가이데올로기와 영화의 제작 의도는 마지막 장면에서 영상과 자막을 이용해서 더욱 직접적이고 집약적으로 표현된다. 영화는 마지막에 탕산대지진으로 인해 희생된 사람들의 이름을 일일이 새긴 기념벽 앞에서 당시 희생된 가족을 그리워하는 65세 송서우수(宋守述) 노인의 모습을 보여준다. 지진으로 부친과 여동생, 그리고 당시 다섯 살이었던 아들을 잃었다는 자막과 함께 한참 동안 기념벽을 바라보는 노인의 모습이 클로즈업된다. 그는 "이틀 뒤에 다시 오겠다"는 말을 남기고 자전거를 타고 그 기념벽 앞을 천천히 지나간다. 클로즈업으로 그를 한참 비추던 카메라는 원경(遠景)으로 바뀌면서 잠시 후 노인은 사라지고 계속 기념벽만을 보여준다. 그 위로 "2008년 탕산정부는 1976년도 지진으로 인한 24만 명의 희생을 기리기 위해 기념벽을 세웠습니다." "이 영화는 탕산지진으로 인한 24만 명을 애도합니다." "이 영화는 위대한 도시, 탕산의 재탄생과 복원을 기념합니다"라는 자막이 나타나며 영화는 끝이 난다. 탕산대지진은 개인의 상처로 그들의 가슴속에 깊이 남아 있기는 하지만 그들 못지않게 국가 또한 희생자들을 기억하며 언제까지라도 굳

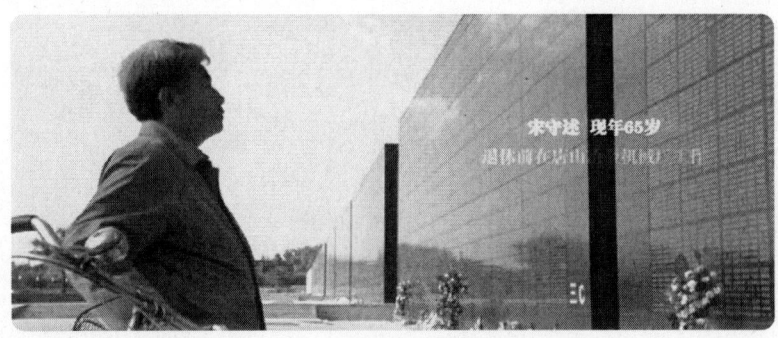

탕산대지진 때의 희생자를 기리는 기념벽 앞에서 가족을 그리워하는 송서우수

건하고 거대한 모습으로 그곳을 지켜줄 거라는 말을 하는 듯하다. 이로써 영화는 역사적 사건을 배경으로 하면서도 개인을 내세워 관객들의 공감과 감동을 끌어내는 한편 결국 개인을 국가로 귀속시키며 주류영화의 면모를 아낌없이 보이고 있다.

3. 남아선호와 일부종사의 관념을 통한 전통적 가족의 강조

1976년은 중국인에게는 두 번의 대지진이 일어났던 해라고 할 수 있다. 한번은 7월 27일 일어났던 자연재해로서의 대지진이고, 또 한번은 9월 9일 마오쩌둥의 사망이 그것이다. 마오쩌둥의 사망으로 사회주의 시대는 종결되고 개혁개방의 시기로 접어들며 이전과는 완전히 다른 세상이 도래한다. 영화는 시대적 변화를 보여주기는 하지만 개혁개방 시기의 변화를 노골적으로 표현하지는 않는다. 옛날 선

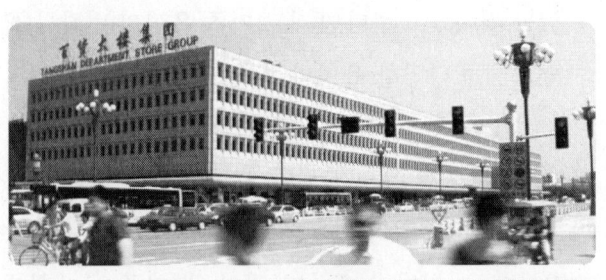
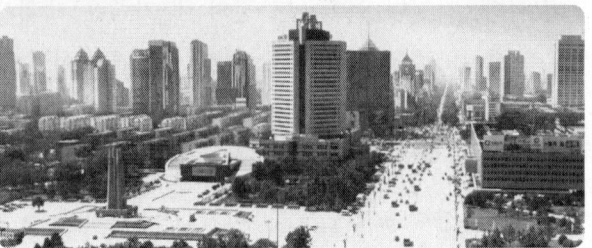

개혁개방 이후 크게
변모한 탕산의 모습

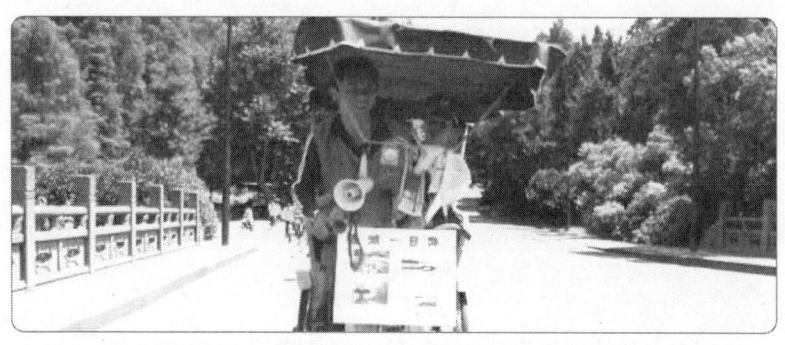

역에서 호객행위를 하며 개혁개방의 물결 속에 뛰어든 팡다. 팡덩의 양부를 자신의 자전거에 태우고 이야기를 나누지만 서로 알아보지 못한다.

풍기, 아이스 하드, 마오쩌둥의 사진과 거리에 붙은 구호들이라든지, 대학진학을 거부한 채 학교도 가지 않고 역에서 여행객을 대상으로 호객행위를 하던 팡다가 사업적으로 성공을 거둔 것이라든지, 위안니 가족이 살던 집터에 현대식 대형 백화점이 들어섰다든지 하는 모습과 구체적인 연도, 장소를 알려주는 자막을 통해 시대적 변화를 짐작할 수 있는 것이다. 여기에 한 가지 더 시대의 변화를 느낄수 있는 것이라고 한다면 바로 가족 유형의 변화를 꼽을 수 있다.

영화에는 다양한 유형의 가족이 나타나는데, 지진이 일어나기 전위안니의 네 가족, 지진 이후 위안니와 팡다 2인 가족, 팡덩과 양부모의 입양 가족, 양부나 위안니와 같은 노인 1인 가족, 팡덩과 딸의 미혼모 가족, 팡덩의 재혼 가족-국제결혼 가족, 팡다의 세 가족 등이그것이다. 지진이 일어나기 전의 네 가족은 개혁개방이 실시되기전, 즉 산아제한정책이 본격적으로 실시되기 이전으로, 남매가 쌍둥이라는 설정이 아니더라도 한 가정 한 자녀라는 규정이 적용되지 않았기 때문에 가능했던 가족 구성이다. 하지만 개혁개방 이후이자 팡덩 남매가 신세대 부모가 된 시기의 가족 형태는 미혼모나 국제결혼, 재혼 가족과 같이 이전 시기에는 상상하기 어려웠던 변화를 보이기도 하고, 팡다의 가족처럼 부모와 한 자녀로 구성된 세 가족이 가족의 기본 형태를 이루게 되었다. 또한 사회 변화에 따라 자녀들이 부모와 따로 살게 됨으로써 1인 가족이나 2인 가족과 같이 가족이 축소되고 가족의 분열이나 해체가 이루어지는 경향이 강하게 나타나고 있다.

하지만 영화는 이런 다양한 가족의 유형을 보여주면서도 종국적으로는 전통적인 가족 관념을 강조하고 있다. 남아선호사상에 기인한 집안의식과 일부종사관념이 바로 그것이다. 먼저 남아선호사상은 은연중에 위안니에게서 나타나는데, 지진이 일어나기 전, 쌍둥이 남매가 토마토를 먹고 싶다고 조르자 위안니는 하나 남은 토마토를 남매에게 나누어주거나 딸에게 주는 것이 아니라 아들에게 준다. 그리고 결정적으로 지진이 일어난 후 아이들이 건물의 잔해 더미 속에 파묻혔을 때 결국은 아들을 선택한다. 일 분 일 초가 아쉬울 정도로 구조의 손길을 필요로 하는 사람들이 사방에 널려 있고 구조원들이 그들을 구하러 당장이라도 달려갈 것 같은 상황에서 선택을 독촉 받은 엄마가 무의식적으로 내뱉은 말은 바로 "남동생을 구해주세요"

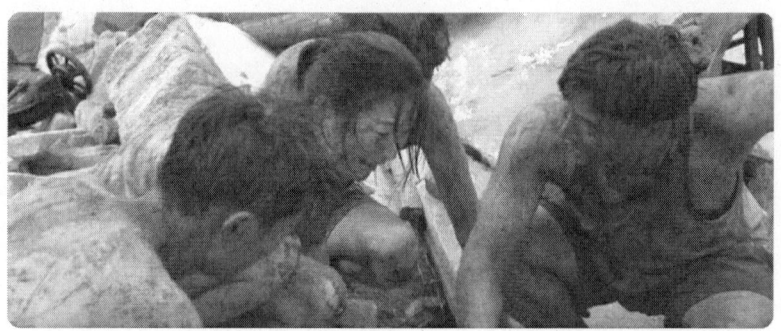

쌍둥이 남매 중 한 명만을 살릴 수 있다는 현실 앞에 쉽게 결정을 내리지 못하고 힘겨워하는 위안니

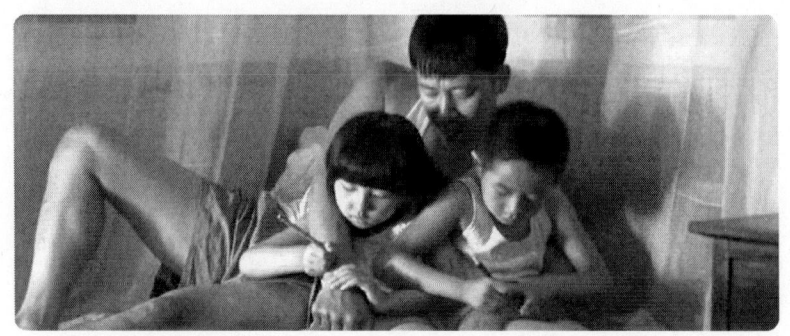

지진이 일어나기 전 쌍둥이 남매는 아빠의 팔에 각각 시계를 그리며 행복한 시간을 보낸다.

인 것이다. 남매는 쌍둥이이기 때문에 그들 간에는 아들과 딸이라는 차이밖에 존재하지 않는다. 불과 몇 시간 전까지만 해도 각자가 아빠의 팔을 한 쪽씩 붙들고 똑같이 시계를 그리던 아이들이 아니었던가. 그런데 엄마는 팡덩이나 팡다가 아니라 '남동생(중국어에서는 남녀를 통칭하는 '동생' 이라는 단어가 없고 '남동생' 과 '여동생' 이라는 단어가 구분되어 있어 단어 자체에 성별 구분이 확실히 드러난다)', 즉 '아들' 을 선택한 것이다. 건물의 잔해 더미 밑에서 꼼짝도 하지 못한 채 자신이 살아 있음과 살고 싶다는 마음을 돌 두드리는 소리로 알리던 딸은 '남동생을 구해 달라' 는 엄마의 목소리를 듣는 순간 버림받았다는 사실 자체로 절망했을 것이다. 어둡고 침침한 돌 더미 아래에서 눈물로 번지는 딸의 슬픈 눈은 관객의 눈물을 끌어내기에 충분하다. 어쩔 수 없는 극한 상황에서 선택한 것이기는 하나 딸을 죽게 만들었다는 죄책감으로 넋을 잃은 엄마는 거의 탈진해서 기절할 정도가 되는 모습도 충분히 공감이 간다. 운명의 잔인함과 함께 그녀가 평생 어떤 마음을 안고 살아갈지도 말이다.

이처럼 위안니가 무의식적이고 간접적으로 남아선호사상을 드러내었다면 남아선호사상 내지는 집안의식은 위안니의 시모를 통해 좀 더 직접적으로 표현된다. 사고가 수습된 후 시모와 시누이가 위안니를 찾아온다. 시모는 한쪽 팔을 잃은 팡다의 모습에 가슴이 저려 그를 끌어안고 오열하며 자신이 손자를 데리고 가겠다고 한다. 시모가 그렇게 당당하게 말할 수 있는 이유는 손자의 성이 팡씨, 즉 팡씨 집안의 자손이기 때문이다. 그러면서 애초에 자신의 아들이 위안니를 위해서 탕산에서 살게 되었던 내력까지 거슬러 올라가서 탓을 한다. 시모는 혈연과 집안을 따지며 손자를 데려가겠다고 고집을 부린다. 시누이가 자식을 떼놓기 힘든 엄마의 심정을 이해하고 위안니도 자신들과 함께 가자고 제안하지만 위안니는 남편과 딸이 묻힌 땅을 차마 떠날 수 없다고 한다. 결국 팡다의 장래를 위해서, 그리고 시모의 논리처럼 팡다가 팡씨 집안의 혈통이기 때문에 위안니는 팡다를 시모에게 보내기로 한다. 마지막에 팡다를 데리고 가는 버스 안에서 시누이가 팡다를 데려가는 것은 위안니의 삶을 훔치는 것이라며 시모를 설득하고, 결국 위안니를 불쌍히 여긴 시모가 손자를 그녀에게 돌려보냄으로써 모자는 함께 살 수 있게 된다.

그런데 시모가 자기 아들이 죽어 다른 집안으로 다시 시집을 갈 수도 있는 며느리에게 손자를 보내는 것도 결국은 손자가 어디에서 누구와 살더라도 팡씨라는 점에는 변함이 없다는 것을 믿기 때문이다. 그런데 이런 시모의 대화에서 한 가지 빠진 것이 있다. 바로 팡덩의 존재이다. 시모는 아들의 죽음을 애통해마지 않으며, 심지어 손자가 한쪽 팔을 잃어버렸다는 점조차 가슴 아파하면서도 끝끝내 손녀의 죽음에 대해서는 거론조차 하지 않는다. 마치 팡덩은 처음부터 존재하지 않았던 사람 같다. 팡덩은 팡다의 한쪽 팔조차도 못한 존재인 것이다. 만약 팡덩이 아들이었더라도 그랬을까 하는 생각을 하게 되는 대목이다.

하지만 아이러니하게도 이런 집안의식은 그 피해자라고 할 수 있는 팡덩을 통해서도 표현된다. 팡덩은 죽음의 문턱에서 살아난 후 과거에 대한 기억은 물론이고 마치 벙어리인 양 말을 하는 것조차 거부한다. 그녀는 인민해방군 부부에게 입양이 된 후에도 말도 제대로 하지 않고 감정 표현도 하지 않는다. 하지만 초등학교 입학을 위해 교사와 면담을 할 때 양모가 아이의 이름을 자신들이 지어준 "왕판"이라고 대답하자 그때까지 한마디도 하지 않던 팡덩은 자신의 이름을 "왕덩"이라고 또렷하게 말함으로써 기억의 파편을 찾아낸다.

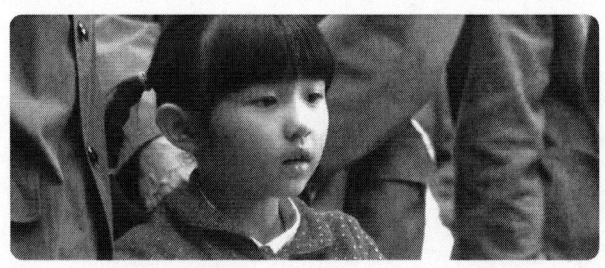

입학 면접을 볼 때 양모가 새로 지은 이름을 말하자 "왕덩"이라고 자신의 이름을 고쳐 말하는 팡덩

끔찍한 기억 때문에 의식 속에서는 과거의 가족을 거부하지만 그것은 그만큼 가족이라는 테두리 안에 자신을 두고 있었는데 그들에게서 버림받았다는 상처가 너무도 강하기 때문이다. 그녀가 미혼모가 되어 4년만에 아이를 데리고 양부를 찾아왔을 때 그녀는 비로소 탕산에서의 기억을 털어놓으면서 기억을 못하는 것이 아니라 잊을 수가 없는 것이라고 고백한다.

어떤 의미에서는 팡덩의 몫까지 살아내야 하는 팡다는 그런 부담감 때문에 엇나갈 수도 있었지만 대학 진학을 거부하고 스스로가 직업을 찾아 집을 떠났다는 점만을 제외하고는 큰 반항 없이 효성스러운 아들로 성장했다. 그는 여자친구 샤오허(小河)에게 엄마는 자신

영화로 만나는 현대중국

에게 세 번의 생명을 주셨다고 설명하며 엄마가 싫어하면 샤오허와 만나지 않을 거라는 말까지 한다. 팡다가 결혼한 후에 아들을 낳았을 때 위안니는 시모가 자신에게 저지르고자 했지만 결국 철회했던 횡포를 자신은 며느리에게 고스란히 행사한다. 며느리 샤오허는 아들을 친정에 데리고 가고 싶어 남편과 다투기까지 하지만 결국 싫은 내색도 하지 못한 채 위안니에게 맡기고 떨어지지 않는 발걸음을 옮긴다. 하지만 위안니는 며느리의 눈물조차 모르는 척 무시하고 손자를 차지한다.

이처럼 영화는 남아선호사상과 집안의식을 강하게 표현하는 한편, 일부종사 의식도 강하게 표현하고 있다. 방직공장에서 일하던 위안니는 나이가 들자 시장에서 의상실을 운영하는데, 이웃가게의 라우뉴가 그녀를 좋아한다. 라우뉴의 가게 전화를 이용해서 팡다와 연락을 하던 위안니는 그의 관심이 부담스러워 집에 전화를 설치하고 접촉을 피한다. 하지만 전화기가 고장이 나자 하는 수 없이 그의 도움을 받게 되던 날 위안니는 탕산지진 이야기를 하며 자신이 그의 프로포즈를 거절할 수밖에 없는 이유를 설명한다. 마찬가지로 팡다에게도 재혼을 하지 않는 이유를 이렇게 설명한다. "너의 아빠 때문

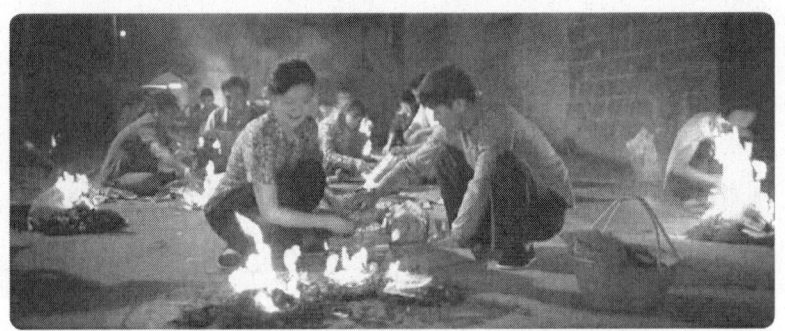

매년 종이돈을 태우며 죽은 남편과 딸을 위해 기도하며 그들의 넋이 집을 찾아올 수 있도록 이사 간 집 주소를 알려주는 위안니

에 재혼할 수 없었다. 그는 자기 목숨을 바쳐 나를 구했다. 어떤 남자가 그렇게 할 수 있겠니. 평생 그의 아내가 될 거다"라고.

이처럼 지진으로 인해 네 식구는 죽음으로, 혹은 오해로, 혹은 새로운 삶을 위해 뿔뿔이 흩어져 생활하지만 결국 원산지진을 계기로 다시 만나게 되어 32년간의 묵은 오해를 풀고 상처를 치유한다. 엄마는 엄마가 곁에 없었던 딸의 삶이, 딸은 한시도 잊지 못하고 자신을 마음에 묻고 살았던 엄마의 삶이 가슴 아리고 미안하기만 하다. 그들은 가족이라는 이름하에 다시 모여 3대에 걸친 대가정을 이룸으로써 가정의 중요성을 역설한다.

추천 영화

주류영화로는 이 책에서 언급하고 있는 〈영웅英雄〉, 〈집결호集結號〉, 〈건국대업建國大業〉, 〈바람의 소리風聲〉, 〈엽문葉問〉 등을 참고할 수 있으며 가족 이야기를 다룬 영화로는 장양의 〈해바라기〉를 권할 만하다.

• 해바라기(장양, 2005)

문화대혁명 시기 화가였던 장경년은 어린 아들 향양과 아내를 뒤로 한 채 집단농장으로 하방(下放)되어 6년 후에야 집으로 돌아온다. 향양은 오랜만에 본 아버지가 낯설기만 한데 아버지는 자신에게 그림을 그릴 것을 강요한다. 아버지에게 반항심이 쌓여가고 아버지는 우울하고 실의에 찬 시간을 보낸다. 어느 날 아버지는 집을 떠나 어디론가 가버리지만 아들은 그제야 아버지를 이해한다.

참고 자료

김종현 · 곽수경(2002),『현대중국의 이해』, 학고방, 서울

유홍준 · 김지훈(2005),『현대 중국 사회와 문화』, 그린, 서울

王韻(2010),「談《唐山大地震》的商業成功」, 靑年記者 第29期

張慧瑜(2010),「"餘震", 創傷與意識形態的"除銹"工作-《唐山大地震》的文化
　　意義」,『電影藝術』總第335期

駱育紅(2009),「時光坐標上的馮小剛電影-馮小剛電影創作與中國電影運行機
　　制變遷的關聯」,『當代電影』第10期

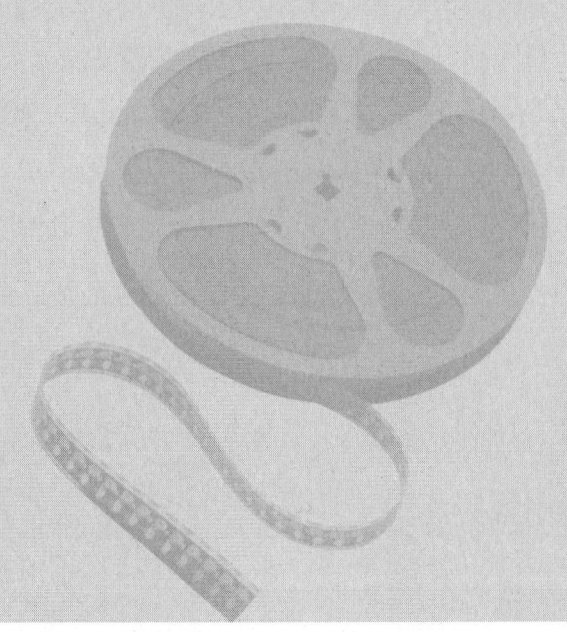

3
대중문화와
전통의 소환

대중문화

천하무적 天下無賊
(馮小剛, 2004)

김 효 영

1. 1990년대 문화지형과 대중문화의 시대

1990년대에 중국 영화계의 삼국시대를 형성했던 주선율영화, 예술영화, 상업영화의 형세가 21세기로 접어들면서 점차 상업영화의 영향력이 커지고 있다는 사실은 반론의 여지가 없을 것이다. 이는 주선율영화와 예술영화가 상업적인 요소를 적극 수용하고 있는 것으로 표현되는데, '시장'은 현재 중국영화계 최고의 화두라고 할 수 있다. 시장경제의 활성화와 엘리트 문화의 약세는 대중문화 시장의 확대를 가져온 중요한 원인이라고 할 수 있다. 우선 시장경제의 활성화는 현실생활의 대변동을 가져와 사회 전반적인 상업화 경향을 초래했고, 문화 영역에서는 1980년대식의 영웅주의 문화를 거쳐 '평준화'와 '상업화'를 특징으로 하는 대중문화의 시대로 접어들게 하였다.

1980년대 '사상해방'의 분위기 속에서 5·4 이후 문화계 공전의 성황을 주도하면서 '계몽'의 목소리를 냈던 지식인들은 '시장'의 공세에 속속 투항했다. 그리고 엘리트 문화가 위축된 상황에서 '대중'이 소비와 문화의 중심축으로 급부상하기 시작하면서 그들이 이끄는 대중화 시대가 도래하였다. 이제 문화는 시장에서 거래되는 '문화상품'이 되었고, 이는 문화의 생산방식과 수용방식에 모두 직접적인 영향을 끼치게 되었는데, 오락 기능과 소비 욕망은 대중문화의 생산과 소비에서 가장 두드러진 특징이 되었다. 동시에 1989년 톈안먼(天安門) 사건은 개혁개방 시대에 근대화의 이상을 실현하고자 했던 지식인들을 깊은 절망에 빠지게 했고, 이후 더 엄격해진 정부의 검열은 지식인의 비판의식을 더욱 위축시켰다. 정치색을 띠지 않고 오락적 기능만을 내세우는 대중문화는 이런 틈새를 파고들었는데, 파죽지세의 대중문화는 과거 지식인의 독보적 영역이었던 문화시장을 신속하게 점령하고 실질적으로 1990년대의 주류 문화가 되었다.

대중문화는 문화시장을 본격적으로 점령하면서 엘리트 문화를 와해시켰을 뿐만 아니라 전통적인 사회주의 문화생산 방식도 해체하기 시작했다. 본래 주선율영화는 사회주의 시기에 국가 이데올로기를 선전하고 정치적 주제를 부각시키는 데 주력한 국책영화로, 시장경제 체제의 이익분배를 염두에 두지 않아도 되는 장르였다. 그러나 1990년대 중국영화의 상업화 경향으로 인해 관객들은 정치선전 일색의 주선율영화를 외면하게 되었고 결국 주선율영화는 문화시장의 일부만을 차지할 수 있었다. 이에 주선율영화는 점차 오락적 기능과 대중성을 고려하게 되었다. 1990년대 후반에 등장한 〈붉은

앵두紅櫻桃〉, 〈홍색연인紅色戀人〉, 〈황하의 사랑黃河絶戀〉과 같은
영화는 정치성과 상업성의 절묘한 조화를 통해 당시 대중성을 획득
했다.

1990년대 대중문화의 성격을 보여주는 상징적인 문화현상으로
1980년대 후반에 출현한 소위 '왕숴(王朔) 현상'을 언급할 수 있다.
왕숴는 특유의 시니컬한 베이징어 구사를 통해 당대 중국의 각종 병
폐와 타락상, 중국인의 가치관의 혼란 등을 그려내어 기존의 국가
질서와 엘리트 중심 문화 전반에 일침을 가했다. 1988년은 '왕숴의
해'로 불리는데, 한 해 동안 왕숴 소설을 시나리오화한 영화만 네 편
이 출현했다. 그의 작품에서 드러나는, 기성 질서와 진부한 도덕관
에 대한 반항정신은 많은 대중의 관심을 받았는데, 가볍고 조소적
태도를 지닌 그의 작품은 당시 팽배하기 시작한 배금주의 의식과 시
장경제에 의한 소비사회의 현실을 반영한 것이었다. 물론 이들 작품
은 대부분 이윤 중심의 시장 논리를 따랐고, 관객 역시 이들을 하나
의 상품으로 소비할 뿐이었다.

이후 왕숴류의 작품이 쏟아지
기 시작했는데, 〈갈망〉, 〈편집
부 이야기編輯部的故事〉와 같
은 TV드라마와 그의 소설을
각색한 영화는 1990년대의 유
행 신드롬이 되었다. '왕숴 양
식', '왕숴체', '왕숴 그룹'이
라는 용어는 한 시대의 '문화
영웅'으로 등장한 왕숴의 영향
력을 잘 보여준다. '왕숴 현

대중문화와 전통의 소환

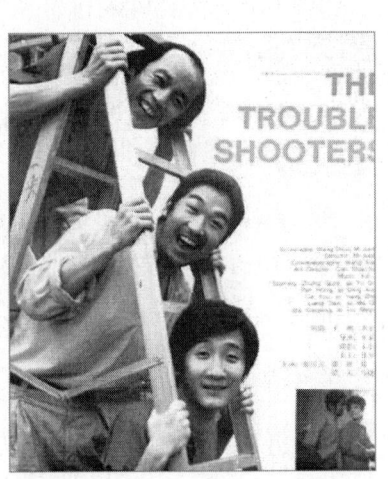

왕숴 소설을 원작으로 한 영화 〈해결사頑主〉
(미자산米家山, 1988)

상'은 1980년대 지식인의 계몽 정치와 문화 이상이 1990년대의 경제 기적 속에서 물질주의라는 현실적 담론으로 전환되었고, 또한 중국의 대중문화가 사회주의 문화체계에서 자본주의 문화체계로 전환하고 있음을 분명하게 보여주었다.

주목할 만한 것은 1990년대 대중문화의 소비주체로 떠오른 중산층의 등장인데, 개혁개방의 산물로서 등장한 이들은 소비생활과 문화적 취향의 변화를 주도했다. 그러나 덩샤오핑(鄧小平)의 '선부론(先富論)'에 의한 개혁개방정책은 도시와 농촌, 동부 연해지역의 발전과 내륙 서부지역의 낙후라는 동서 간의 경제적 편차를 낳아, 실질적으로는 부유한 중산층을 형성했다기보다는 도리어 거품경제의 기현상 속에서 신흥 부호들을 낳았다고 할 수 있다. 물론 중국이 세계 최대의 신흥 시장이 되면서 동부 해안 지역의 대도시에 개혁개방의 성과를 나누어 가진 중산층이 생겨난 점도 부인할 수 없는데, 이들 중산층의 등장은 영화시장에도 직접적으로 반영되었다. 2002년 '소강(小康-중산층)'의 시대에 주로 도시에 거주하는 이들 중산층은 사회의 새로운 소비 주체로서, 30~40위안에 이르는 비교적 고가의 입장료를 지불할 수 있는 경제적인 능력을 가진 중국영화의 주요 관객이었다.

중산층의 확대와 상업영화의 출현은 1980년대 이래로 내리막길을 걷고 있던 중국 자국영화의 소비를 어느 정도 진작시킨 측면은 있지만, 1990년대 후반에 이르러서도 중국 영화 시장은 여전히 열악한 상황에 놓여 있었다. 이에 본격적으로 '시장'을 염두에 두고 만들어져 대표적인 상업영화 장르로 자리매김한 것이 바로 새해맞이 영화(賀歲片)이다. 1997년 펑샤오강(馮小剛)의 〈갑방을방甲方乙方〉을 필두로 하는 새해맞이영화는 철저하게 스타시스템에 의존하고,

환상의 충족과 해피엔딩 같은 흥행 요소를 고려해 제작함으로써 향후 중국 흥행 영화의 대명사가 되었다. 새해맞이영화는 기본적으로 중산층의 정서와 가치 및 도덕관을 반영한 영화로, 그것의 성공은 바로 '소강'의 시대를 맞이한 중산층의 문화적 기호에 부응한 결과이기도 하다. 결국 중산층의 문화소비라고 할 수 있는 새해맞이영화는 유희적인 텍스트로 전락하여 상품화된 영화의 처지를 반영하고 있으며 시장경제 체제에서 중국인들의 심리적인 변화와 가치관을 잘 나타내준다.

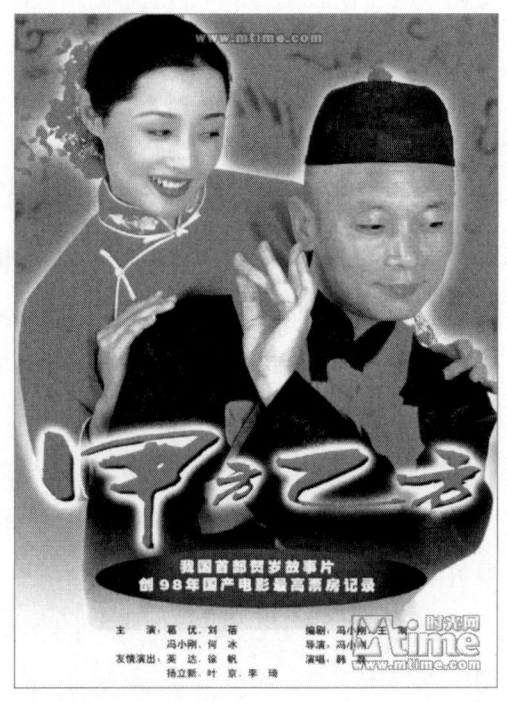

펑샤오강의 첫 새해맞이영화 〈갑방을방〉

2. 새해맞이영화의 출현과 변화

1) 새해맞이영화의 출현 배경

새해맞이영화란 사실상 특정한 영화 장르가 아니라 음력설 전후 한두 달간 상영되어 즐거움과 화해의 설날 분위기를 조성하는 영화를 가리킨다. 의도적으로 신년을 축하하기 위해 찍은 영화이기 때문에 제재나 풍격, 양식은 대체로 코미디가 많았고, 목적은 관객에게 웃음과 즐거움을 주는 것이다. 새해맞이영화의 출현은 원래 저조한 수익률에 허덕이던 중국 영화 시장의 위기와 직접적인 관련이 있다. 위기의 원인은 내부와 외부에 모두 존재했는데, 내부적 원인으로는 당시 대부분의 영화제작을 국가가 주도하는 상황에서 많은 주선율 영화가 지나치게 딱딱하고 정치적인 내용을 위주로 하고 있어서 변화하는 관객들의 기호를 만족시켜주지 못했다는 점이다. 그리고 경직된 영화 관련 제도와 검열의 엄격함은 영화가 경쟁을 통해 자유롭게 발전하는 데 장애가 되었다. 외부적인 원인은 홍콩과 할리우드를 대표로 하는 외국영화의 거센 공세였다.

중국은 사회주의 정권이 들어서면서 영화가 예술이나 산업이라기보다 국가 이데올로기를 전파하는 선전 및 교육적 도구로서의 역할이 강조되었다. 해마다 영화의 제작 편수를 국가에서 정했고, 영화가 완성되면 유일한 배급사인 중국영화사(中國電影公司, 이하 중영)에서 일괄적으로 사들인 뒤 성(省)과 시(市)의 지역 배급사에 넘겼으며, 영화는 국영영화관에서 상영되었다. 영화의 수입과 수출도 '중영'에서 독점했고, 1994년 전까지는 미국영화를 극장에서 볼 수 없었다.(임대근 외 2008, 199쪽 참고) 그러나 1990년대에 접어들면서 정부 차원에서 문화산업의 산업화와 시장화를 표방한 뒤 영화산업도 본격적인 개혁에 착수했다. 이 과정에서 제작 편수와 배급의 자율화, 국유 단위에 대한 보호 철폐 및 민간영화사들의 진입 장벽 완화 등의 개혁이 이루어졌다. 특히 2001년 세계무역기구(WTO)의 가입은 중국영화의 산업화, 시장화 정책으로의 변화를 급격하게 초래하는 계기가 되었다.

세계무역기구에 가입하면서 시청각 분야에서 중국이 합의한 주요 내용은 수입영화를 매년 20편까지 늘리고, 3년 이내에 50편까지 늘릴 것, 극장의 건립 · 증축 · 소유나 경영 소유권을 외자가 가질 수 있도록 허가하되 외국 지분이 49%를 넘지 않을 것, 시청각 상품 영업에 외국 지분이 49%가 넘지 않는 범위에서 비디오테이프 등의 판매업에 참여하는 것을 허가한다는 것이다. 이에 따라 제작과 배급과정의 간소화, 민간 영화사 시스템의 부상, 해외자본의 적극적인 투자 등의 변화가 있었다. 빠르게 변하는 대내외 환경과 장기적인 영화시장 침체에 직면하여 중국의 영화정책은 예술이 인민을 위해 복무해야 한다는 정치적인 명분보다 대내개혁과 대외개방을 통해 영화시장을 부양하는 실리 쪽에 무게를 실어주고 있다.(임대근 외 2008, 203-204쪽 참고)

관련 자료에 따르면, 1980년대 말부터 '중영'은 영화제작에서 상당한 손해를 보고 있었는데, 1990년대로 들어와서는 국내영화 생산이 절반으로 감소하고, 관객은 종전의 3분의 1에도 미치지 못했다. 뿐만 아니라 흥행 성적 면에서도 초라하기 그지없었는데, 이에 비해 1995년에 전 세계적으로 동시 개봉한 홍콩의 새해맞이영화 〈홍번구紅番區〉는 9,500만 위안(元)이 넘는 수입을 올렸다. 이는 중국 국내 영화제작자들이 홍콩식 새해맞이영화를 제작하는 데 적극적인 관심을 가지도록 유도했고, 결국 펑샤오강은 민간 제작사인 '쯔진청(紫禁城)'의 제안을 받고 적극적으로 중국식 혹은 펑샤오강식 새해맞이 영화를 모색하게 되었다. 이처럼 포스트 WTO 시대에 홍콩과 할리우드영화의 진군이 중국식 새해맞이영화의 탄생에 직접적인 계기가 되기는 했지만, 처음 출발 당시에 중국의 새해맞이영화는 할리우드영화와 어느 정도 차이가 있었다. 물론 중국의 새해맞이영화 역시 신기함과 환상으로 대다수 관객을 정복하기는 했지만, 동시에 중국 관객들은 중국인의 정서에 부합하고 중국적 미학을 지닌 재미있는 영화가 출현하기를 기다리고 있었던 것이다. 펑샤오강의 새해맞이영화는 대체로 이러한 시장의 요구에 적절하게 부응했다고 할 수 있다.

2) 펑샤오강식 새해맞이영화: 지역성, 중소자본, 코미디

중국 대륙에서 새해맞이영화가 탄생하고 성장한 과정은 펑샤오강의 영화와 따로 생각할 수 없는데, 일반적으로 펑샤오강의 〈갑방을방甲方乙方〉(1997)은 최초의 특선영화로 평가된다. 이후 〈만날 때까지不見不散〉(1999), 〈한도 끝도 없이沒完沒了〉(2000), 〈거장의 장례식大腕〉(2001), 〈핸드폰手機〉(2003), 〈천하무적天下無敵〉(2004), 〈야연夜宴〉(2006), 〈집결호集結號〉(2007), 〈쉬즈 더 원非誠勿扰〉(2008)과 〈대지진唐山大地震〉(2010)에 이르기까지 그의 영화는 대부분 연말연시에 개봉되어 상당한 관객 동원력을 보여주었다.

1997년에 극본 단계에서만 8차례의 토론과 11차례의 수정을 거쳐 〈갑방을방〉이 제작되었는데, 이 영화의 흥행 포인트는 코미디 형식, 해피엔딩의 결말과 펑샤오강식의 유머에 있었다. 결과적으로 총

400만 위안을 투자하여 3천만 위안의 홍행수익을 거두었다. 특히 베이징에서 이룬 홍행수입은 기적적이었는데, 거의 1,150만 위안에 달하는 베이징 수입만으로도 투자자본 전액을 회수할(투자액의 세 배) 수 있었다. 그 후로 10년간 중국영화의 홍행성적을 살펴보면 해마다 가장 많은 홍행수익을 거둔 것은 대부분 그해 새해맞이영화였다. 특히 평샤오강의 경우 이 기간 동안 영화를 상영하기만 하면 대부분 해당 연도 영화 홍행 실적의 1, 2위를 차지하면서 '시장을 구출하는' 임무를 맡아왔다. 2001년 〈거장의 장례식〉 출시 즈음에 평샤오강은 "내가 영화를 찍지 않으면 중국 인민들은 무엇을 본단 말인가?"(馮小剛 2000)라는 말을 했는데, 이 말은 자신의 영화와 홍행에 자신감을 가진 한 영화감독의 자부심이자 동시에 당시 중국영화계의 현황을 정확하게 간파한 것이었다. 당시 중국 영화시장에서 새해맞이영화는 단연 홍행을 주도하는 것이었고, 여러 새해맞이영화 가운데서도 평샤오강 영화의 홍행수익은 단연 독보적이었다. 따라서 전체적으로 볼 때, 2002년 이전 특선영화의 가장 두드러진 특징은 지역성, 코미디 장르와 중소 자본의 투자라고 할 수 있다.

3) 〈영웅〉식 새해맞이영화: 국제성, 대자본, 블록버스터

2002년 이후 중국 내 새해맞이영화는 〈영웅〉의 출현으로 인해 중요한 변화를 겪게 된다. 리롄제, 장만위, 양차오웨이, 장쯔이 등 대륙과 홍콩의 스타를 동원해 만든 할리우드식 블록버스터 〈영웅〉의 출현은 세계무역기구에 가입한 후 중국 영화계가 직면한 현실적인 과제에 대한 반응으로 볼 수 있다. 2001년 이후 중국은 홍콩영화가 전면 개방되고 할리우드영화로 대표되는 서방 영상물이 대량으로

연도	순위	영화명	수익 (만위안)
1998	1	甲方乙方	3,000
1999	1	不見不散	4,000
	2	好漢三條半	1,135.99
2000	1	生死抉擇	
	2	沒完沒了	
2001	1	大腕	4,200
	2	我的兄弟姐妹	1,235.24
2002	1	英雄	27,000
	2	和你在一起	
2003	1	手機	5,300
	2	老鼠愛上猫	2,200
2004	1	功夫	17,000
	2	天下無賊	11,380
2005	1	無極	18,950
	2	情癲大聖	4,900
2006	1	滿城盡帶黃金甲	29,700
	2	夜宴	13,000
2007	1	集結號	22,100
	2	投名將	20,000

유입되면서 두려움과 적지 않은 충격 속에서 기존 영화체제를 개혁하고 민간자본 유치를 권장하며 자국의 영화시장을 확보하기 위해 대안을 세우는 등 중국영화의 생존을 위협하는 요소들에 대해 대응책을 모색해나갔다. "중국 영화계는 '국제화'된 영화언어와 민족문화의 특색에 역점을 둔 상업영화를 제작하고, 자국 영화를 '시장화'하는 전략을 검토하며, 자국영화의 국제적인 성격을 강화하려는 실질적인 목표를 세워나갔다."(임대근 외 2008, 73쪽)

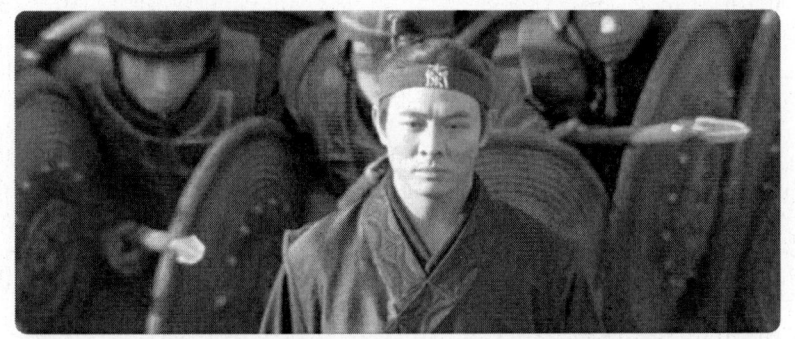
〈영웅〉(2002) 무명(리롄제 분)은 천하통일이라는 대의를 위해 진시황을 암살하지 않기로 한다.

당시 중국 영화시장의 대부분을 차지하던 새해맞이영화의 성공은 기존에 '예술영화'를 제작하던 다른 감독들에게도 영향을 주어 장이머우나 천카이거(陳凱歌) 등도 다투어 새해맞이영화를 제작하기 시작했고, 〈영웅〉은 기적 같은 홍행기록을 수립하면서 불경기로 침체되어 있던 영화시장에 새로운 활기를 불어넣었다. 2002년 발표된 장이머우의 무협영화 〈영웅〉의 성공은 코미디를 위주로 하는 펑샤오강식 새해맞이영화가 할리우드식 '블록버스터' 새해맞이영화로 전환하는 데 중요한 계기가 되었다. 이제 대자본을 투자하고 대규모의 홍행수입을 통해 자본을 회수하는 방식이 새해맞이영화의 가장 두드러진 특징이 된 것이다. 장르의 특징으로 볼 때, 소자본의 코미디 영화는 점차 주변부로 밀려나고, 무협역사극, 오페라영화, 판타지역사극, 쿵푸영화, 전쟁영화와 상업적 블록버스터가 새해맞이영화의 주류가 되었다. 대표적인 영화로는 장이머우의 〈영웅〉 외에도 〈무극無極〉, 〈천지영웅天地英雄〉 등이 있었고, 이런 시대적 분위기 속에서 펑샤오강 역시 자신의 장기였던 코미디를 버리고 블록버스터 무협사극 〈야연夜宴〉을 만들었다.

이 밖에 홍콩과 할리우드 블록버스터의 공세와 관련해서 경제성

대중문화와 전통의 소환

장으로 인한 중국 국내 영화 시장의 변화 역시 새해맞이영화가 블록버스터로 전환하게 된 원인이다. 1990년대 이후 디지털 매체의 발달은 중국 관객의 영화 관람 형태에 영향을 미쳤는데, 중국이 점차 글로벌 시장경제 체제 속으로 편입하면서 디지털 극장의 숫자는 더욱 확산되었다. 이는 중국 관객들로 하여금 블록버스터 등의 거대 자본을 투입한 영화만을 극장에서 관람하고 그 밖의 영화는 대부분 디브이디(DVD)를 통해 소비하는 경향으로 만들어갔다. 물론 여기에는 중국의 영화 관람료가 지나치게 비싸다는 점도 원인으로 지적할 수 있는데, 보통 대도시의 극장 입장료가 25~40위안이고 그나마도 할리우드 대작영화는 50~60위안을 호가하는데, 이는 중국 중산층의 수입으로도 적다고 할 수 없는 금액인 것이다. 이 같은 현상은 "당대 중국 관객들로 하여금 극장에서 볼 만한 가치를 가진 거대한 영화 제작 요구를 불러일으켰다. 이러한 요구는 중국의 국가 산업적 요구와 맞아떨어지면서, 중국의 블록버스터를 생성하기에 이른다."(임대근 외 2008, 185쪽)

3. 〈천하무적〉을 통해 본 펑샤오강 새해맞이영화의 특징

'흥행의 마술사'라는 별명을 가진 펑샤오강은 대표적인 상업영화 감독으로, 1994년 텔레비전 드라마 〈달의 뒤쪽月亮背面〉, 〈편집부 이야기〉 등을 연출했으며, 1997년에 코미디 영화 〈갑방을방〉으로 주목받기 시작하면서 새해맞이영화를 잇달아 발표했다. 그의 영화는 대체로 소시민의 사랑과 일상생활을 통해 현대 중국사회의 단면을 표현했는데, 왕숴식 언어의 유희로 가득한 그의 영화는 도시

소시민에게 큰 인기가 있어 장이머우, 천카이거와 함께 일반 시민에게 가장 사랑받는 감독 중의 한 사람이 되었다.

2004년 새해맞이영화인 〈천하무적〉은 펑샤오강의 6번째 영화로, 일반적으로 감독의 필모그래피 중 전환점이 되는 작품이라고 평가받고 있다. 이렇게 평가하는 근거는 〈천하무적〉을 전후로 해서 펑샤오강 영화의 규모가 확대되었다는 점일 텐데, 감독이 새해맞이영화가 대형화하는 '시장'의 추세를 감지한 것이라고 볼 수 있다. 물론 〈거장의 장례식〉의 경우에도 미국 컬럼비아사와 합작을 통해 새로운 시도를 한 것이지만, 〈천하무적〉은 자본의 확대와 국외 스타급배우 기용 같은 외연의 확장뿐만 아니라 장르상의 변화를 시도했다는 점에서 더욱 주목된다. 〈천하무적〉은 이왕의 펑샤오강 스타일을 고수하면서도 그의 영화가 국내시장이라는 지역성에 국한된다는 한계를 극복하기 위해 새로운 시도를 했다는 점에서 펑샤오강 새해맞이영화의 변모를 보여주는 중요한 영화라고 할 수 있다.

영화 〈천하무적〉의 원작은 1999년 『작가作家』에 발표된 자오번푸(趙本夫)의 단편소설 「천하무적」으로, 펑샤오강은 이 작품의 '아이러니'한 부분에 끌려 영화로 만들었다고 말한 적이 있다. 즉 한 순

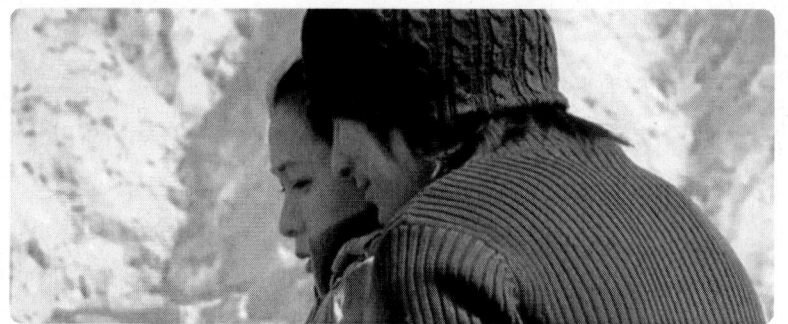

〈천하무적〉(2004)에서 펑샤오강은 홍콩과 타이완의 스타급 배우를 중용하고 아시아 시장을 겨냥했다.

박한 농민공이 품고 있는 '세상에 도둑은 없다(天下無賊)'는 믿음이, 오히려 한 쌍의 도둑 커플에 의해 지켜지고, '천하무적'의 '꿈'에서 깨어나지 않는다는 것이다. 줄거리는 도둑 커플인 왕보(王薄)와 왕리(王麗)가 '세상에 도둑은 없다'고 믿는 농민공 사건(傻根)의 아름다운 신념을 지켜주기 위해 후리(胡黎)를 우두머리로 하는 또 다른 소매치기 조직과 충돌하게 되고, 결국 왕보의 생명을 대가로 사건은 자신의 신념을 지키며, 왕리와 그녀 뱃속의 새 생명은 자유를 얻게 된다는 이야기이다.

흔히 펑샤오강의 새해맞이영화가 매번 높은 흥행성적을 이어올 수 있었던 원인으로 그의 영화가 관객들의 욕망(혹은 꿈)을 충족시켜주었다는 점을 지적한다. 여기서 말하는 관객이 중산층 관객임은 자타가 공인하는 사실인데, 펑샤오강은 누차 자신이 "시민감독"임을 강조해왔다. 감독은 이 영화 역시 자신의 장기인 "꿈으로 대중을 위로하는" 방식으로 제작해서 개봉 당시 저우싱츠(周星馳)의 〈쿵푸허슬〉에 이어 두 번째로 높은 흥행기록을 세웠다. 당시 많이 알려지지 않았던 이 소설은 영화의 성공에 힘입어 유명해졌지만, 영화는 소설의 인물과 줄거리를 상당 부분 고쳤고, 결과적으로 주제의식과 작품의 분위기도 많이 달라졌다.

원작은 순수한 청년 사건을 서술의 초점에 두고 상당히 이상주의적으로 선과 악의 세계를 묘사하면서 인간의 양심회복 문제를 성찰하고 있다. 반면 펑샤오강은 소매치기 커플 왕보와 왕리 사이의 감정 '대립' 및 그들과 다른 소매치기 조직의 '대결'을 중심으로 상당히 드라마틱하게 이야기를 전개함으로써 영화의 볼거리를 풍부하고 흥미진진하게 만들었다. 영화의 주인공인 왕씨 커플의 경우, 왕보는 6만 위안 때문에, 왕리는 부끄러운 엄마가 되고 싶지 않다는 양심 때

문에 갈등하고, 왕씨 커플과 리수 조직원 간의 대립 및 조직 내부의
권력 싸움에 이들을 쫓는 경찰까지 서로 얽혀 있으며, 영화는 주요
등장인물 간의 갈등과 해소에 많은 장면을 할애하고 있다. 따라서
영화에서는 선과 양심의 구현이라는 주제가 자극적인 액션 장면의
전개 속에 뒷전으로 밀려나고 원작의 핵심인물인 농민공 사건 역시
도둑들 간의 현란한 대결 가운데 주체적으로 이야기를 전개하지 못
하는 주변인물로 밀려나게 되었다.

영화 〈천하무적〉에서 가장 두드러진 특징은 작품의 '유희성'이
다. '유희성'은 사실상 1997년 〈갑방을방〉 이래 펑샤오강 새해맞이
영화의 주요한 특징이라고 볼 수 있다. 감독 스스로도 자신의 가장
특징적인 스타일이 '유희'라고 밝혔는데, 이는 "점잖은 척하는 것이
아니라 수많은 모순적 사유가 포함된 것으로, 고도의 상상력이 있어
야만 해낼 수 있다"(馮小剛 2000)는 것이다. 특히 〈천하무적〉에서는
유희가 아이러니와 결합해서 더욱 흥미진진하게 전개되는데, 경찰
과 소매치기, 소매치기와 소매치기 사이에서 드러나는, 당초 예상을
뒤엎는 스토리와 드라마틱한 갈등, 농담, 조롱 등 유머감각이 풍부
한 유희성 언어들을 폭넓게 배치하여 상업영화의 흥행성을 극대화

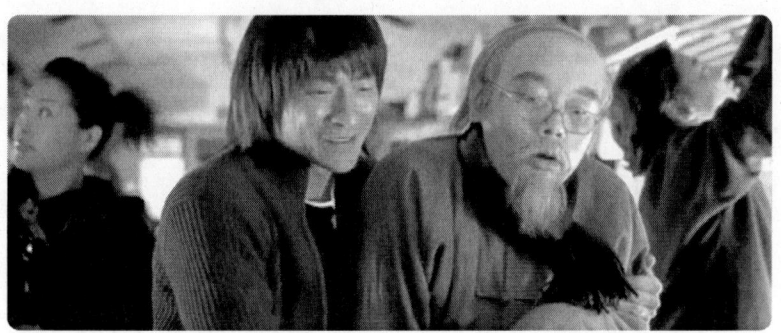

가짜 관광객으로 꾸민 리수(거유 분)의 정체를 알아본 왕보(류더화 분)

하였다.

특히 〈갑방을방〉 이후 매년 평샤오강의 새해맞이영화에 고정 배우로 출연해온 거유(葛優)는 평샤오강 스타일의 상징적 부호로서, 신랄한 조롱과 무표정한 해학 및 정형화된 연기로 사람들에게 웃음을 유발하고 긴 여운을 남겼다. 평샤오강 영화의 '유희'는 주로 왕쉐식의 언어 유희로 표현되었는데, 기성의 엄숙한 척, 점잖은 척하는 언어에 대한 전복과 해체는 그만의 독특한 웃음 효과를 유발해왔다. 생동적인 거유의 대사는 매년 그해의 유행어가 될 정도인데, 왕보를 소매치기 조직의 새로운 일원으로 끌어들이려고 하자, 이에 반대하는 자신의 부하에게 "21세기에 가장 부족한 게 뭐지? 바로 인재야!'라고 하는 말이나, "리수가 정말 화났어. 뒤에 올 결과는 심각해"와 같은 대사가 그러하다. 다만 〈천하무적〉에서 달라진 점은 지금까지 극 전체를 이끌고 책임지는 인물로서 거유가 맡아온 역할이 축소되었을 뿐 아니라 늘 도시 소시민 형상을 대변해온 그가 범죄조직의 보스로 분하면서 악을 대변하는 인물로 출현한 것이다. 이는 류더화(劉德華)와 류뤄잉(劉若英)이라는 홍콩과 타이완의 대스타를 기용함으로써 아시아라는 더 큰 시장을 염두에 두고 제작되었기 때문으로 보인다.

평샤오강은 〈천하무적〉의 원작소설과 영화의 차이를 언급하면서 거유가 맡은 '리수'의 역할이 시장에 대한 고려, 즉 흥미와 흥행을 고려했기 때문이라고 말한 적이 있는데, 이는 결국 액션 장면에 대한 필요성을 언급한 것이다. 사실 이들 소매치기 조직의 분량이 확대됨으로써 화려한 액션 장면을 삽입할 수 있었는데, 왕보와 리수 조직원들 간의 몇몇 대결장면은 〈천하무적〉에서 가장 흥미진진한 장면이다. 물론 감독의 말처럼 제작비의 한계로 인해 이런 액션 장면은 같은 해 개봉된 〈쿵푸허슬〉에 비하면 상당히 소박하다고 할 수 있지만, 그동안 주로 소시민의 일상생활을 소박하게 표현해왔던 감독이 액션 장면에 상당한 공을 들였음은 한눈에 알 수 있다. 특히 대부분의 액션이 이루어지는 기차 액션 장면에서는 그간 펑샤오강의 영화에서는 흔히 볼 수 없었던 현란한 장면이 많이 등장한다. 왕보와 리수가 식당 칸에서 날계란과 삶은 계란의 껍질 벗기기 묘기를 하고 왕보와 안경잡이가 기차 위에서 담력 시합을 하며 후리가 터널 속에서 돈가방을 훔치는 등의 장면은 사람들의 흥미를 끌만큼 생생하면서도 상상력이 넘친다.

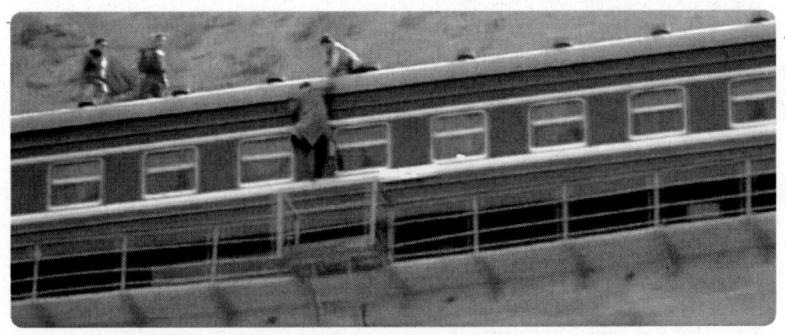

왕보와 리수의 조직원들이 기차 위에서 담력을 겨루고 있다.

펑샤오강은 〈천하무적〉에서의 예행연습을 거쳐, 바로 본격적인 무협사극 〈야연〉을 발표했다. 펑샤오강의 기존 창작 스타일과 많은 차이를 보여주는 이 영화는 중국 국내 새해맞이영화 시장이 〈영웅〉 식의 블록버스터로 변화하는 추세를 감독이 분명히 감지한 뒤에 나온 작품이다. 그러나 〈야연〉을 비롯한 〈연인〉, 〈무극〉, 〈황후화〉 등의 〈영웅〉 아류작에 대한 평가는 그리 좋지 못했고, 감독도 이 점을 분명히 의식했을 것이다. 이후 펑샤오강은 〈야연〉의 실패를 만회하

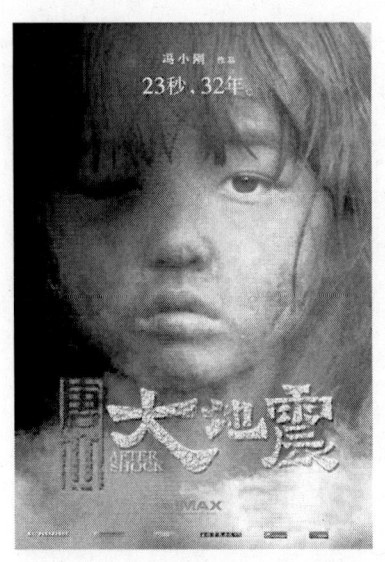

〈대지진〉(2010) 포스터. 영화 〈대지진〉은 가족의 가치를 전면에 내세운다는 점에서 주류이데올로기와 만난다.

영화로 만나는 현대중국

기 위해 블록버스터로의 변화라는 추세를 놓치지 않으면서도 중산층의 감성에 호소할 수 있는 현실주의적인 제재를 찾았다. 그는 전쟁 속에서 도구화되고 무력해진 개인의 나약함과 희생을 전면에 배치한 〈집결호〉(2007)와 지진으로 이별과 고통을 겪은 한 가족의 이야기를 사실적으로 그린 〈대지진〉(2010)을 제작했는데, 평단과 관객들로부터 상당한 호평을 받았다. 각각 전쟁영화와 재난영화의 유형에 속하는 두 영화는 극한 상황에 처한 인물을 묘사하면서 그들의 정신적 고통과 풍부한 감정세계를 잘 표현하고 있다. 이들 작품이 거둔 성공은 평범한 인물들이 풀어가는 온정으로 가득하고 드라마틱한 이야기가 평샤오강의 다른 영화들과 마찬가지로 중산층 관객의 예술 취향에 부합하는 것이고, 특히 그의 장기인 온정과 스토리텔링이 블록버스터라는 형식과 접목되었을 때 대중들에게 더욱 큰 영향력을 가질 수 있음을 보여준다.

4. 중국형 블록버스터의 전망

1990년대 이후 시장경제의 활성화는 사회전반의 상업화 경향을 가져왔고, 문화영역에서도 '대중'이 소비와 문화의 중심축으로 급부상하면서 엘리트/주선율 문화의 약세와 대중문화의 흥기라는 문화 재구성의 과정을 거쳤다. 영화계에서도 관객과 수익률 저하라는 중국영화의 위기 상황에 대처하기 위해 오락적 요소가 농후한 새해맞이영화가 출현했는데, 펑샤오강은 새해맞이영화 시장에서 가장 많은 관객을 동원할 수 있는 흥행 감독이었다.

2002년에 상영된 장이머우의 〈영웅〉은 세계무역기구에 가입한 후 중국 영화계가 직면한 현실적인 과제에 대한 반응으로 볼 수 있는데, 영화시장의 개방은 중국영화가 할리우드영화의 공세를 비롯한 국제적인 환경에서 경쟁하는 것이 불가피한 상황이 되었음을 말해준다. 이에 펑샤오강식 새해맞이영화는 대자본과 국제성, 블록버스터를 특징으로 하는 〈영웅〉식 새해맞이영화로 변화하기 시작했다. 새해맞이영화가 '블록버스터'로 변화한 것은 국내 흥행성적을 괄목할 만큼 성장시켰고 동시에 자본과 문화의 결합을 더욱 강화시켰다.

그러나 합작에 의한 대자본의 투자는 종종 단순히 규모의 확대에 머물거나 혹은 극단적인 상업성을 초래했는데, 특히 이들 블록버스터 영화가 단순한 상업성에서 벗어나 이데올로기적 상업성을 추구함으로써 유사 주선율 영화화되고 있다는 점은 주목할 필요가 있다. 동시에 중국영화의 경쟁력을 높이기 위한 시도로 기획된 이들 블록버스터 영화가 과연 중국영화의 대안이 될 수 있는가 하는 문제 역시 대부분의 새해맞이영화를 블록버스터 영화로 채우고 있는 현실에서 반드시 짚어봐야 할 물음이다.

• 갑방을방甲方乙方(펑샤오강, 1998)

중국 최초의 새해맞이영화로서 펑샤오강 새해맞이영화의 특징을 전형적으로 보여주는 작품이다. 주인공이 '드림팩토리'라는 사업을 통해 의뢰인의 '꿈'을 대신 이뤄주고 성공한다는 극의 줄거리는 펑샤오강 새해맞이영화가 궁극적으로 소시민의 대리욕망을 실현한다는 의미에서 상당히 의미심장하다.

• 대지진唐山大地震(펑샤오강, 2010)

중국 역사상 최악의 자연재해로 기록되는 '탕산대지진' 74주년을 기념해 탕산시의 요청으로 제작된 영화이다. 개봉 당시 역대 최고의 흥행 성공을 거둔 작품이다. 실제 사건을 배경으로 한 공감할 만한 이야기와 30여년에 걸친 한 가족의 이야기를 진정성 있는 감정을 통해 전해주는 가족애와 휴머니즘을 부각시킨 영화이다. 자세한 것은 이 책의 제2부 〈대지진〉을 참고하세요.

• 영웅英雄(장이머우, 2002)

중국 전국(戰國)시대를 배경으로 천하통일을 노리는 진시황을 암살하려는 무림 고수들에 얽힌 이야기로 장이머우의 첫 번째 무협영화이다. 최고의 영상미를 구현했다는 평과 함께 중화의 패권주의를 합리화하는 영화라는 평을 얻기도 했다.

참고 자료

김진정(2009), 『소설과 영화의 서사비교-조본부의 소설 「天下無賊」과 영화 〈天下無賊〉을 중심으로』, 한국외국어대학교 중어중문학과 석사학위논문

명판화 저/김태만 · 이종민 역(2002), 『중국, 축제인가 혼돈인가』, 예담, 서울

임대근 외(2008), 『중국영화의 이해』, 동녘, 서울

馮小剛, 譚政(2000), 「我是一個市民導演」, 『電影藝術』, 제5기

馮小剛, 譚政(2005), 「〈天下無賊〉:用夢慰藉心靈」, 『電影藝術』, 제1기

胡嶸(2008), 「透視中國電影賀歲十年」, 『電影藝術』, 제2기

대중문화와 전통의 소환

무협문화

동사서독東邪西毒
(王家衛, 1994)

김 명 석

1. 무협과 〈동사서독〉

지금은 퇴락하여 젊은 시절 향수에 젖은 중년들만이 가끔 돌아볼 뿐이지만, '홍콩 느와르'라는 장르가 아시아를 휩쓴 적이 있다. '개처럼 사느니 영웅처럼 죽고 싶다'는 〈첩혈쌍웅牒血雙雄〉에서 저우룬파(周潤發)의 대사처럼 의리에 죽고 사는 인물들은 팬들의 심금을 울렸다. 비록 홍콩 뒷골목 건달이거나 면직되기 직전의 형사일 뿐이었지만 말보다 행동을 앞세웠던 그들에게는 스스로를 죽음으로 내모는 중국 대륙의 유서 깊은 혈통이 있었던 것이다.

그것은 바로 '무협'이다. 사마천(司馬遷)의 『사기史記』, 「유협열전遊俠列傳」에서부터 등장하는 '협(俠)'이라는 글자는 사람(人)과 겨드랑이에 끼고 있는 것(夾)이 합쳐진 모양이다. 여기서 협이란 약한

사람을 끼고 도와주는 의로운
행위, 그런 사람을 지칭한다는
것을 잘 알 수 있다. 무협물에
서는 이들이 활동하는 무대를
'강호(江湖)'라고 한다. 강호는
중국 강남의 평원을 도도히 흘
러가는 강과 호수를 뜻하는 것
이 아니라 협과 협이 모여 활동
하는 곳이다. 이들의 네트워크
가 바로 강호인 것이다. 이후
사마천에 의해 기록된 협의 역
사는 이야기꾼들에 의해 연의

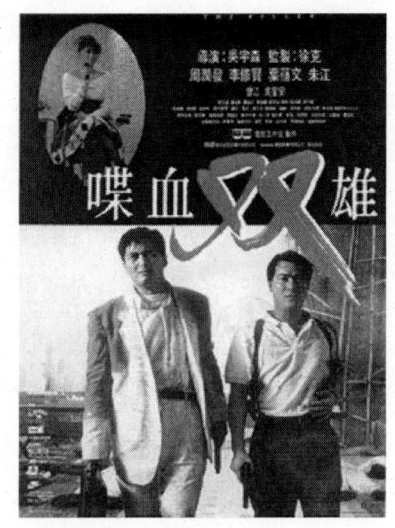

우위썬(吳宇森)의 〈첩혈쌍웅〉

(演義, 역사소설)로 기록되고, 시인들에 의해 의협시가 되고, 배우에
게 가서는 희극으로 공연되었다. 그리고 현대 중국에 와서는 구파
무협소설, 신파 무협소설로 진화했고 노래 속에서, 연극 속에서 모
습을 드러냈다. 이처럼 중국의 어떤 서사장르를 살펴보아도 거기에
는 무협이라는 코드가 스며들어 있다. 그래서 무협사극이 지금도 타
이완, 홍콩, 싱가포르 같은 중화권은 물론 한국, 일본에까지 고정적
인 관객층을 확보하는 영상장르로 일컬어지는지 모른다.

　　김현이 일찍이 평론에서 밝혔듯이 성인들은 아동이 동화책을 읽
듯 무협소설에 빠져든다. 그것은 '청년고수가 사회생활에서 필요한
여러 가지 처세술을 배워 대협으로 커나가는' 일종의 성장 과정이
다. 특히 20세기 중국문학의 거장 중 한 명으로까지 격상된 진융(金
庸)의 무협소설은 해마다 한두 편씩 영화나 드라마로 제작, 상영되
어왔다. 진융은 량위성(梁羽生), 구룽(古龍) 등과 바로 신파 무협소설

의 대표 작가이다. 중국의 국영 방송인 CCTV에서도 『소오강호笑傲江湖』 같은 그의 작품을 드라마로 제작했고 베이징대 중문과 학생들 중 절반은 진융의 팬일 만큼 진융의 무협소설이 문화코드가 된 지도 수십 년이 지났다. 70~80년대 우리의 무협영화에서 홍콩 무협영화의 분위기를 쉽게 찾을 수 있듯이, 과거 홍콩영화는 무협소설에 나오는 계보나 사승(師承) 관계를 짜깁기한 인물들이 판치는 활동무대였다. 무협소설 속 창과 칼을 버리며 의협심에 죽고 살던 강호는 생존경쟁 논리가 판을 치는 홍콩사회로 무대가 바뀌어 있을 따름이다. '협' 이라는 인간이 진융의 『소오강호』뿐만 아니라 쉬커(徐克)의 영화 〈소오강호〉에도 살아 있음은 물론이다.

이렇게 진융의 무협코드가 소설을 넘어 영화는 물론 애니메이션, 게임 같은 대중서사로 진화되던 1994년, 왕자웨이(王家衛)는 소설 속 주인공들의 성이나 이름만 빌어온 영상물을 구상한다. 그것은 1990년대 홍콩에서 대작 장편소설을 각색해 영화로 제작하는 흐름이 유행처럼 번지던 시대적 흐름과도 연관이 있다. 이렇게 제작된 〈동사서독〉은 무협소설의 대가로 불리는 진융(金庸)의 소설 『사조영웅전射雕英雄傳』의 내용을 차용하고 있다. 그러나 원작의 인물 내력이나 성격만을 차용했을 뿐, 가장 주요한 인물형상인 대협 곽정(郭靖)은 사라지고 악역에 가까운 황약사(黃藥師: 東邪)와 구양봉(歐陽鋒: 西毒)이 주인공으로 등장한다. 이렇게 소설과는 완전히 다른 내용으로 이야기가 전개되지만 관객에게는 일종의 기시감(旣視感)을 제공한다. 관객

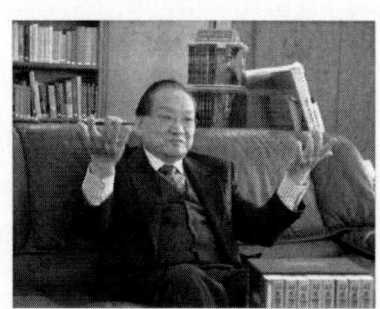

진융

들은 어디선가, 언젠가, 이미 읽고 보아온 이들이 등장하는 진용의 여러 소설을 떠올리게 된다. 바로 『사조영웅전』, 『신조협려神雕俠侶』, 『의천도룡기倚天屠龍記』가 그것으로, 이 소설들과 영화 〈동사서독〉의 등장인물, 제재는 내적으로 연관되어 있다.

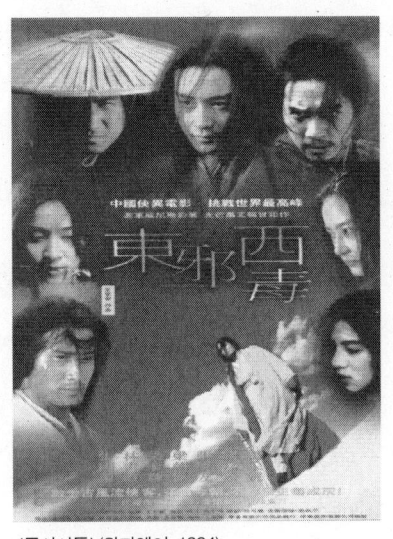
〈동사서독〉(왕자웨이, 1994)

영화 〈동사서독〉의 배경은 신비로운 분위기의 사막이다. 황량한 사막풍경 속에서 이루어지는 부조리한 삶, 이상과 일상이 혼재되어 뭐가 뭔지 모를 장면으로 펼쳐지는 상상 속 강호의 이미지로 영화는 채워지고, 이는 새로운 이미지의 수사학에 관한 가능성을 열었다는 호평을 받았다. 마시면 과거의 기억을 잊는다는 술(취생몽사주)이 환상적 요소로 등장하고 협객들은 삶과 죽음이 교차하는 무수한 고비를 넘긴다. 기존의 무협영화와는 전혀 달리 '무(武)'는 있으되 '협(俠)'은 찾아볼 수 없다. 『사조영웅전』의 협객들은 계란 몇 개에 사람을 해치는 해결사로 전락해 있다.

전통적인 중국의 자연과 도시를 배경으로 하는 『사조영웅전』의 상상세계 강호를 감독은 〈동사서독〉에서 포스트모던한 이미지로 해체해서 재구성한다. 그래서인지 장궈룽(張國榮), 린칭샤(林靑霞), 량차오웨이(梁朝偉), 장쉐유(張學友), 량자후이(梁家輝) 등 홍콩과 타이완의 스타급 배우들이 대거 출연했다는 사실보다 뛰어난 영상미와 슬로우모션 등의 영상기법이 영화가 성공한 주요인으로 꼽힌다. 영화는 구양봉(張國榮 분)의 자술(自述)에 황약사(梁家輝 분)의 서술을 삽입하는 일기체 형식으로 전개되는데, 여기서 감독은 탁월한 재해석 능력을 발휘하여 포스트모던한 상상의 세계에 던져진 협객들의 실연의 고통을 다룬다.

〈동사서독〉은 인물보다 사건이, 형상보다 대화가 두드러진다. 형식과 표현방법이 내용이나 느낌보다 우세한 것은 〈아비정전阿飛正傳〉(1990), 〈중경삼림重慶森林〉(1994)에도 공통된 왕자웨이 영화의 특징으로, 그 나름의 흥행 전략이라 할 수 있다. 그러나 현실과 가상, 원작과 각색의 구분을 어렵게 만들고 등장인물의 구분조차 헷갈리게 만드는 것은 왕자웨이 영화를 이해하기 어렵게 만드는 결함일 수도 있다.

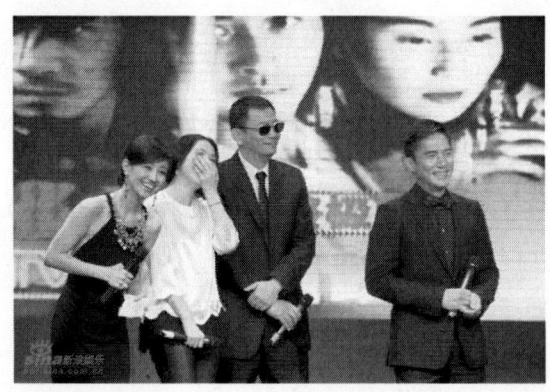

〈동사서독 리덕스〉 시사회
에 참석한 왕자웨이(가운데)

진융의 『사조영웅전』은 1958년 광둥어 영화 〈사조영웅전〉(상, 하편) 이후, 1977년에 영화로, 이후 TV드라마로 수없이 각색되면서 '컬트' 적 대상이 되었다. '컬트' 란 기존 장르의 영상물이 더 이상 한 사회의 정신적 구심점이 되지 못할 때, 대중이 새로운 정신적 구심점을 찾기 위해 관심을 쏟는 것을 말한다. 진융소설의 엄청난 인기와 함께 영상물 또한 하나의 문화현상이 된 것이다. 소설이 영화로 각색될 경우 감독의 재해석이 이루어질 수밖에 없는데, 왕자웨이의 다른 영화와 마찬가지로 〈동사서독〉에도 1997년 홍콩 반환을 앞두고 홍콩인들이 느끼는 불안, 불확실한 미래에 대한 불안이 투사되어 있다. 〈동사서독〉을 보면서 원작의 인물들이 추구하는 모습이 어떻게 변모되었는지를 기억의 장치와 관련시켜 고찰할 수 있을 것이다. 홍콩인의 기억은 영화가 제작된 홍콩의 시공간과 연관된 것으로, 우리는 『사조영웅전』이 〈동사서독〉이라는 영화로 재탄생된 계기와 사회적 알레고리를 살펴보게 될 것이다.

2. 구양봉─기억 지우기로 정체성 찾기

구양봉은 무림의 고수가 되기 위해 사랑하는 여인을 두고 고향을 떠났다. 그녀가 자신을 기다려줄 것이라고 믿었지만 고향에 돌아와 보니 자신의 형과 결혼을 한 처지였다. 구양봉은 옛 사랑을 평생의 한으로 가슴에 묻은 채 사막에서 청부업자로 일하며 살아가기로 한

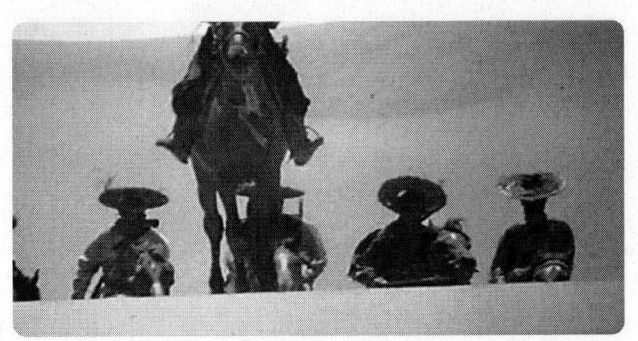

마적떼

다. 그에게는 황약사라는 절친한 벗이 있다. 황약사는 친구인 '눈먼 무사'의 부인과 불륜을 저지르고는 도화림(桃花林)을 떠나 그를 찾아왔다. 그런데 사실은 황약사 역시 마음속으로 구양봉의 형수를 사모하고 있는 상황이다. 구양봉은 어떤 여인이 주었다는, 과거를 잊는 술(취생몽사)을 가져와 마신다. 얼마 뒤 모용연(慕容燕)이라는 사내가 구양봉을 찾아와 황약사를 죽여달라고 청부한다. 그런데 모용연은 남성인 동시에 여성이기도 한 인물이다. 모용연은 황약사에 대한 자신의 사랑을 확인한 채 검객이 되어 사라진다.

어느 날 '눈먼 무사'가 구양봉을 찾아온다. 그는 자신을 청부업자로 고용해줄 것을 부탁한다. 자신의 눈이 멀고 있는데 눈이 완전히 멀기 전에 고향에 있는 복사꽃을 보는 것이 소원이라고 한다. 고향에 갈 노잣돈을 마련하기 위해 일을 하겠다는 것이다. 하지만 그는 아내가 다른 남자를 사랑한다는 것을 알고 있다. 한편, 줄 것이라고는 계란 한 꾸러미밖에 없지만 그것을 대가로 동생을 해친 원수를 갚아달라는 어떤 소녀가 찾아온다. 구양봉은 그녀의 청을 냉정하게 거절하지만 '눈먼 무사'가 나서서 마적과 결투를 벌인 끝에 죽는다. 얼마 후, 또 다른 사내 홍칠(洪七)이 나타나 마적과 싸우고 그녀의 청대로 관군을 해치운다. 그러나 홍칠은 손가락 하나를 잃고 생의 의

영화로 만나는 현대중국

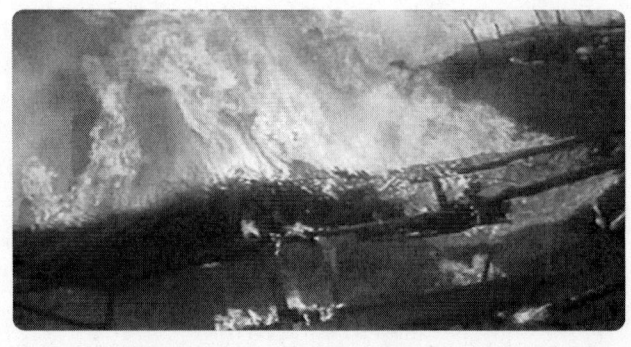

불타는
구양봉의 거처

미를 깨닫고는 아내와 함께 그곳을 떠난다.

　구양봉은 홍칠을 바라보며 떠나온 여인, 형수를 떠올린다. 사실은 형수도 구양봉을 잊지 못하고 있었고 그녀를 사랑한 황약사는 구양봉의 소식을 빌미로 매년 그녀를 만나왔던 것이다. 취생몽사주는 바로 그녀가 준 것이었다. 이렇게 마음속에 상처를 가진 사람들이 만나고 헤어지며 서로 죽고 죽이면서 세월은 흘러간다. 마침내 구양봉은 형수가 죽었다는 소식을 듣게 된다. 그는 자신의 여관에 불을 지른 다음 끝없는 길을 떠난다.

　〈동사서독〉의 인물묘사는 우수한 영상기법과 더불어 관객들에게 깊은 인상을 남겼다. 특히 관객들에게 회자되는 환상적인 장면은 장궈룽과 린칭샤의 정사 장면이다. 영화 속에서 모용언(慕容嬿)은 황약사에 대한 욕망을 이기지 못하고 구양봉을 황약사로 오인하고 정사를 벌인다. 그런데 황약사로 오인된 구양봉은 정사를 나누며 오히려 자유로움을 느낀다. 모용언은 구양봉의 몸을 빌어 황약사와 사랑을 나누지만 구양봉은 모용언의 손을 형수의 애무로 받아들일 따름이다. 영화 속에서 가장 환상적으로 보이는 이 장면이야말로 무협판타지로서 〈동사서독〉이 선보이는 영상미학의 정수가 아닐까? 강호의 영웅에서 일개 낭인으로 영락한 동사와 서독이 기억의 불모성과

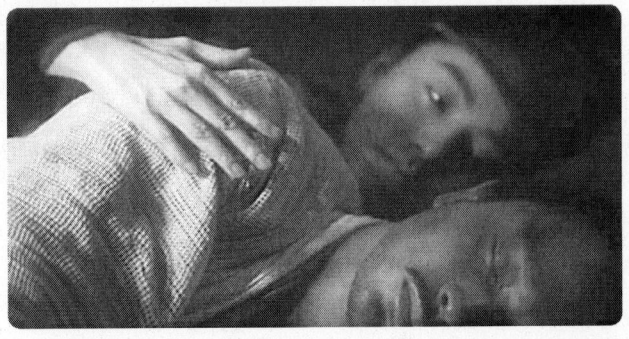

치명성으로부터 벗어나 꽃피운 환타지……. 이들에게 인간으로서 달콤한 환각의 순간이 없다면, 과거를 잊는 술 취생몽사가 없었다면 황량한 사막으로 변한 강호에서 어찌 견딜 수 있었으랴?

영화에서 구양봉의 조언자는 황약사이다. 그래서인지 오빠 모용언은 구양봉에게 황약사를 죽여달라고 부탁한다. 이 영화에서 린칭샤는 오빠(모용언)와 여동생(모용연)의 1인 2역으로 등장한다. 그는 오빠로 등장했을 때는 구양봉에게 황약사를 죽여달라고 하더니, 여동생으로 등장해서는 오빠를 죽여달라고 한다. 이렇게 조언자(황약사)의 희생이 눈앞에 다가온 순간, 영화에서 조언자는 죽음의 문턱에서 되살아난다. 모용언은 홀연 자신이 황약사를 사랑하고 있다는 것을 깨달았던 것이다. 나중에 구양봉은 모용언이 원래 여자였음을 알게 되고 다음과 같이 서술한다.

모용언과 모용연은 두 개의 모습을 가진 한 사람이었다. 그리고 그 모습의 정체는 상처받은 사람인 것이다.

영화에서 번갈아 등장하며 관객을 헷갈리게 하는 모용언과 모용연은 사랑의 상처에 힘겨워하는 남녀를 대변한다. 바로 구양봉의 자술대로 '두 개의 모습을 가진 한 사람', 즉 또 하나의 자아(alter ego)인 것이다. 사랑의 상처를 가슴에 묻은 채 독고구패(獨孤求敗)가 되어 표표히 사라지는 모용언의 모습에 관객들은 사막으로 변한 강호에서 잊혀진 원작의 영웅을 떠올리게 된다. 독고구패란 '구패', 즉 한 번도 진 적이 없어서 패배를 구하러 다닌다는 전설 속의 협객이다. 진융의 무협소설에서도 여러 차례 언급만 될 뿐, 한 번도 등장한 적은 없는 무림의 고수이다. 린칭샤가 연기한 두 인물의 형상을 빌어 감독은 등장인물들이 사랑에 대한 한을 함께 풀고 공존공생한다는 이른바 해한상생(解恨相生)을 지향하는 모습을 그리려 한 것 같다. 구양봉에게는 여러 사람이 찾아오지만 한결같이 오래 있지 못하고 떠나가거나 죽음을 맞을 뿐이다. 예를 들면 '눈먼 무사'는 구양봉을 찾아와서는 아내가 있는 고향의 복사꽃을 보러 갈 노잣돈을 마련하기 위해 마적과 결투를 벌이다 죽음을 맞는다. 영화에서 홍칠을 제외하고 해피엔딩을 이루는 커플은 보이지 않는다. 따라서 독고구패가 그랬듯이 정처 없는 길을 떠나는 인물들 모두가 원래 바람처럼 해한상생을 이루었던 것은 아니다.

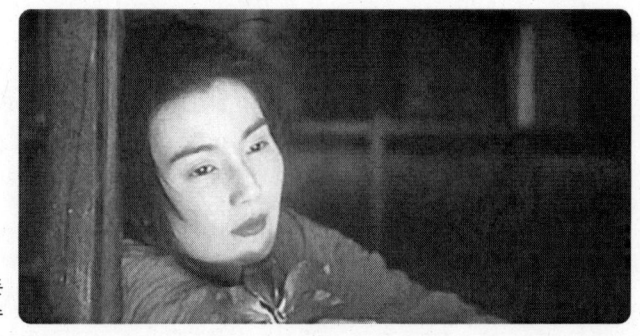

복사꽃을 든
형수

원작 『사조영웅전』에서 곽정은 고난과 시련 극복, 악의 완전한 퇴치에 이르는 여정의 기간 동안에 자신의 운명에 대한 실존적 고민을 겪기도 한다. 그런데 영화의 등장인물에게서 이러한 실존적 고민은 찾아보기 어렵다. 대협 곽정과 황용(黃蓉)이 사라진 강호의 사막에서 이들은 잃어버린 사랑을 찾기 위해 노력하지만 허무함에 빠져들 뿐이다. 마치 신념을 이루기 위해 노력하지만 실패에 대해 불안해하는 현대인처럼 말이다. 구양봉과 황약사가 꿈속에서도 잊지 못하던 형수도 마찬가지다. 황약사가 형수를 찾아가 형수의 아들이 그녀에게 가장 소중한 존재가 아닌가라고 묻자 형수는 다음과 같이 답한다.

옛날엔 그렇게 생각했죠. 하지만 아이가 성장하면 언젠가 떠나게 되겠죠. 그래서 모든 게 허망해요. 전엔 '사랑'이란 말을 중시해서 말로 해야만 영원한 줄 알았죠. 하지만 지금 생각해보니 하든 안 하든 차이가 없어요. 사랑 역시 변하니까요. 난 이겼다고 생각해왔어요. 그러던 어느 날 거울을 보고 졌다는 걸 깨달았어요. 내가 가장 아름다웠던 시절엔 사랑하는 사람이 곁에 없었죠. 다시 시작했으면 좋겠어요.

영화에서 구양봉과 황약사, 형수의 관계는 사랑의 삼각관계 그 이상의 의미가 있다. 이상과 현실은 아이러니하게도 모순을 이루고, 대협이 사라진 세계에서 인물들은 더 이상 확신도, 신념도 가질 수 없다는 것을 깨닫는다. 이것은 외부세계가 절대로 우리의 목적과 방향을 말해주지 않는다는 것을 깨닫는 경험이기도 하다. 이들이 〈동사서독〉에서 겪게 되는 실연의 고통, 즉 신념의 상실은 원작에서는 찾아보기 힘들다. 원작과 영화가 홍콩이라는 공간을 공유하지만 시기적으로 차이가 나는 것을 감안하면 협객들의 고뇌는 중국반환을

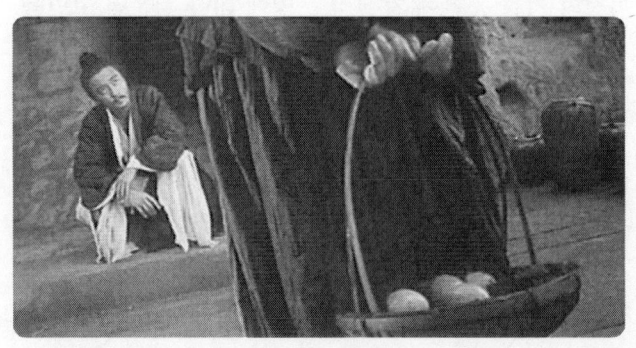

앞둔 현대 홍콩인의 정체성 상실을 반영하는 것이 아닐까?

영화에는 고녀(孤女)라는 순정녀가 등장한다. 빼어난 미모를 가진 그녀는 계란 몇 개와 나귀 한 마리를 가져와 눈먼 무사와 홍칠에게 개인적인 복수를 해달라고 애원한다. 구양봉이 이런 고녀를 보며 다음과 같이 되뇌이는 말에는 현대 홍콩인의 신념의 상실을 엿볼 수 있다.

신념을 지키려는 사람의 모습이 때로는 시간낭비로 느껴진다. 하지만 그녀는 고집을 꺾지 않았다.

영화에는 많은 사람들이 오고 가지만 죽기 직전에 모종의 깨달음을 얻는다. 특히 홍칠은 매 순간 자신의 행동을 반성하고 또 과거와 비교해가며 깨달음을 얻고자 고민하는 독특하고도 현명한 사람이다. '눈먼 무사'와 달리 홍칠은 달걀 몇 개로 한 여인의 복수를 해주기로 하는 무자비한 모습을 보인다. 그 와중에 손가락을 잃게 되지만, 그는 그 어떤 대가도 바라지 않는다. 달걀이 손가락과 바꿀 만큼 가치가 있는가라는 구양봉의 말에 홍칠은 이렇게 대답한다.

없소. 하지만 기분은 좋소. 이게 본래의 내 모습이오. 다치지 않아야 했겠지만 검이 옛날처럼 빠르지 못했소. 옛날에 검이 빨랐던 건 옳다고 믿고 했기 때문이오. 대가를 바란 적이 없었지. 난 평생 안 변할 줄 알았는데 그 여자에게 부탁을 받는 순간 완전히 변해 있는 나를 보았소. 나는 약속을 안 했소. 당신이 허락하지 않을 테니까. 그날 난 실망을 했던 거요. 당신과 지내면서 나 자신을 잃은 채 당신을 닮아가다니. 난 당신처럼 되긴 싫소. 당신은 달걀 하나 때문에 위험을 무릅쓰진 않겠지? 이게 나와 당신의 차이요.

대중문화와 전통의 소환

여기서 달걀 몇 개에 사람을 죽이려던 홍칠도 해결사로서 나름대로 신념을 갖고 있음을 알 수 있다. 그러나 홍칠이 자신을 잃으면서까지 구양봉처럼 되기 싫다고 하는 말은 왠지 자기 합리화를 위한 변명처럼 들린다.

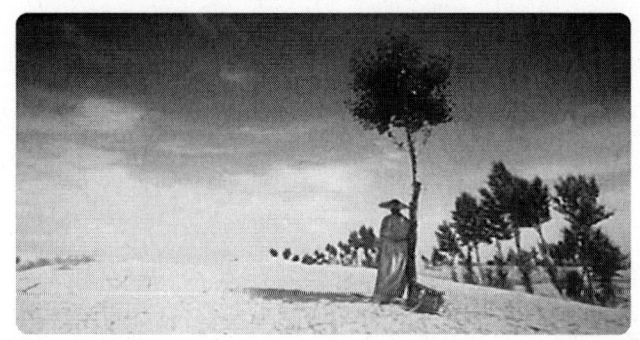

홍칠

원작에서는 곽정에게 실존적 고민을 겪는 근대적 주체로서의 모습이 있었지만 영화에서는 그가 사라진 대신 강호의 영웅에서 사막의 해결사로 영락한 인물들이 겪는 내면적 고뇌가 구술된다. 이들이 영화 속에서 겪는 갖가지 사건들 또한 근대로 가는 길목에서 마주칠 법한 일들이다. 그러나 이들은 고뇌를 잊고자 칼을 휘두르고 술을 마실 뿐이다.

사랑하는 여인에 대한 한을 함께 풀고 공존공생하고자 구양봉과 황약사는 취생몽사를 나누어 마셨다. 이들이 취생몽사를 마시는 것이 현실에 대한 망각이라면, 황약사에 대한 집착을 접고 고독한 검객(독고구패)이 되어 강호를 누비는 모용언의 행보는 망각의 몸부림에 다름 아니다. 그들은 이렇게 기억 지우기를 시도했지만 끝내 기억을 지울 수도, 현실을 넘어설 수도 없었다. 홍콩 반환 이후 감독이,

또 등장인물들이 맞이할 미래가 너무도 불투명해서 그랬을 것이다. 그것은 1997년을 앞두고 홍콩인들이 미망의 여정을 떠난 황약사처럼 홍콩을 떠나거나 구양봉처럼 사막에 남아 예전에 하던 일을 할 수 밖에 없었던 데에서도 잘 드러난다.

3. 다시 그리는 강호(江湖)

『사조영웅전』은 송말원초(宋末元初)를 시대적 배경으로 하고 있고, 소설의 장면이나 주요 배역의 모습과 행동에는 한족의 색채가 짙게 느껴진다. 반면 영화는 영화 전반에 걸쳐 푸르고 신비로운 중원의 모습이 한 번도 보이지 않는다. 넘실거리는 바다와 이글거리는 태양……. 전체적으로 푸른 하늘과 대비되어 가뭄에 시달린 붉은 톤의 사막의 모습뿐이다. 『사조영웅전』의 후반부에, 징기스칸이 죽기 전 곽정이 그를 만나기 위해 갔던 사막의 모습, 어쩐지 음산하고 버려진 땅 이미지의 헐벗고 황폐한 이미지가 영화를 가득 채우고 있는 것이다. 주목할 점은 화면 어디에도 넓고 푸른 초원에 희망과 사기에 충천한 몽골족의 기상은 찾아볼 수 없다는 것이다. 한마디로 영화 속 강호는 한족의 머릿속에 잠재되어 있는 전통적인 오랑캐 땅을

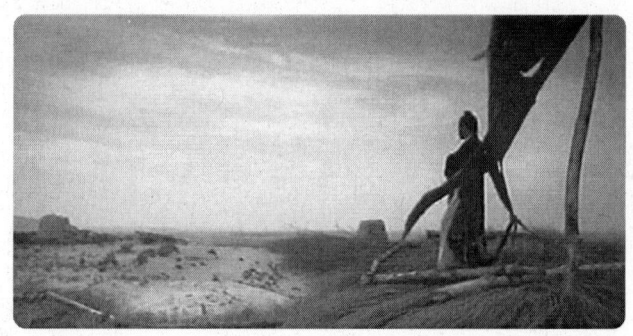

사막으로 변한
강호

연상시킨다.

징기스칸이 동서양을 재패하는 영상물은 수없이 제작되어왔다. 이들 영화에서는 등장인물의 모습과 배경이 중국적이냐 몽골적이냐에 따라 중화적 의도가 얼마나 내재되어 있는지를 짐작하게 된다. 그렇다면 영화에서 중원이 황폐한 사막으로 변해 있는 것은 한족 출신 감독의 입장에서 몽고족이 지배하는 천하, 그 세상의 이미지를 표현한 것 아닐까? 그렇다면 여기에 중화민족과 오랑캐의 구분이 전제되어 있을 것이다. 그게 아니라면 1997년 홍콩 반환 이후 황폐한 미래상에 대한 알레고리일 수도 있겠지만······.

중국에서 태어나 홍콩 국적을 가진 왕자웨이는 〈동사서독〉에서 『사조영웅전』에 등장하는 3명의 주인공만 뽑아 동사, 서독, 북개(北丐)라는 '동-서-북'으로 된 이름을 재분배한다. 원작에서 남제(南帝) 단지흥(段智興)이 배제된 새로운 구도이다. 왕자웨이는 세 명의 절세 고수를 통해서 강호에서 기본적인 진법을 펼친다. 원작의 진법은 동서의 수평선과 남북의 수직선으로 이루어져 있다. 그런데 삼각형의 모양을 띠고 있는 〈동사서독〉의 진에는 남북의 수직선이 사라지고 없다. 원작과 영화의 구도를 비교한 두 도식을 다음과 같이 살펴보면 이해가 쉬울 것이다.

영화로 만나는 현대중국

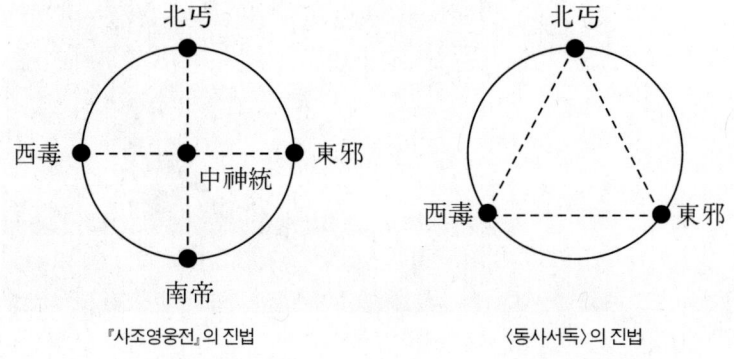

『사조영웅전』의 진법   〈동사서독〉의 진법

〈동사서독〉에서 황약사(동사)와 구양봉(서독)은 세계의 중심에 자리한다. 원작에서 남제가 대변하던 양(陽)의 세계(南)는 영화에서 사라지고 없다. 양이라는 글자는 원래 햇볕이 드는 곳을 의미하고, 음은 그늘진 곳을 의미한다. 원래 천체현상을 가리키는 이 구분이 사람세상에 적용되면서 점차 의미가 확대되었고, 춘추전국에 이르러서는 음양의 원리가 중국의 전통철학을 아우르는 기본원리가 되었다. 유학(儒學)이 문사를 대표한다면 무협은 무사를 대표하는 이름이었다. 문사(文士)의 도가 드러난 것이라면 무사(武士)의 도는 감추어진 것이다. 영화 속에서 북개는 음의 세계(北)와 기층민중의 세계(丐)를 대변하고 있다. 이렇게 우리는 〈동사서독〉의 진법에서 음양의 문화도식을 찾아볼 수 있다.

황약사(동사)와 구양봉(서독)이 부조리한 삶을 살아가는 신비로운 분위기의 사막은 양의 세계가 배제된 세계이다. 이러한 진법은 중국의 전통적 천하관과 전혀 다른 양상이지만 이런 지배집단의 세계에서 이들은 도통을 획득하였다. 남제가 사라진 〈동사서독〉에서 주인공들은 계란 몇 개에 사람의 목숨을 해치는 해결사로 전락해 있다.

영화 속에서 홍콩의 총체적 모습이 그대로 비추어지지는 않지만 홍콩인 의식의 저변에 깔려 있는 집단정신이 반영되어 있음은 분명

대중문화와 전통의 소환

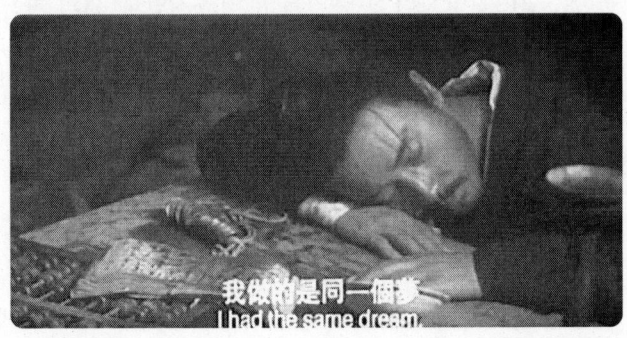

취생몽사주에
취한 구양봉

我做的是同一個夢
I had the same dream

하다. 영화는 어떤 방식이든 사회를 그대로 반영하기 때문이다. 이런 통념에 따르면 동사, 서독, 북개라는 '동-서-북'으로 재분배된 천하는 오늘날 중국 또는 홍콩에서 전통적 세계관이 무너지고 문화적 구심점이 상실된 모습을 떠올리게 한다. 그렇다면 영화에서 강호는 드라마보다 더 극적인 사회, 영화 속에 반영된 현실의 모습이다. 왕자웨이의 영화뿐만 아니라 1980~90년대 홍콩의 무협물에 나오는 강호도 홍콩의 현실을 은유한 것이 아닐까?

영화에서 동사와 서독이 망각의 술(취생몽사)을 마시는 순간 눈 앞에는 환영이 펼쳐지고 이들은 망각의 늪으로 빠져든다. 취생몽사를 마신다는 것은 구심점을 상실한 홍콩을 잊어버리고 대신 하나된 중국을 수용하며 홍콩의 미래라는 불확실한 가상세계를 받아들이겠다는 입문의 서약이다.

또 대협이 사라진 강호에서 절대 권력에 대한 유혹은 버려지고 파괴되어야 할 악일 뿐이다. 모용언은 황약사에 대한 집착을 접고 최고의 검객(독고구패)이 되어 강호를 주유한다. 그녀의 행보는 동사와 서독의 형수를 향한 부질없는 욕망과 상반되는 것이기도 하다. 망각의 취생몽사를 마시고 동쪽의 도화도(桃花島)로 은거하는 황약사, 그리고 사막에 남아 하던 일을 계속하는 구양봉……. 무(武)만 있을 뿐, 협(俠)이 사라진 낭인들의 영화지만 관객의 아드레날린 분비를 자극하는 현란한 검술 장면은 여타 무협물과 차이가 없다. 게다가 삼각관계에서 사랑의 소유본능 사이에 놓인 심리적 길항까지 드러내며 이야기는 필연적인 운명을 향해 내달린다.

중화인민공화국 수립 이후 홍콩인들은 100년의 조차 기간을 거쳐 사회주의 중국으로 되돌아갈 운명의 시간을 기다려왔다. 그래서인지 왕자웨이의 영화에는 홍콩인들이 이룬 고도성장에도 불구하고 이들이 보내는 방황의 시간이 잘 반영되어 있다. 『사조영웅전』이 1990년대에 〈동사서독〉으로 재탄생된 데에는 중국도, 영국도 아닌 불확정적인 시대를 살아야 하는 불안의 징후가 한몫했음이 분명하다. 그동안의 무협물과 전혀 다른 구도와 내용은 미래에 대한 불안이 홍콩사회에 만연한 데서 기인할 것이다.

게다가 1997년은 새 천년을 앞둔 시점으로 세기말을 사는 사람들의 불안한 심리까지 표출되던 때였다. 왕자웨이는 홍콩의 중국 반환을 목전에 둔 시기에 〈동사서독〉 제작을 통해 오랑캐의 무대인 사막에서 남과 여라는 두 성별이 사랑과 권력을 놓고 고뇌하는 이야기를 그려냈다. 중화민족과 오랑캐, 중심과 주변이라는 이분법은 영국의 식민지인 홍콩에서는 중국과 영국이라는 이분법으로 대체될 수 있다. 이런 이원대립의 질서가 무너지고 중심과 주변이 교차되는 경계가 무너지는 가운데 영화에서 칼날을 튕기며 맞서는 협객들의 대결은 바로 홍콩인들의 생존경쟁이다. 영화에서 홍칠은 계란 몇 개에 결투를 벌이다 손가락을 잃고, 구양봉은 돈을 벌려고 사람을 죽이는 해결사로 등장한다. 천하를 놓고 자웅을 겨루는 협객들의 이야기에 익숙한 관객들에게 이런 설정은 대단히 희화적으로 보인다. 이 또한 1990년대 홍콩사회의 치열한 생존경쟁과 무관할 수 없는 알레고리이다. 불확실한 미래를 위한 생존논리로서, 감독은 1997년 이후 홍콩인의 운명과 정체성을 영상으로 표출했던 것이다.

영화가 결말을 향해 치달으면서 구양봉은 형수가 죽었다는 소식을 듣는다.

입춘이 지나고 경칩이 왔다. 이맘때면 친구가 찾아왔지만 금년에는 오지 않았다. 그 후 백타산에서 편지를 받고 형수가 2년 전 가을에 중병으로 죽었다는 것을 알았다. 황약사가 안 올 줄은 알지만 계속 기다릴 생각이다. <u>난</u> 이틀 동안 문 앞에 앉아서 하늘이 변하는 걸 보고서야 이곳에 오랫동안 있으면서도 사막도 제대로 못 보았다는 것을 알았다. 옛날에는 산을 보면 산 너머에 뭐가 있는지 궁금했다. 하지만 지금은 아니다. <u>나</u>는 기구한 운명으로, 어려서 부모를 잃고 형에 의지해서 자라며 스스로 자신을 지켜야 했다. 거절당하기 싫으면 먼저 거절하는 게 최선이다. 그래서 돌아가지 않았다. 그곳이 좋긴 하지만 이젠 돌아갈 수 없다. <u>난</u> 부부궁합이 나쁜 운세로, 혼인은 유명무실하다고 했지만 이렇게 들어맞을 줄은 몰랐다. 그날 <u>나</u>는 술을 마시고 싶어 취생몽사를 마셨다. 그리고 계속 내 일을 했다.

위의 밑줄 친 부분에 등장하는 '나'(구양봉)는 홍콩인의 메타포어이다. 나는 '부모(중국)'를 잃고 '형(홍콩행정부/영국)'에 의지해서 자라며 스스로를 지켜야 하는 운명이다. '입춘'이 지나고 '경칩'이 왔다는 것은 물론 21세기가 다가왔다는 뜻일 테고, 후반부에 '부부 궁합'이나 혼인'이란 말은 홍콩 반환 이후의 일국가 양체제에 대한 메타포어가 될 것이다. 위의 자술에서 나오듯이 영화 전체에 걸쳐서 등장인물들은 산너머에 뭐가 있는지에 관심이 없고 하루하루 해결사로 전전해왔다. 이들이 취생몽사를 마시는 것은 1997년 홍콩 반환 이후 불확실한 미래를 망각하고 현실에 매몰되고자 하는 행위이다. 영화가 제작된 1994년, 이러한 이들의 입지는 '형'으로서 홍콩행정부나 영국보다 '부모'로서 중국 중앙정부와 거리를 둘 수밖에 없다.

4. '재현'이냐 '재해석'이냐?

일반적으로 소설을 영화로 각색했을 때 여러 형태의 결과가 나타날 수 있다. 그런데 많은 사람들은 진융의 원작을 영화화하면서 작품성을 살리거나 소설만큼 흥행에 성공한 경우는 거의 없다고 한다. 말하자면 소설(원작)과 영상물(각색물)을 비교하면서 일방적으로 원작의 손을 들어주고 있는 것이다. 그 주요한 이유는, 진융은 심오하고 혼성적인 주제의식을 가장 통속적인 무협소설이라는 장르에 담아내는 데 성공했지만, 영화는 매체적 특징으로 인해 이를 시각적인 이미지로 반영하기가 쉽지 않다는 것이다. 또 각색된 영화로서는 진융 소설의 인기에 필적할 만큼 흥행에 성공한 감독의 작품이 아직 출현하지 않았다는 견해도 있다.

그러나 이는 홍콩영화의 제작여건과 감독, 배우들 역량의 문제이지 핫미디어로 불리는 영화의 재현성은 소설보다 훨씬 강렬하다. 〈동사서독〉은 허구와 환영의 세계로 이끄는 흡인력이 강하게 각색된 만큼 기존의 TV드라마처럼 현실적이고 통속적이지는 않다. 그러나 영화를 보는 관객들은 현란한 무술장면에 감정을 이입하게 되고 협객과 자신을 동일시하며 대리만족을 느끼게 된다. TV드라마로 각

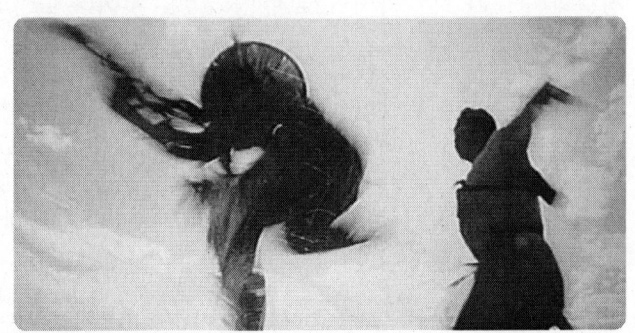

〈동사서독〉의
무술장면

색된 〈사조영웅전〉이나 영화 〈동사서독〉을 보는 관객들 모두 쾌락원리에 충실한 것은 동일하다. 허구와 환영의 장치를 극대화한 〈동사서독〉은 원작인 『사조영웅전』에 이미 익숙한 독자들에게 '낯설게' 느껴진다. 〈동사서독〉이 각색된 다른 영상물들과 차별화된 점은 여기서 출발하였다.

원작과 각색물을 비교할 때 원작을 훼손했느냐, 텍스트를 재창조했느냐 하는 논란에 주목할 필요가 있다. 좋은 의미의 재창조란, 원작의 훼손이 아니라 유쾌한 오독을 유도하는 행위일 것이다. 1997년 홍콩반환을 앞둔 뒤숭숭한 사회적 분위기에서 관객들은 〈동사서독〉을 보며 소설 텍스트와 다른, 그 언저리에 있는 여백을 발견했을 것이다. 여타 영화나 TV드라마는 오리지널 시나리오(소설)에 비교적 충실한 편이지만 〈동사서독〉이 원작이나 전작들과 다른 것은, 그만큼 제작 당시의 사회적 분위기를 잘 녹여냈기 때문이다. 생각의 여지, 사색의 여백, 인생의 여운을 관객들에게 제공했을 가능성도 분명히 많았을 것이다.

많은 홍콩인들이 현실 사회에서 욕망하고 상상하던 분위기를 영화라는 환유적 공간 속에 실현시킨 점에서 왕자웨이는 탁월하다. 원작 『사조영웅전』 역시 연재 당시(1960년대 중반) 작가가 처한 생존경쟁의 구도가 강호의 구도로 반영되었을 것이다. 그렇다면 원작과 각색의 차이는 두 작가, 즉 원작자인 진융과 연출자인 왕자웨이의 세계관 및 이데올로기의 차이에 기인했다고 할 수 있다. 왕자웨이가 선보인 무협영화 〈동사서독〉은 수년 뒤 홍콩 반환을 앞두고 탈출구를 모색하던 대중의 마음을 사로잡았다. 그러나 영화에서 왕자웨이가 선보인 세계관이나 이데올로기가 새롭거나 진보적인 것만은 아니다. 마음속에 상처를 입은 사람들이 만나고 헤어지며 서로 죽고

280

영화로 만나는 현대중국

죽이면서 흘러가는 이야기……. 구양봉은 형수가 죽었다는 소식을 듣고는 자신의 여관에 불을 지르고 곧이어 끝없는 유랑의 길을 떠난다. 이런 결말에 이르기까지 언뜻 언뜻 내비치는 등장인물들의 세계관은 지극히 단순하고 유치한 차원을 벗어나지 못한다. 〈동사서독〉이 이런 세계관의 영화로 제작된 것은, 무협물이라는 장르야말로 그 어떤 유치함이나

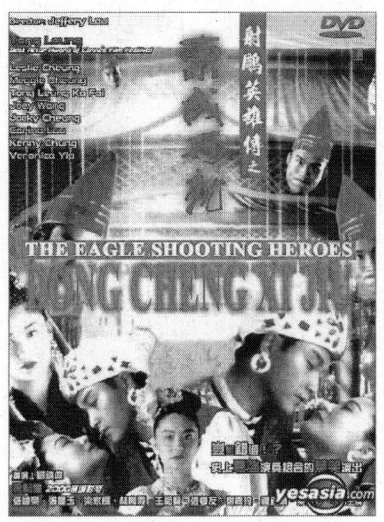
류전웨이의 〈동성서취〉(1993)

단순함마저도 너그럽게 감싸 안을 수 있기 때문이다.

하지만 일반적으로 영화로 각색된 홍콩의 무협물이 원작 소설에서처럼 강호의 세계를 통해 1960년대 홍콩의 근대화를 투영하던 시절의 팽팽한 긴장미를 잃어버리고, 갈수록 황당무계한 SF적 기법에 의거한 초자연적 무술연출이나 개그에 의지하는 것은 안타까운 일이다. 〈동성서취東成西就〉(류전웨이劉鎭偉, 1993)의 경우가 그렇다.

〈동성서취〉 역시 『사조영웅전』을 각색한 영화로, 〈동사서독〉보다 흥행에는 성공했으나 지나친 오락적 요소의 부각으로 원작의 작품성과는 거리가 멀어졌다. 사람이 날아다니고 폭발물이 터지는 장면에서 관객은 희열을 느끼지만 사려 깊은 관객이라면 특수효과가 주는 재미와 함께 팽팽한 긴장미가 풀리는 아쉬움을 경험했을 것이다. 앞으로 일국가 양체제하에서 21세기 진융소설을 원작으로 한 영상물은 어떤 변화를 보일까? 홍콩이 반환된 지 15년이 가까워 오는

지금, 우리의 관심사가 아닐 수 없다.

• 동성서취射英雄傳之東成西就(류전웨이劉鎭偉, 1993)

〈동사서독〉을 만든 스태프가 제작하고 같은 배우들이 출연한 영화다. 왕자웨이의 제작방식이 그래왔듯이 〈동사서독〉의 제작이 무한정 길어지자 배우들이 촬영을 포기하고 떠날까봐 만들었다고도 하고 〈동사서독〉 제작비 회수를 위해 명절용으로 급조했다고도 한다. 그런데 이렇게 뚝딱 만들어진 영화가 허접하긴 해도 웃긴다는 입소문이 나면서 오히려 〈동사서독〉보다 재미있게 본 사람이 많았다는 것은 아이러니다. 예술성과 상업성, 두 마리 토끼를 한꺼번에 잡는다는 평을 듣는 왕자웨이는 영화의 공동 제작자로 류전웨이와 연출과 각본을 맡았다. 〈동사서독〉의 난해함으로 관객과 거리가 멀어지자 잠시 예술성을 버리고 상업성에 올인하는 외도를 했다고 할까?

• 소오강호笑傲江湖(쉬커徐克, 1990)

영화 〈소오강호〉는 진융의 소설 『소오강호』를 각색해 쉬커와 청샤오 등이 제작한 영화이다. 원작에 나오는 무공비급 『규화보전葵花寶典』과 이를 둘러싼 권력욕을 중심으로 내용을 각색했다. 이 영화의 주제는 강호에 은거하는 협객이 부른다는 주제가(소오강호)의 가사에 잘 드러난다.

"험한 파도에 웃음을 싣노라. 파도 따라 부질없이 살아온 인생, 한잔 술에 웃음을 담고, 모든 은원 깨끗이 잊고 살리라. 산천초목도 따라 웃누나. 뜬구름 같은 부귀영화도 덧없어라. 산들바람에 미소 지으며, 모든 근심 잊고 살리라. 우리네 인생은 아름다운 것, 욕심 없이 어우러져 웃고 살리라."

• 동방불패東方不敗(쉬커 · 청샤오둥程小東, 1992)

영화 〈동방불패〉는 영화 〈소오강호〉를 다시 각색해 쉬커가 제작한 영화다. 영화 〈소오강호〉가 비교적 원작소설에 충실하다면 영화 〈동방불패〉는 진용의 소설 원작에서 동방불패의 성별착란과 사랑, 권력욕에 집중해 재해석한 작가주의적 영화라 할 수 있다. 〈소오강호〉가 동방불패라는 인물을 부각시킨 〈동방불패〉로 개작된 것은 중성적인 이미지와 개성적인 카리스마로 일약 스타덤에 오른 린칭샤의 인기에 기댄 바 크다. 그러나 속편이 대개 그렇듯이 먼저 제작되어 흥행에 성공한 영화 〈소오강호〉의 인기에 편승한 것도 사실이다. 〈동방불패〉는 영화 〈소오강호〉의 주요 배역만 바뀌었을 뿐, 주요 장면을 모방해 재연한 대목이 곳곳에 드러난다. 그래서인지 원작소설과 전개순서가 다르거나 아예 내용이 일치하지 않는 곳이 한두 군데가 아니다.

• 동사서독 리덕스(왕자웨이, 2008)

〈동사서독〉은 왕자웨이감독 자신의 회사 Jet Tone의 첫 번째 작품이었다. 왕자웨이감독의 예술혼은 평단의 인정을 받았으나 특유의 난해함으로 인해 관객의 외면을 받았다. 15년이 지난 후 그는 창고에 처박혀 있던 원본 필름을 찾아 복원과 재편집 과정을 거쳤다. '리덕스'란 '돌아오다', '회귀하다'의 뜻인 만큼 원작의 재편집 버전임을 알 수 있다. 이렇게 감독이 직

접 재편집한 영화 〈동사서독 리덕스〉는 2008년 칸영화제에서 특별 상영
된 바 있다.

참고 자료

〈成吉思汗〉(塞夫, 麥麗絲, 1997)
〈칭기즈칸〉(王文杰, 2005)
대중문학연구회(1997), 『무협소설이란 무엇인가』, 예림기획, 서울
이평래, 조관연 외(2002), 『영화 속의 동서양문화』, 집문당, 서울
최상식(1994), 『TV드라마 작법』, 제3기획, 서울
金庸소설번역연구회(2003), 『射雕英雄傳』 8편, 김영사, 서울
吳曉東, 計璧瑞 編(2002), 『2000, 北京金庸小說國際硏討會論文集』, 北京大出
　　版社, 北京
桂冠工作室主創(1994), 『金庸評傳』, 中國社會出版社, 北京
陳墨(1999), 『孤獨之俠』, 上海三聯書店, 上海
彭華, 趙敬立(2001), 『金庸傳』, 江蘇文藝出版社, 南京

영화로 만나는 현대중국

중화사상

공자-춘추전국시대 孔子
(胡玫, 2010)

정원호

1. 중화사상(中華思想)

중화사상이라고 말할 때, '중화(中華)'라는 말은 '중국(中國)'과 '화하(華夏)' 두 명칭 가운데, '중(中)'과 '화(華)'가 결합하여 형성된 개념이다. '중국'이라는 말은 상고 시대에 화하족(華夏族)이 황하 유역에서 나라를 세운 후 천자가 사는 곳으로, 주변의 사방(四方)이나 사국(四國)과 구별되는 세상의 중심을 의미하였다. 또한 '화하(華夏)'라는 말의 초기 문헌은 『서경書經』에서 나타나는데, 이것은 꽃(花)으로 상징되는 농작물을 재배하는 큰 족속을 의미한다. 이것은 화하족이 평야지역이라고 할 수 있는 중원 일대에 머물면서 조나 기장 등을 재배했고, 그 식물에서 피는 꽃을 그들 부족의 상징으로 여김과 동시에, 인간과 자연이 어우러져 사는 방법을 터득해가고 있었음을 의미한다. 그리고 이러한 그들의 삶은 세월이 흐를수록 주변의 자연 환경을 활용하여 문화생활을 영위하는 방면으로 전개되었다. 따라서 '중화'라는 말은 지리적인 개념인 '중국'과 문화적인 개념인 '화하'가 결합되어 형성된 것으로, 지역 명칭임과 동시에 종족과 문화의 명칭이기도 하다.

이후 오랜 역사적 과정을 거치면서 여러 종족이 연합하여 결성된 화하족(華夏族)의 개념은 진(秦)의 통일을 거친 후, 한나라 때에 '한족(漢族)'이라는 개념으로 전환되었다. 약 400여 년 동안 한족을 토대로 하여 지속된 한(漢) 왕조는 유가사상을 국가이데올로기로 설정하고, 문화를 중시하는 정책을 펼쳤다. 이와 같은 역사의 진행과정에서 한족 중심의 중화사상은 주변의 소수 종족과 다른 나라에 강하게 영향을 미치면서 중국을 세계의 중심으로 여기도록 하는 이데올로기 역할을 하였다. 그리고 비한족인 몽골족과 만주족이 통치했던 원(元)나라와 청(淸)나라 때에는 전통적인 '화이(華夷)'의 경계가 약화되기는 했지만, 만주족과 한족을 포함한 중국 내 여러 종족을 하나로 아우르는 '중화민족(中華民族)'이라는 개념을 성립시키면서 중화민족 중심의 중화사상을 더욱 선양하고자 하였다.

중화사상은 역사의 전개 과정에서 중화사상의 담지자들에 대한 외연을 확장했다. 그러나 한편으로는 중국이라는 특정 지역에 사는 사람들이 민족 우월주의의 관점에서 타민족을 경시하는 이론 근거로 활용되기도 하였다. 이 사상은 중화민족 중심의 민족주의적인 성향이 강하게 내재하고 있음에도 불구하고, 도덕성을 근거로 하는 문화보편주의적인 이론적 성향 때문에 동아시아 주변국들에게 긍정적으로 수용되기도 하였다. 즉 전통의 동아시아 사회에서 이 사상은 많은 사람들에게 야만인과 구별되는 수준 높은 교양인과 문화인의 상징으로 여겨질 정도로 중요한 역할을 하였다. 한편으로 중국의 지도자들은 대부분 이 사상을 통치 철학으로 삼아 정책의 당위성에 대한 근거로 활용하였을 뿐만 아니라, 대외 관계에서도 문화종주국으로서 그 위상을 강화하며 명분과 실리를 확보하는 면으로 활용하였다.(이철승 2005, 511-515쪽 참조)

2. 공자 비판과 공자 떠받들기

공자가 탄생한 춘추시대는 그 시대적 양상이 매우 혼란하였으며, 제자백가가 저마다의 기치를 들고 일어나 중국의 사상계에 화려한 꽃을 피운 사상적 개화기였다. 공자는 주(周) 천자가 권위를 잃어가고 각국의 패권정치에 의해 사회의 봉건예악 질서가 무너져가고 있을 무렵 유가(儒家)의 도를 실현하여 주 왕조 초기의 제도로 돌아갈 것을 주창했는데, 그의 대표적인 사상은 인(仁)이며 육경(六經)을 편정하여 중국의 학술 문화발전에 지대한 공을 세웠다.

공자의 사후 그에 대한 평가는 시대적, 역사적으로 부침이 있었다. 공자가 죽은 이듬해(BC 478년) 노나라 애공(哀公)은 공자의 옛집을 공묘(孔廟)로 개축하고 세시(歲時)에 따라 제사를 지내 공자에 대한 존숭의 뜻을 표했다. 하지만 기원전 221년 전국시대를 끝내고 최초로 중국을 통일시킨 진시황(秦始皇)은 이사(李斯)를 승상으로 삼고 법가사상을 중심으로 국론 통일과 부국강병을 지향하였다. 진시황은 이러한 정책에 비판적 태도를 견지한 유학자 460여 명을 생매장하고 의약과 농업 및 기타 기술서적을 제외한 나머지 시서(詩書)와 백가서(百家書)에 관련된 서적은 모두 불태우는 이른바 분서갱유를 감행하고 유학자에 대한 공개적 탄압을 가하였다. 다시 전한(前漢) 시대에 접어들어 동중서(董仲舒)가 한 무제(漢武帝)에게 "백가의 사상을 물리치고, 오로지 유학만 존중할 것"을 건의하고, 이것이 받아들여져 유학은 다시 부흥하게 되었으며 국가의 정치적 이념으로 자리를 잡았다. 이 시기에는 공자에 대한 제사도 곡부(曲阜)의 공묘에서 거행되고, 이후에는 태학(太學) 및 군현학(郡縣學)에서도 주공(周公)과 공자에 대한 제사를 지내기 시작했다. 이로부터 공자에 대한 제사는 전국적인 주요 활동이 되었고 중앙정부 소재지 및 각 지방의 주요 공묘(孔廟) 또는 문묘(文廟)에서 '석전(釋奠)'이라 하여 국가적으로 공자에 제사 지내는 '사공전례(祀孔典禮)'가 거행되었다.(박경석, 2004년, 231쪽 참조) 각 조대는 공자에게 '문선왕(文宣王)'이라는 시호를 올려 존경의 예를 표하거나 '문선왕' 앞에 의미부여가 증

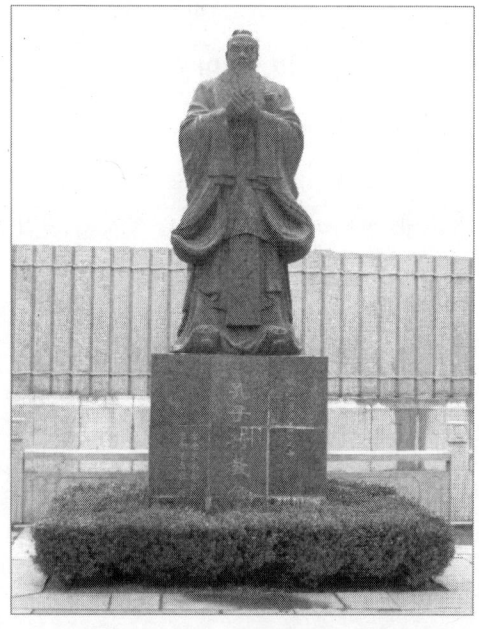

가된 다른 수식어를 더해가며 공자의 덕을 기렸는데, 청나라 세조에 와서는 대성지성문선선사(大成至聖文宣先師)라고 공자에게 시호를 추존하였고, 청나라 제3대 제왕인 강희제는 공묘의 대성

산둥성 취푸의 쿵푸 안에 세워져 있는 공자행교상(孔子行敎像)으로 명나라 때 세운 상이다.

영화로 만나는 현대중국

전에 '만세사표(萬世師表)'라는 현판을 내걸어 공자를 칭송하였다.

그러나 20세기 초, 봉건주의 체제가 끝나고 서유럽 열강의 침략 앞에 무기력한 모습을 보인 중국은 지금까지 믿어왔던 자신들의 중화주의적 이념에 대해 새로운 인식을 갖게 되었다. 그 가운데에서도 공자는 구체제의 이념적 기반에 대해 가장 먼저 부정되어야 할 대상으로 지목되며 격렬한 비판과 공격을 받게 되었다. 즉, 1910년대 신문화운동 당시 기존 체제의 집단주의에 대해 새로운 시각을 갖기 시작한 지식인들은 "공자를 타도하자"라는 구호 아래 유학의 봉건성을 비판하고 유교에 대해 전면적인 비판을 전개하였다.(김승욱 2005, 348쪽 참조) 1919년 5·4운동 시기에 루쉰(魯迅)은 소설 「광인일기狂人日記」를 통해 전통적인 중국 예교란 바로 사람을 잡아먹는 일과 다름이 없는 것이라고 하였고, 리다자오(李大釗)는 「공자와 헌법」 등의 논문을 통해 중국의 혁명에 있어서 공자의 유교가 가장 유해한 것이라고 지탄하였다.(권덕주 1984, 43쪽 참조) 그 밖의 다른 지식인들은 유교에 대해, 노예 굴종의 봉건 도덕이니 사람 잡아먹는 의료 도덕이니 하면서, 낡은 유교를 버리고 서방의 민주주의와 과학을 도입하고 습득할 것을 촉구하였다.

이와는 달리 유교는 국민적 통합을 촉진하는 데에 편리한 이념으로 생각되어, 민국 초기 위안스카이(袁世凱) 정부는 공자제전을 비롯한 공자존숭운동을 시도했다. 1927년에 수립된 난징(南京) 국민정부 또한 유교의 '예의염치'라는 사덕(四德)을 내세워 신생활운동을 전개하고 공자 제사를 국가적 행사로 거행하여 민족주의를 고취하며 국민통합을 꾀하기도 하였다.

중화인민공화국 수립 후 전통 유가 문화와 서유럽 자본주의 문화는 새로운 사회주의 문화로 대체되었다. 공산정권 출범 초기부터 문화대혁명 이전까지 유가의 창시자인 공자에 대한 평가는, 타도의 대상으로 간주되기도 하였지만, 지나치게 극단적이지는 않았다. 즉, 공자에 대해 진보와 보수, 혹은 진보와 보수를 겸하였다고 평가하기도 하면서, 공자를 말살해버리면 조국의 문화유산이 없어진다는 입장이 함께 깔려 있었다.

그러나 1966년 5월 문화대혁명으로 낡은 사상과 보수적 잔재를 청산하자는 운동이 중국 전역을 휩쓸면서, 홍위병들은 전국 각지의 많은 고대 불당과 사당 등 유명한 건축물과 역사유적을 파괴했으며, 그들이 몰수한 중국과 외국의 고전명저와 진귀한 문물 및 서화 등을 봉건주의, 부르주아, 수정주의로 간주하여 불태우고 파괴하였다. 이

영화로 만나는 현대중국

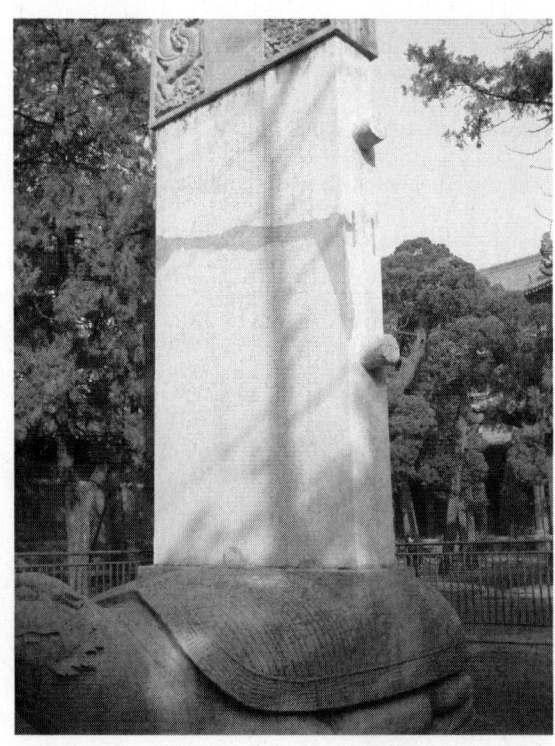

문화대혁명 당시 청년 홍위병들의 타도 대상이 된 취푸의 공자비. 금이 간 공자의 비석을 다시 봉해놓은 모습이 고스란히 남아 있다.

때 전국의 4대 공자묘 중 하나인 길림의 문묘가 훼손되었으며, 산동성 곡부 공묘의 비석에는 그 당시 파괴되었다가 봉합한 흔적이 여전히 남아 있다. 또 유가는 반동적이고 악한 무리로서 그 반대파 혹은 소련의 수정주의로 지목되었으며, 유가의 창시자인 공자는 '악의 화신'으로 간주되었다.(김창규 2008, 264쪽 참조) 공자와 유가에 대한 비판은 문혁 후반기에 들어서 최고조에 달하였다. 즉, 법가사상을 높이 평가하고 유가사상을 깎아내려야 한다는 존법반유(尊法反儒) 운동이 전개되었으며, 이어서 비림비공(批林批孔) 운동이 펼쳐져 유가에 대한 가장 격렬한 비판운동이 일어났다. 비림비공 운동은 대체로 문화대혁명 후반기에 마오쩌둥을 중심으로 권력 집중을 공고히 하는 과정에서 진행되었던 정치전략의 하나로 설명되기도 하는데(김승욱 2005, 349쪽 참조), 이는 린뱌오(林彪)를 비판하는 비림정풍과 공자를 비판하는 비공을 묶어놓은 운동이었다. 이 운동의 주된 의도는 1960년대 중반부터 전개되었던 문화대혁명의 혼란과 무질서를 수습하려는 과정에서 정치적 반대파에 대한 비판작업을 통해 당의 기강을 정돈하고 단결을 강화하려는 의도에서 비롯되었다. 마오쩌둥은 다양한 경로를 통해서 정치적 의도가 다분하다고 판단되는 언설들을 통해서 공자 비판을 행하였다.

1973년 5월에 마오쩌둥은 "곽말약은 유종원보다 못하구나. 이름은 공산당이라지만, 공자를 숭배한다네"라는 절구시를 작성한 데 이어 8월에는 "그대에게 권하노니 진시황을 욕하지 마시오, 분서갱유의 일은 따져보아야 합니다. 조룡의 혼은 죽었지만, 진나라는 그대로 있으며, 공자의 학문은 명성은 높으나 내실은 껍데기뿐이라네. 역대 왕조 대대로 모두 진의 정법을 행해왔으며, 『십비판서』는 훌륭한 글이 아닙니다. 누가 당나라 사람의 『봉건론』을 숙독하고도, 유종원을 따르지 않고 문왕에게로 돌아간답니까?"라는, 궈모뤄(郭沫若)에게 보내는 형식의 칠언율시를 발표했다.(김승욱 2005, 354-355쪽 참조). 마오쩌둥은 이러한 글들을 통해 진나라의 역할을 새롭게 조명하고 공자를 폄하하는 평가를 내렸다. 이후에도 마오쩌둥은 여러 지면을 통해 공자를 정치적 대항 세력인 국민당 그리고 린뱌오와 연결해 비판을 가했다. 그 뒤 마오쩌둥의 비림평법 주장은 학술 논의의 형식을 띠고 체계적으로 선전되었다. 한편 그 당시 장칭(江淸) 등 이른바 사인방은 베이징대학과 칭화대학의 "대비판조(大批判組)"를 동원하여 린뱌오의 집에서 유가 관련 자료들을 찾아내서 "린뱌오 거처의 구석구석에 유가의 사상 쓰레기들이 널려 있고 공자학(孔學)의 썩은 냄새가 진동하고 있으며, 많은 사실들로 미루어볼 때 반동적인 공맹(孔孟)의 도가 린뱌오 수정주의의 중요한 근원임을 증명한다"고 여론을 몰아갔다. 이후 대규모 군중이 동원되면서 대중운동 차원으로 비림비공 운동이 확대 전개되었다.

문화대혁명이 끝난 후 1970년대 말부터 유교에 대한 긍정적인 평가가 나오기 시작한 후, 공자와 유학을 중심으로 하는 전통문화 연구가 시작되고 이와 관련한 학술대회가 지속적으로 개최되었다. 1980년대 초반부터는 정치와 학술을 분리하자는 취지가 공감을 얻으면서 공자와 유학이 학술적 궤도에 올라섰고, 유교를 주제로 한 학술대회도 개최되었다. 1989년 10월에는 중화공자학회가 유학국제학술토론회를 베이징에서 개최하여 유가학설과 중국 전통문화가 현대화에 갖는 의미를 규명하였다. 같은 시기 중국 공자기금회와 유네스코도 공자와 유학의 역사적 지위, 그리고 현대사회에 대한 영향을 토론하며 중국의 현대화와 접목을 시도하였다.

1990년대에 들어서면서 공자와 유학연구에 대한 찬반 논쟁이 일어나 잠시 주춤하였다가 2000년 5월에는 중국공자기금회와 취푸(曲阜)사범대학이 공동으로 중국 최초의 유학사상을 전문적으로 연구 교육하는 공자문화대학(孔子文化大學)을 개교하였으며, 중국과 세계 각국의 우호관계를 발전시키고 세계에 중국의 언어와 문화에 대한 이해를 증진시킨다는 명목으로 공자아카데미(孔子學院)를 설립하였다. 학술 교육사업과 더불어 공자탄생을 기념하는 행사도 꾸준히 추진되었다. 2004년에는 중앙정부가 지닝시(濟寧市)를 중화문화표지 구역(中華文化標地域)으로 선정하였으며, 지닝시는 공자에 대해 중화민족 전통문화의 기초로 중화민족의 형성, 번영, 통일, 온정, 자립에 지대한 역할을 했으며, 나아가 공자는 동아시아 문화의 대표이자 모든 인류의 보귀한 유산으로 인류 문명의 진보와 발전에 중대한 공헌을 하였다고 평가하였다. 2004년에는 취푸시장이 직접 제문을 낭독함으로서 중화인민공화국 건국 이래 최초로 국가가 공자를 제사 지내는 선례를 만들었다.(김창규 2008, 275-276쪽 참조) 2005년에는 유네스코 대표가 국제공자문화제 개막식에 참석하여 강연을 함으로써 산둥과 중국을 뛰어넘은 국제적 행사로 발전하였고, 2006년에는 대륙과 타이완에서 공동으로 공자에 대한 제사를 지내는 의식을 행함으로써 공자는 확실하게 부활하였다.

3. 공자의 주유(周遊)

영화는 간간이 흥미를 위해 공자가 관여한 전쟁장면을 과도하게 노출시켜, 수천 년간 유가의 성인으로 사람들의 마음속에 자리 잡고 있던 공자의 모습이 다르게 다가올 수도 있다. 하지만 여러 가지 대

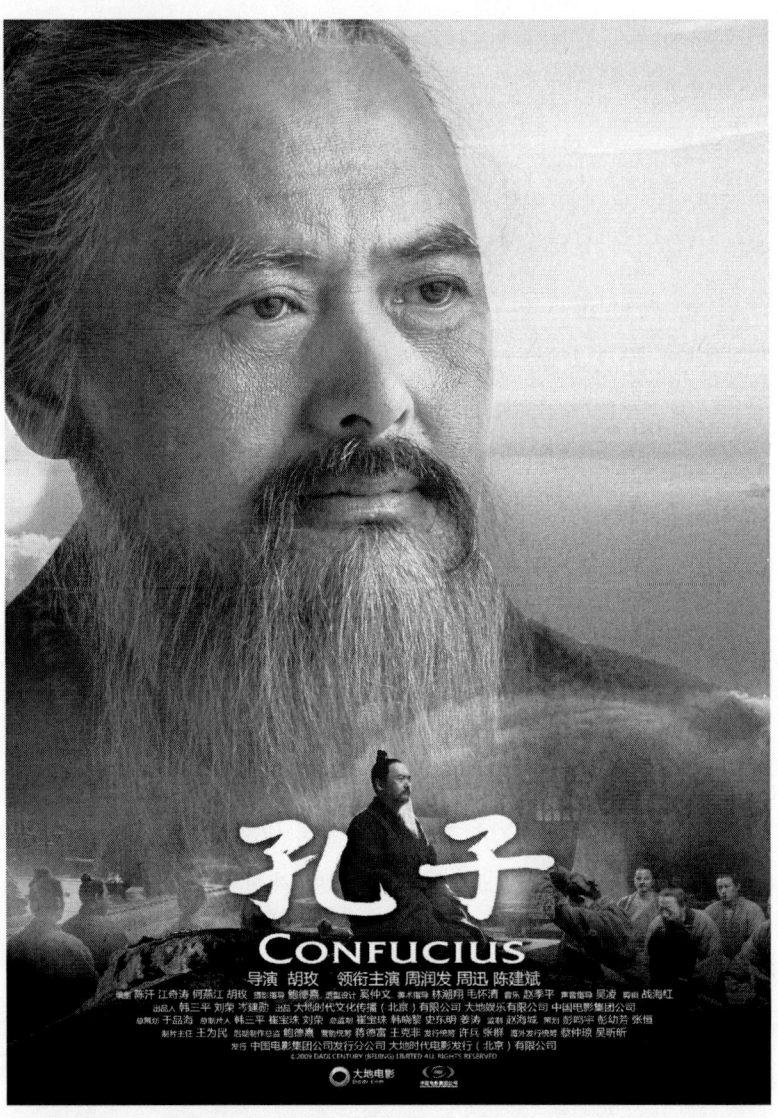

중국과 중국의 문화를 대외에 알릴 목적으로 야심찬 기획의도 아래 당시 절찬리에 상영 중이던 〈아바타〉
를 강제로 종영하고 〈공자〉 영화포스터를 내걸었던 중국이다.

중문화 장르 가운데 영향력이 큰 영화를 이용해서 중국과 중국문화를 알리겠다는 야심찬 기획 의도에 따른 결과라고 할 수 있다. 따라서 실제적 사실과 영화적 장치의 차이를 파악한다면 관객은 좀 더 객관적인 입장에서 영화도 즐기고 역사를 제대로 이해할 수 있을 것이다.

영화 〈공자〉에서 다루는 공자의 시기는 춘추시대 노(魯)나라 정공(定公) 9년, 공자가 중도(中都)의 재상에서 승진하여 사공(司空)이 되고 다시 대사구(大司寇)가 되는 시점으로, 50세 이후부터 70세까지 20여 년 동안이다. 이는 춘추 후기시대에 해당한다. "춘추"라는 명칭은 노나라 은공(隱公) 원년(주 평왕 49년, BC 722)부터 애공(哀公) 14년(주 경왕 39년, BC 481)까지 제후국인 노나라 12공(公) 242년간의 역사를 기록한 책 『춘추』에서 기인한다. 공자는 노나라 양공(襄公) 22년(BC 551)에 노나라 창평향(昌平鄕) 추읍(陬邑)에서 태어나서, 노나라 애공 16년(BC 479 양력 4월 18일)에 타계하였다.

주 천자가 권위를 잃어가고 각국의 패권정치에 의해 사회의 봉건 예악 질서가 무너져갈 무렵 진정한 유가의 도를 실현하기 위해 일생을 바쳐온 공자의 주유 흔적을 공자의 일생 중에 고국인 노나라를 떠나 실제로 타국으로 이동한 시기에 국한하여 살펴보면 다음과 같다.

- 34세(소공 24년 BC 518) 주나라에 가서 노담(老聃)에게 예를 물었다.
- 35세(소공 25년 BC 519) 노나라 소공(昭公)이 제(齊)나라로 달아나 노나라가 혼란하여, 태산을 거쳐 제나라로 가서 고소자(高昭子)의 가신이 되어서 경공(景公)에 통하였다. 제나라 경공이 니계(尼谿)의 토지로 공자를 봉하려 했으나, 안영(晏嬰)이 불가하다 하니 경공이 의혹스러워했다. 공자는 이에 제나라를 떠나 노나라로 돌아왔다.

- 52세(정공 10년 BC 500) 중도재(中都宰)에서 사공으로, 다시 대사구로 승진한 공자는 그 해 여름에 제나라 회맹(會盟) 협곡에서 노나라 정공을 수행하여 제나라가 노나라의 항복을 받으려는 것을 저지시켰다.

- 55세(정공 13년 BC 497) 소정묘를 벌하는 등 정사의 기강을 잘 잡아갔으나, 제나라의 간계로 정공과 계환자(季桓子)가 여색에 빠져들자 관직을 버리고 제자들과 함께 노나라를 떠나 위(衛)나라로 갔다. 이때부터 사실상 본격적인 천하주유가 시작되었다. 다시 위나라를 떠나 진(陳)나라로 가는 도중에 "광(匡)"에서 5일 동안 고초를 겪다가 다시 위나라로 되돌아왔다.

- 59세(애공 2년 BC 493) 위나라를 떠나 진(晉)나라로 가는 도중, 황하 부근에서 조간자(趙簡子)가 현인 두 사람을 죽였다는 말을 듣고 위나라로 되돌아왔다. 뒤에 다시 위나라를 떠나 송(宋)나라로 가는 도중 사마환퇴의 박해를 받고 정(鄭)나라로 갔다가 진(陳)나라로 갔다.

- 63세(애공 6년 BC 489) 오(吳)나라가 진(陳)나라를 침략하여 크게 혼란하자 진(陳)나라를 떠나 채(蔡)나라를 경유, 부함(負函)으로 가는 도중 길이 막혀 7일간 굶주렸다. 부함에 당도하자 섭공(葉公)이 예로써 대우했다.

- 64세(애공 7년 BC 488) 부함을 떠나 위나라로 돌아왔다.

- 68세(애공 11년 BC 484) 봄에 제나라가 노나라를 침범하자 제자 염유(冉有)가 우군을 통솔하여 승리했다. 이 공로로 계강자(季康子)가 염유의 스승인 공자에게 폐백을 보내 노나라로 돌아오도록 초청했다. 이에 13년간의 유세를 끝내고 노나라에 돌아왔다.(왕건문 2010, 267-269쪽 참조)

이상 공자의 주유 흔적에 따르면, 영화에서 그리고 있는 공자의 시기는 본격적인 출사의 길로 들어선 52세에서 『춘추』를 완성하고 (71세) 제자인 자로가 위나라에서 정변에 휘말려 죽은 72세까지를 그리고 있음을 알 수 있다.

4. 역사적 진실과 영화적 허구

영화가 역사적 사실을 제재로 하여 만들 경우 반드시 역사적 사실과 일치할 필요는 없다. 영화로 각색될 때 각색의 의도나 장르적 특징에 맞게 재창조되어 관객에게 흥미와 감동을 주는 것을 목적으로 하기 때문이다. 그러나 관객의 입장에서는 역사적 사실과 영화적 가공이 혼동될 수 있기 때문에 양자 간의 차이를 짚어볼 필요가 있다. 특히 이 영화는 역사적 사실에 충실하게 공자를 재연하려 했으며, 그런 만큼 중국에서 시사회를 할 때 사학자(史學者)들을 초청하기도 했다.

영화는 시작 부분에 역사적 사실을 언급하면서 "기원전 501년 노정공 시대에 노나라 정권은 삼환(三桓: 계씨, 숙씨, 맹씨)에게 장악되어 있었다"라는 자막이 나온다. 이어 공자가 궁 안으로 들어와서 절을 해도 된다는데도 굳이 바깥에서 절을 하고 안으로 들어간다. 이는 의리에 해로울 경우 군자는 세속을 따르지 않는다(『논어 자한편』)고 한 구절과 자신이 임금을 섬기는 데 예를 다하는 것을 사람들은 아첨한다고 여긴다(『논어 팔일편』)라고 한 구절에 근거한 것으로, 경전에 충실하려 했다는 것을 보여주려는 의도가 엿보인다.

하지만 이후에 전개되는 사건부터는 역사적 사건과 시간적 순서

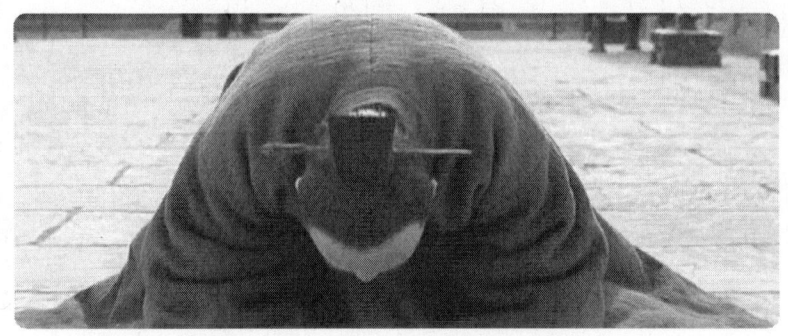
노나라 궁궐 입구에서 시속과는 달리 정통 예를 준수하며 절을 하고 있는 공자

가 맞지 않는다. 영화에서 노나라 정공은 공자에게 중도재(中都宰)를 맡은 지 일 년도 안 되어 중도의 풍속이 개선되었다고 치하하며 그에게 비어 있는 대사구(大司寇)의 직책을 하사한다. 잠시 후 장면은 계손사(季孫斯)가 임종한 선친 계평자(季平子)의 장례를 치르는 장면으로 넘어간다. 이를 역사적 사실과 비교해보면, 계평자는 노나라 정공 5년(BC 505) 공자가 47세 때 임종하였다. 그런데 공자가 대사구로 임명된 시기는 5년 뒤인 노 정공 10년(BC 500)의 일이다. 그러므로 대전(大殿)에서 계평자의 순장에 대해 공자가 계환자(季桓子)와 공산불뉴(公山不狃) 등과 설전을 벌이다가 멋지게 반전시킨 장면은 영화적 허구이다.

다음으로, 순장 때 달아난 계손씨(季孫氏)의 어린 종을 찾으러 계씨(季氏)의 가신으로서 비읍재(費邑宰)를 맡고 있는 공산불뉴가 공자를 찾아온다. 그는 공자에게 자신과 함께 삼환을 몰아내고 노나라의 정권을 장악하자고 제안한다. 역사적 기록에 의하면, 노 정공 8년에 공산불뉴가 양호와 함께 반란을 일으켜 삼환의 적장자를 폐하고, 평소 양호와 사이가 좋은 서자를 세우고자 하여 계환자마저 체포한다. 이듬해 정공 9년에 양호는 계획이 실패하자 제나라로 도망갔으며,

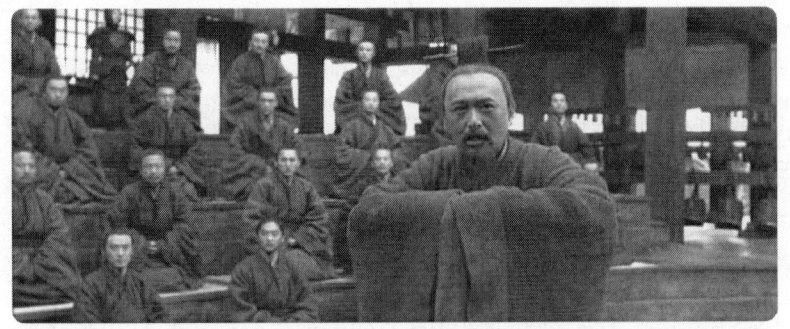

노나라 궁궐 대전에서 관례대로 행해온 순장제도의 폐습에 대해 역설하고 있는 공자

공산불뉴는 계씨의 비읍에서 계씨에게 반기를 들고 사람을 시켜 자신을 도와달라고 공자를 불렀다. 그러나 공자는 제자들의 만류로 가지 않았다. 따라서 영화는 시작부터 역사적 인물들의 사건에 따른 시간 전개가 뒤섞여 있다.

　또한 영화에서 공자가 협곡의 회맹에 필요한 전차를 구하기 위해 계씨를 찾아갔을 때 계씨는 활쏘기 시합을 제안하고, 두 사람은 안회의 주재 아래 먼저 술을 마신다. 그런데 고례(古禮)에서 활쏘기 시합은 활쏘기를 겨룬 후에 마시는 것이 일반적이다. 그 밖에도 얼마든지 가능하기는 하지만 영화에서는 경전이 상황 전개에 따라 자의적으로 인용되고 있는 경우가 많다. 가령 활쏘기 시합에서 공자가, 비읍은 세금이 많아서 백성이 살기가 힘들다고 하면서 쓴 구절은, 공자가 노나라를 떠나 제나라로 가는 도중 태산을 지나면서 과중한 세금에 힘들어하는 백성들의 고통을 보면서 한 말이다. 이 활쏘기 시합에서 공자가 이기자 계씨는 공산불뉴에게 전차를 내어주라고 명한다. 공산불뉴가 불평하면서 말을 듣지 아니하자 계씨는 공자에게, 공산불뉴는 자기 말도 듣지 않는다고 하면서 공자에게 알아서 하라고 한다. 이런 장면에서 영화가 역사적 사실을 참고하기는 했지

대중문화와 전통의 소환

만 일정 정도 변형을 가했음을 알 수 있다.

협곡 회맹 장면에서는 효과를 극대화하기 위해 흙으로 만든 단을 매우 높이 만들었지만 『사기 공자세가』에는 삼단으로 쌓았다고 기록되어 있다. 이어진 두 나라 간의 군주회담 장면에서 양국은 결맹 이후 상대방을 도와주는 책무를 이행해야 한다며, 이후 제나라에 전쟁이 나면 노나라는 전차 오백 대를 내어 제나라를 도와야 한다고 한다. 『좌전』에 비슷한 기록이 있는데, 거기에는 전차가 삼백 대로 기록되어 있다. 계속 이어진 두 군주 간의 대화는 『사기 공자세가』보다는 『좌전』을 참고한 흔적이 역력하다. 『좌전』에 의하면 영화의 내용과 유사하게 두 군주가 맹서문을 작성하는데, 맹서문의 내용에서 제나라는 노나라에게 유사시 전차 삼백 대를 제공할 것을 요구했으며, 노나라에서는 공자가 이에 대응하여 노나라의 문양 땅을 반환하게 하였다.

뒤이어 제나라 군주가 엉겁결에 공자의 제안을 승낙하는 순간 제나라에서는 협곡에 매복시켜두었던 수많은 군사를 보여주며 겁박하고, 공자는 미리 협곡 밖에 일백여 대의 우마차를 준비해두는 기지를 발휘하여 위기를 벗어나는 대목이 나온다. 물론 이 장면은 전쟁 영화의 백미다. 어려운 상황에서도 공자가 마치 제갈공명과도 같은 전술을 펼치는 대목인데, 역사적으로는 그렇지 않았다. 『좌전』에 의하면, 제나라가 내(萊) 땅 사람을 시켜 무기를 들고 노나라 군주를 겁박하려 하자 공자는 제나라 경공에게 두 나라 간의 맹약의 자리에 오랑캐를 동원해 무력을 행사하려 하는 것은 도의에 어긋나며 사람의 기본 예를 잃는 행동이라고 비판하고, 제경공이 그 말을 듣고는 곧바로 그들을 물러가게 했다고 기록되어 있다. 또한 그 당시 제나라는 서쪽의 진(晉)과 중원의 패권을 다투고 있는 강대국이었다. 제나라로서는 바로 이웃해 있는 노나라가 진을 버리고 제나라를 섬겨주기를 바랄 뿐, 노나라와 소모전을 펼칠 까닭이 없었다. 더구나 문양의 세 읍은 본래 노나라의 땅이었다. 그러므로 제나라로서는 공자의 대의명분에 무력을 행사할 수 있는 기회가 사라지자 이 땅을 돌려주면서 노나라로 하여금 딴 마음을 품게 하지 않을 수 있는 것이다. 그리고 노나라는 비록 전시에 제나라에 전차 삼백 대의 동원령이 떨어지더라도 돌려받는 세 곳의 읍에서 나오는 세금만으로도 그 경비를 충당할 수 있는 여력이 생기는 셈이었다. 이 장면에서 알 수 있는 것은 영화가 상업적 흥미를 극대화하면서도 예악, 문물을 통해 유가의 도를 정립해나가는 공자의 모습을 그려내려는 데서 모순이 드러나고 있다는 점이다.

아울러 영화에서는 공자가 전술을 운용하는 장면은 극히 일부분이며, 대부분은 자신을 받아줄 나라와 군주를 찾아 유랑하며 온갖 환난을 겪는 이야기가 주를 이룬다. 그 뒤 BC 498년 공자가 노나라에서 대리국상(代理國相)의 자리에 올랐다는 자막이 나오는데, 영화가 계속 역사적 사실에 입각하고 있다는 것을 보여주려는 대목이다. 여기에서도 공자는 주위의 만류에도 불구하고 입궐할 때 당(堂) 아

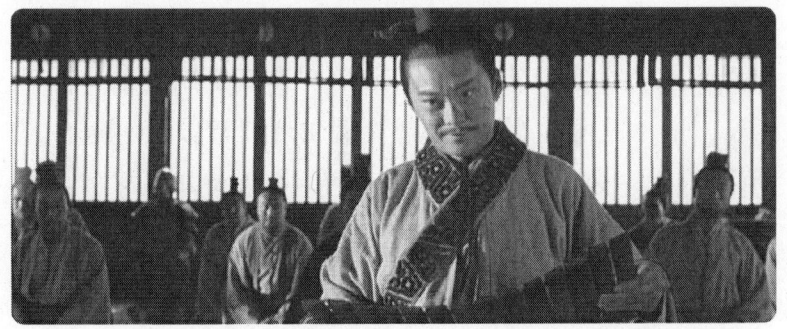

노나라 군주가 공자를 대리국상의 자리에 임명하려 하자, 계씨 일파들이 극렬히 항의하고 있다.

래에서 절을 하고 들어간다.(『논어 자한편』) 이어서 대전에 들어가서 군주를 알현할 때 종종걸음으로 다가간다.(『논어 향당편』) 이는 그 당시 마땅히 지켜야 할 예가 번거롭다 하여 시류에 따라 변해가는 것을 보고, 이를 바로잡고 실현하려는 공자의 모습을 표현한 장면이라 하겠다.

장면이 바뀌어 낮잠을 자는 공백료를 보고 공자는, 썩은 나무에는 조각을 할 수 없다고 말하는데, 원래는 제자 재여에게 한 말이다.(『논어 공야장편』) 이어서 지나치게 비대하여 군주를 넘어서는 삼환의 세력을 제거하기 위해 그들의 읍지에 있는 삼도(三都)의 성벽을 허물기로 결심하는데 제자들이 위험하다고 만류한다. 이 사건은 대사구로 있던 공자의 정치일정에 있어서 매우 중요한 사건이다. 제자들의 만류에 공자는 자산(子產)의 말을 인용하는데, 자산에 대한 서술은 여러 경전에서 나오고 또 훌륭하게 여겨지기도 하지만, 공자가 자산을 선사(先師)로 여기는 장면은 무리가 있다. 공자는 자산에 대하여 뭇사람의 어머니와 같아 백성을 먹이기는 했으나 가르치지는 못했다고 했으며, 또한 제자인 자공은 공자에 대해 "문왕과 무왕의 도를 체득하시며 늘 배우기를 힘쓸 뿐 어찌 일정한 스승이 계시겠는가?"라고 하여 공자는 스스로 배우고 체득할 뿐, 특정한 스승을 두지는 않았다고 말했던 것이다.

한편 춘추시대 역사상 큰 사건인 '타삼도(墮三都)'는 노나라 정공 12년 여름에 시작되어 그해 겨울 12월에 끝났다. 정공은 포위하는 것까지는 성공했지만 뜻을 이루지는 못하고 성과 없이 돌아갔다. 이 일은 춘추시대 전체를 통틀어 보기 힘든 사건이었는데, 힘 있는 귀족과 왕이 연합해 대궐 같은 신하의 집이나 신하가 전권을 휘두르는 것 같은 잘못된 예를 바로잡고자 한 사건이었다.

그런데 영화에서는 공자가 전적으로 집행하고 삼환자는 마지못해 승낙하는 것처럼 보인다. 여기서 주목할 것은 자신들의 입지가 현저히 좁아질 수 있는 일인데도 계손씨(季孫氏)와 숙손씨(叔孫氏)가 먼저 솔선하여 자신들의 성벽을 허물려 했다는 것이다. 얼핏 보면 이해하기 어려운 대목이다. 그러나 이 일이 있기 몇 해 전, 계환자(季桓子)는 아버지 계평자(季平子)의 가신이었던 양호가 반란을 일으켜 힘든 시절을 보냈으며, 숙손씨 역시 자신의 가신이 반란을 일으킨 사건이 있었다. 그래서 그들은 가신의 세력이 너무 커지면 자신들도 감당하기 어렵다는 것을 느끼고 있었기 때문에 이미 커져버린 가신들의 힘을 축소시킬 필요가 있었고, 공자는 신하가 군주를 넘어서는 하극상을 바로잡으려는 춘추대의를 실현하려는 의지가 있었기에, 서로의 이해관계가 일치했다. 이에 먼저 숙손씨가 자신의 읍지인 후성을 허물었고, 계손씨는 자신의 읍지인 비성을 허물려 했다. 이때 공산불뉴가 비땅의 사람들을 이끌고 와 침략을 감행했던 것이다. 그러나 맹손씨(孟孫氏)는 자신의 이익과 전혀 상관이 없었기 때문에 자신의 읍지에 성벽을 허무는 것을 반대하여 '타삼도'는 결국 실패로 돌아갔다. 이로 인해 노나라에서 공자의 입지는 좁아졌고, 노나라의 실세였던 계손씨가 이전만큼 공자를 신뢰하지 않게 되어 공자는 더 이상 자신의 정치적 이상을 실현할 수 없는 단계에 이르게 되었다. 공자가 삼도 중 두 곳을 허물고 나머지 한 곳을 허물려 할 때, 제나라에서는 80명으로 구성된 강락무(康樂舞) 공연단의 무희와 망아지 100여 필을 보내오고, 아울러 제나라의 3만 대군이 국경 근처까지 와 있다고 공자를 압박한다. 이어지는 공자와 노자의 이야기는 흥미를 돋우기 위한 허구이다.

장면은 바뀌어 제나라 계환자가 무희들의 궁무(宮舞)를 감상하면서 겨울 제사고기를 모든 대신들에게 돌리는데, 공자만 제외시킨다. 이는 계환자가 더 이상 공자를 중용할 마음이 없다는 뜻을 표현한 것으로, 공자로 하여금 더 이상 노나라에 머물 입지를 없애버린 것이다. 이에 공자는 자신을 써주면 도를 행하고 버리면 은둔한다는 평소의 신념에 따라 노나라를 떠나게 된다. 계환자가 공자의 제자 공백료를 시켜 옥결(玉訣)을 전하며 이별을 암시하는 것은 당연히 영화가 만들어낸 허구에 불과하다. 이어진 장면에서 공자는 아내에게 자신의 관면(冠冕)을 전하께 돌려주라고 하며 제자들이 오기 전에 아들에게 어머니를 잘 보살펴드리라고 부탁하고, 빗속에 홀로 마차를 끌고 쓸쓸하게 유랑을 떠난다. 공자와 제자들은 위나라에 도착하여 위나라 군주를 알현한다. 위나라 군주는 공자에게 백성이 많은데 어떻게 나라를 다스리면 되겠느냐고 질문한다. 원래 이것은 공자가 제자 염유와 주고받은 문답이다.(『논어 자로편』)

위 영공(衛靈公)은 공자에게 사방의 국가가 위나라를 병탄하고자 혈안이 되어 있으니 군사를 훈련시켜달라고 부탁한다. 그러나 공자는 "제사나 예악에 관해서는 말할 수 있지만 군사와 전쟁에 관해서는 알지 못한다"(『논어 위령공편』)고 거절하는데, 이는 경전을 그대로 인용한 것이다. 이어서 위나라 군주가 공자에게 자신의 내자(內子)인 남자(南子)를 만나달라고 강권하고, 공자는 마지못해 승낙한다. 그러나 공자의 제자 자로는 그녀가 품행이 좋지 못하니 만나지 말라고 한다.(『논어 옹야편』) 공자를 친견한 남자가 공자에게 자신의 시 공부를 위한 스승이 되어줄 것을 청하자, 공자는 "여기서 복상이라는 새 제자를 얻었는데 그가 신동이다. 그에게 배워보라"고 한다. 남자가 계속 접근하자 공자는 심기가 불편해 하며 "여태껏 색을 좋아하듯이 덕을 좋아하는 이를 보지 못하였다"고 한다.(『논어 자한편』) 이어지는 장면에서 공자는 곧 위나라에서 난리가 일어날 것을 예감하고 자로에게 위나라를 떠나자고 한다.

장면은 바뀌어 송(宋)나라를 배경으로 공자가 큰 나무 아래에서 제자들에게 『시』, 『서』, 『예』, 『악』에 대해 강습을 하고 있는데, 환퇴(桓魋) 대사마(大司馬)의 명령이라며 일단의 무리들이 몰려와 도끼로 나무를 찍고 소동을 피운다. 그 와중에도 공자는 계속하여 "시를 읽으면 가까이는 부모를 모실 수 있고 멀리는 우방을 포용할 수 있으며, 짐승과 초목의 이름도 많이 알게 된다"(『논어 양화편』)고 강학한다. 이윽고 큰 고목이 넘어지는데도 공자는 의연하게 수통의 물을 마시고, 제자들은 빨리 피하라고 재촉한다. 이 부분의 이야기는 여러 전적에서 볼 수 있는데 공자는 "하늘이 그에게 준 덕을 환퇴가 어찌하겠는가!"(『논어 술이편』)라며 의연한 모습을 보이지만, 복장을 갈아입고 그 현장을 빠져나왔다고 한다.

다시 장면은 정(鄭)나라로 바뀌어 자로가 밭을 갈고 있는 사람들에게 나루터가 어디냐고 묻자, 그들은 자로에게 "저 사람이 바로 노나라의 유명한 공구(孔丘) 아니오! 저분은 모르는 것이 없는 성인일 터인데 나루터가 어디 있는지를 모른다는 말이요"라며 비꼰다. 이어서 농부들은 "저 사람의 사상이 세상과 통하겠냐며 차라리 우리하고 여기서 농사나 짓자"(『논어 미자편』)고 한다.

기원전 484년 제나라가 노나라를 침략하고 노나라 수도 곡부에서 계환자가 멀리 전란의 불꽃을 바라보면서 아들 비(肥: 계강자)에게 공자의 근황을 묻자 그는 "위나라에 머물다가 정나라로 갔고, 최근에는 또 진(陳)나라로 갔다고 합니다"라고 전한다. 여기서 계환자는 과거에 공자가 협곡회맹 때 싸우지도 않고 세 성을 얻었는데 제나라의 간계에 빠져 공자를 내친 것을 후회한다. 특히 국난에는 더욱 유능한 사람이 생각난다고 자탄한다. 이 부분을 실제 역사적 사건의 연대와 비교해보면, 제나라가 노나라를 침략한 연도는 일치하지만, 계환자는 이미 죽고 난 후다. 그는 임종 시 자신이 죽고 난 뒤 노나라의 정권을 이어받으면 반드시 공자를 초청하라는 유언을 남긴다.(『사기 공자세가』) 장례가 끝난 뒤 계강자가 공자를 초청하려고 했지만 노나라의 대부(大夫)인 공지어(公之魚)의 만류로 공자 대신 공자의 제자인 염구를 부른다. 하지만 영화에서는 계강자가 직접 계환자에게 공자 대신 염구를 초청하자고 한다.

염구가 낭읍(郎邑)에서 제나라 군대를 대파하고, 계환자가 그에게 문수가의 세 성을 하사하겠다고 하자 염구는 그보다는 타국을 유랑하고 계신 스승 공자님을 귀국하게 해달라고 청한다. 이 장면 역시 역사적 시간으로 보면, 당시에는 계환자가 이미 죽은 후이며, 위의 대화는 염구와 계강자가 나눈 대화이다. 이때 공자는 유랑생활을 끝내고 귀국하게 되므로 이후에 전개되는 사건은 시간적 순서가 모두 맞지 않다.

다음 장면에서 진(陳)나라와 채(蔡)나라의 국경에 구미조(鳩尾鳥)가 날고 난리 통에 사람들도 마을을 떠나고 먹을 것도 없다. 공자와 제자들은 골짜기에서 채나라 사람들에게 포위되고, 자공이 그 골짜기를 벗어날 수 있는 방법을 찾겠다고 공자에게 전한다. 하지만 길을 찾지 못하고 여러 날 끼니를 굶어 제자들이 지쳐가고 있는 가운데, 공자는 계속 아랑곳하지 않고 가야금을 연주한다. 안회는 공자에게 "여러 날 동안 아무것도 못 드셨는데 이것이 마지막 말고기탕"이라고 하며 드시기를 권한다. 공자는 억지로 한 모금 먼저 마신

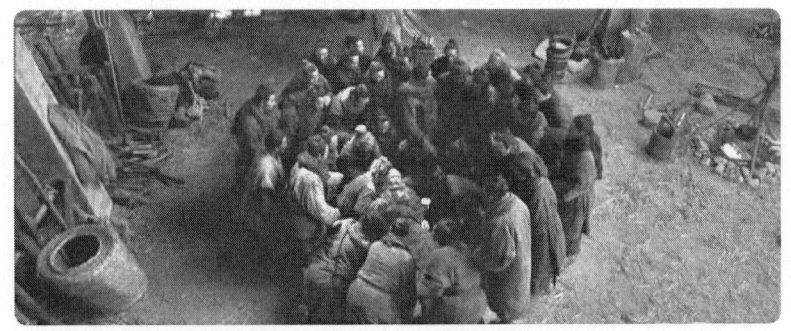

진(陳)나라와 채(蔡)나라 국경의 골짜기에서 채나라 사람들에게 포위당한 채, 여러 날 끼니도 굶고 제자들과 함께 지내다가 쓰러진 공자를 주위에서 부축하고 있다.

후, 지친 자로에게 한 모금 마시게 하고 다른 제자들에게도 나누어 준다. 탕을 마시고 난 후 제자들은 공자의 연주에 맞춰 춤을 추고 공 자는 혼신을 다해 연주하다가 쓰러진다. 공자를 부축하며 자공이 칠 일 만에 너무 늦게 돌아왔다고 고한다. 이들이 대화를 나누고 있는 데 어떤 사람이 양 한 마리를 메고 와서 "위나라 영공이 죽고 새 군 주가 섰는데 자로를 잘 알아서 자로를 위나라 포읍(蒲邑)의 대부로 임명하고자 한다"는 사실을 알려준다.

이 사건을 『사기 공자세가』에서 살펴보면 다음과 같다.

공자가 채나라로 옮긴 지 삼 년이 되던 해에 오(吳)나라는 진(陳) 나라를 공격하였다. 초(楚)나라는 진나라를 구하기 위해서 진보(陳 父)에 군대를 주둔시켰다. 초나라에서는 공자가 진나라와 채나라의 중간 지역에 있다는 말을 듣고 사람을 보내 공자를 초빙하였다. 공 자가 가서 예를 갖추려고 하자, 진나라와 채나라의 대부들은 공자 가 초나라에 등용되면 진나라와 채나라의 대부들이 모두 위험해질 것이라 여겨, 각각 노역자들을 보내 들판에서 공자를 포위하였다.

그래서 공자는 초나라로 가지 못하고 식량마저 떨어졌다. 따르는 제자들은 굶고 병들어 잘 일어서지도 못하였다.

이는 여러 전적에서 인용되던 사건인데, 식량도 떨어지고 일단의 무리들에게 포위된 공자와 그 제자들이 난국에 처해 있을 때의 모습을 통해 공자의 단면을 여실히 보여주는 대목이다. 이 상황에서 공자는 여전히 강학도 하고 책도 낭송하고 거문고도 타면서 지냈다. 영화에서는 자로가 단지 지쳐 누워 있을 뿐이지만 실제로는 자로가 성난 얼굴로 "군자도 궁할 때가 있습니까?" 하고 묻자 공자는 "군자는 궁함을 굳게 지켜가지만, 소인은 궁하면 넘친다"(『논어 위령공편』)라며 소인과 군자의 경계가 평시에는 잘 드러나지 않으나, 곤궁함을 만나면 잘 드러남을 일러주어 자로를 깨우친다. 『장자莊子』에서는 이 사건을 더욱 상세히 다루어 공자를 도를 터득한 신선과 같은 인물로 언급하고 있다. 반면 『묵자墨子』에서는 공자가 곤궁함에 처하니 여러 날 만에 자로가 가져온 고기를 그 출처도 묻지 않고 먹기에 바빴다고 하며 공자를 비난하고 있다.

공자 일행이 얼어붙은 강물 위를 지나가는데 안회가 수레에 죽간을 가득 싣고 가다가 얼음이 깨지면서 빠진다. 그는 죽간을 건지려다가 물속에서 죽는다. 물론 이 역시 영화적 허구이다. 또 위나라에서 내란이 일어나 양호(陽虎)가 진(晉)나라에서 돌아와 왕위를 찬탈할 때 자로는 어린 임금을 지키려다 적병의 공격을 받고 피살되었다고 한다. 이어 계환자는 국경 근처에서 가마에 탄 채 공자를 기다리다가 죽음을 맞이하면서 아들에게 자기 대신 가서 공자를 맞이하라고 한다. 물론 이것은 앞서 언급하였듯이 영화의 허구일 뿐, 이때는 이미 계환자가 죽었을 때이다.

기원전 484년, 공자는 십 수 년의 유랑을 끝내고 마침내 고향인 노나라로 돌아온다. 공자일행은 마침내 노나라 도성에 도착하고 공자는 도성문 밖에서 큰 절을 한다. 이 역시 노구를 이끌고도 끝까지 예를 굳건히 지키는 공자의 모습을 강조하기 위해 가미된 장면이다. 백발이 된 공자는 당(堂) 위에서 죽간에 둘러싸인 채 『춘추』를 가리키며 후인들이 "나를 이해하게 되는 것도 이 『춘추』요, 나를 오해하는 것도 이 『춘추』로 인해서 일 것"이라고 독백한다. 기원전 479년 공자는 향년 73세로 세상을 떠난다.

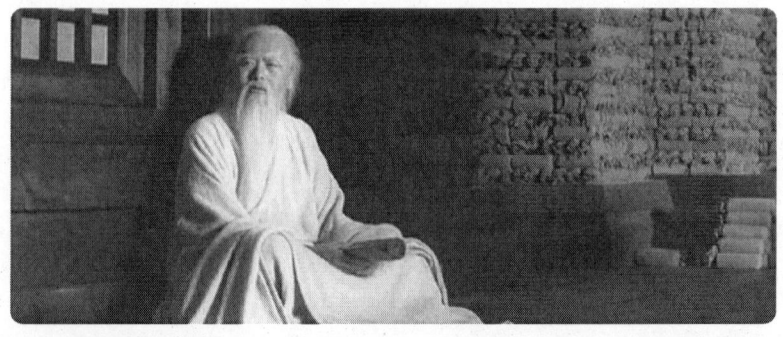

오랜 기간 유랑을 끝내고 고향 노나라로 돌아온 공자는 만년에 서책 편찬 작업을 하며 자신의 일대기를 정리하였다. 자신이 편찬한 죽간을 둘러보며 임종을 맞이하고 있다.

대개 역사적 사실이나 인물을 다룬 영화나 드라마의 경우 장르적 특성상 대중의 몰입과 흥미를 고려하여 정치나 전쟁, 그리고 사랑을 중심으로 이야기를 전개하는 경우가 많다. 그리고 실제로 남아 있는 기록이 극히 적을 경우에는 창작자가 상상력을 발휘할 여지가 훨씬 커진다.

영화 〈공자〉의 경우 정밀한 역사적 고증은 다소 부족하고, 주변 인물들과의 교류도 아쉬운 감이 있지만, 기존의 역사 드라마나 영화에서 보기 드물게 경전을 다량 인용함으로써 공자의 사상을 알리기 위해 노력했다는 것을 알 수 있다. 인용한 경전의 경우, 어떤 부분은 역사적 사실과 일치하지만 영화의 흐름에 따라 인물과 장소를 바꾼 부분도 많다. 비록 경전이 본래의 용처와는 달리 감독의 의도에 따라 영화 속에서 재배치되기는 하였으나, 많은 양의 경전 내용을 영화 속 대사로 인용한 것은 다른 사극이나 영화들과 비교해본다면 상당히 가치 있는 일이라고 할 수 있다. 특히 영화에서 공자와 그의 제자들이 대륙의 광활한 대지를 주유하는 장면은 공자와 그의 사상이 고전책 속에서 나와 관객들에게 매우 생동감 있게 전달해주는 듯하다.

다만 공자의 모습을 무소의 뿔처럼 홀로 모든 현실을 헤쳐가는 것처럼 그리다 보니, 그 진면목이 부각되지 않은 점은 여전히 아쉽다. 특히 위대한 성현은 뛰어난 제자들로 인해 그 진가가 드러나는 법인데, 이를 놓쳐버린 점은 무척 아쉽다. 또한 '의관(衣冠)'에 대한 고증 부족도 아쉬운 점이다. 유가는 예를 숭상하기 때문에 특히 조정에 들어갈 때에는 관복(官服)이나 조복(朝服)을 착용하고 들어가는 것이 기본 예인데 '누더기' 차림이라든지, 제자들의 '맨머리' 차림이 그 대표적인 예이다.

추천 영화 🎞️

• 묵공墨攻(장즈량張之亮, 2007)

중국의 춘추전국시대 모든 사람을 함께 두루 사랑하는 "겸애"와 전쟁을 철저하게 반대하는 "비전론"을 주장하는 묵자 집단의 이야기다. 배경은 춘추전국시대의 열강인 조나라가 연나라를 침공하는 과정에서 두 나라 사이에 위치한 약소국인 양나라를 공격하는 데서부터 시작한다. 성 안의 병력 겨우 4천 명으로 10만 대군의 조나라를 맞이하여 홀로 묵자 집단의 지원군으로 나선 검은 누더기를 걸친 혁리란 이름의 한 사내가 펼치는 전쟁 관련 이야기이다. 묵자 학파는 침략에 맞서 성을 방어하는 전술을 익혀 왔는데, 영화에서는 묵자의 박애주의와 평화주의가 시종일관 강조되면서 이야기가 전개된다. 정의로운 사회구현을 위해 전쟁을 불사하는 영화 〈공자〉와 어떤 이유에서든지 전쟁을 반대하는 묵자를 다룬 영화 〈묵공〉을 서로 대조하면서 감상해보면 좋을 듯하다.

참고 자료

권덕주(1984), 「中共의 孔子 批判에 對한 硏究」, 『중국문화2』
김길락(1984), 「中共의 孔子思想批判에 對한 批判的 考察」, 『인문학연구』
김승욱(2004), 「공자 비판의 정치학 -비림비공의 경우-」, 『중국학보』 제51집
김창규(2008), 「'曲阜國際孔子文化節' 개최와 그 의미」, 『역사학연구』
박경석(2004), 「南京國民政府의 '孔子誕辰紀念'과 民族主義」, 『중국사연구』
손흥철(2007), 「현대인을 위한 유학의 재발견」, 『율곡사상연구』 제14집
왕건문(2010), 『孔子, 최후의 20년』, 글항아리, 경기

유희성(2006), 「중화주의는 과연 패권적인가?」, 『사회와 철학』 제11호

이정남(2003), 「中華思想과 근대 동북아국제관계의 재편」, 『국제지역연구』 제7권 제1호

이철승(2005), 「현대 중국사상계에 나타난 '중국학열'과 신중화사상」, 『중국학보』 제54집

이춘식(2002), 『中華思想의 理解』, 신서원, 서울

王肅 撰/임동석 역주(2009), 『공자가어 1, 2, 3』, 동서문화사, 서울

錢穆(2007), 『孔子傳』, 三聯書店, 上海

■ 곽수경

동아대학교 중어중문학과를 졸업하고 성균관대학교에서 석사학위를, 베이징사범대학교에서 〈루쉰의 소설과 영화〉로 박사학위를 받았다. 베이징전영학원과 중국영화연구소 석사과정에서 영화를 공부했다. 현재 동아대학교 국제학부에서 강의를 하고 있다.

연구논문으로 「〈신녀〉와 〈신여성〉의 남성텍스트적 혐의 읽기(論〈神女〉與〈新女性〉的男性文本的嫌疑)」, 「신시기 상하이영화와 여성형상-동화와 할리우드의 영향을 중심으로」, 「〈적벽대전〉의 할리우드 콤플렉스」, 「중국에서의 〈대장금〉현상의 배경과 시사점」, 「중국의 한국드라마와 한류스타 현상」 등 다수가 있다. 지은 책으로는 『중국영화의 이해』(공저), 『상하이영화와 상하이인의 정체성』(공저), 『20세기 상하이영화: 역사와 해제』(공저), 『현대중국의 이해』(공저) 등이 있고, 번역한 책으로는 『이중톈 미학 강의』, 『21세기 중국의 문화지도』(공역)가 있다.

313

■ 김명석

고려대학교 중어중문학과를 졸업하고 동대학원에서 석사학위를, 난징대학교에서 박사학위를 받았다. 고려대학교 대학원 중어중문학과 박사후 연구과정을 수료했다. 현재 위덕대학교 중국어학과에 재직하고 있다.

연구논문으로 「홍콩 대중문학에 나타난 홍콩인의 정체성 연구①—무협소설을 통한 金庸의 정체성 찾기」, 「탈식민의 굴절된 렌즈에 갇힌 이야기—王家衛의 〈2046〉」 등 다수가 있다.

■ 김언하

부산대학교 중어중문학과를 졸업하고 계명대학교에서 석사학위를 받았다. 영남대학교와 베이징대학교에서 각각 박사학위를 받았다. 현재 동서대학교 중국어학과에 재직하고 있으며 동서대학교 공자아카데미 원장을 역임 중이다.

연구논문으로「영화〈인생(活着)〉: 중국현대사에 대한 준엄하고 따뜻한 통찰」,「중국 신시기 문예연구의 성격전환」,「단재와 루쉰의 자아 이상 비교」,「「아Q정전」: 일종의 광인으로서의 세인 형상」,「루쉰의 문학세계와 광기 주제」 등 다수가 있다. 저서로『중국현대문학과의 만남』(공저),『중국 명시 감상』(공저),『韓國魯迅研究論文集』(공저)이 있고, 역서로『수사고신록』(공역),『문학이론 학습자료』(공역)가 있다.

■ 김태만

부산대학교 중어중문학과를 졸업하고 베이징대학교 중문과에서 박사학위를 받았다. 현재 한국해양대학교 동아시아학과에 재직 중이다.

연구 논문으로「다산즈(大山子)예술촌을 통해서 본 중국의 창조도시 전략과 도시문화 아이콘」,「재중 코리안 디아스포라의 트라우마」,「재일 코리안 디아스포라의 트라우마: 영화〈우리에겐 원래 국가가 없었다〉,〈박치기〉,〈우리 학교〉를 중심으로」 등이 있고, 저서로『내 안의 타자: 부산 차이니스 디아스포라』,『영화로 읽는 중국』(공저), 역서로『바다가 어떻게 문화가 되는가』(공역),『파미르의 밤』(편역) 등 다수가 있다.

■ 김효영

동아대학교 중어중문학과를 졸업하고 성균관대학교에서 석사학위를, 베이징대학교에서 박사학위를 받았다. 현재 동아대학교 국제학부에서 강의를 하고 있다.

연구논문으로「중국좌익문예계의 대중문학론-건국 초기 '통속소설개조'를 중심으로」,「通俗小說在50年代的"替代性類型"-以"革命英雄傳奇"化驚險小說爲中心」이 있고, 저서로『새롭게 읽는 현대중국』(공저)이 있다.

■ 박재형

영남대학교 중어중문학과를 졸업하고 푸단대학교에서 석사학위를, 동대학원에서 『중국 6세대 감독의 영화창작』으로 박사학위를 받았다. 현재 영남대학교 중국언어문화학부, 경남대학교, 창원대학교에서 강의를 하고 있다.

연구논문으로 「중국영화 속 농민공의 모습을 통해 본 중국사회의 현실 고찰-영화〈盲井〉과〈泥鰍也是魚〉를 중심으로」가 있다.

■ 박춘식

영남대학교 중어중문학과를 졸업하고 푸단대학교에서 『論王朔小說的電影改編』으로 박사학위를 받았다. 현재는 영남대학교 중국언어문화학부에서 강의를 하고 있다.

연구논문으로 「소설의 영화화와 서사의 변형-소설 『動物凶猛』과 영화 〈陽光燦爛的日子〉의 비교를 중심으로」, 「주선율 영화의 궤적 분석」 등이 있다.

■ 우강식

난징대학교에서 중국현당대문학 전공으로 박사학위를 취득했다. 현재 영남대학교 중국언어문화학부에서 강의를 하고 있다.

연구논문으로 「金庸 무협소설의 惡人의 형상 연구」, 「무협영화를 통해 표현된 중화민족주의의 흔적 고찰-〈精武門〉,〈黃飛鴻〉,〈英雄〉을 중심으로」, 「중국 고전 시가에 표현된 劍의 형상 고찰」, 「무협(武俠) 테마를 통한 이종문화(異種文化)의 수용과 발전 고찰-영상 예술을 중심으로」, 「〈劉生〉 표제 시가의 創作과 傳承에 관한 研究」 등이 있다.

■ 이시활

경북대학교 중어중문학과를 졸업하고 동대학원에서 석사학위와 박사

315

학위를 취득했다. 푸단대학 박사후과정을 수료했다. 현재 경북대학교와 인제대학교에서 강의를 하고 있다.

연구논문으로 「중국 현대 서정소설 연구」, 「중국 현대 소설에 나타난 고향과 자연」, 「일제강점기 한국 작가들의 중국 현대문학 바라보기와 수용양상」 등이 있다. 저서로 『영화로 읽는 중국』(공저), 역서로 『루쉰과 저우쭈어런』(공역) 등이 있다.

■ 정원호

부산대학교 중어중문학과를 졸업하고 동대학원에서 박사과정을 수료했다. 현재 동의과학대학교 관광중국어전공에 재직하고 있다.

저서로 『중국어와 한자입문』(공저)이 있다.

정치사회

진보와 대화하기 김석준·김외숙·송성준 지음 | 이광수 엮음 *2006 문화관광부 우수학술도서

아메리칸 히로시마 데이비드 J. 디오시니 지음 | 정성훈 옮김

이주민과 함께 살아가기 이주노동자와 연대하는 전일본 네트워크 지음 | 이혜진·이한숙 옮김 *2007
한국간행물윤리위원회 청소년도서

단절 칭화대 쑨리핑 교수가 진단한 90년대 이후 중국 사회 | 쑨리핑 지음 | 김창경 옮김 *2007 한국간행물
윤리위원회 11월의 책 *대한민국학술원 우수도서

글로벌 차이나 글로벌 차이나 시대와 한국의 길 | 이종민 지음

이데올로기와 미국 외교 마이클 H. 헌트 지음 | 권용립·이현휘 옮김

수전 조지의 Another world 수전 조지 지음 | 정성훈 옮김

추락하는 제국 냉전 이후의 미국 외교 | 워런 코헨 지음 | 김기근 옮김

하이재킹 아메리카 수전 조지 지음 | 김용규·이효석 옮김

반송사람들 대도시에서 지역공동체를 가꾸는 사람들 이야기 | 고창권 지음

의술은 국경을 넘어 나카무라 테츠 지음 | 아시아평화인권연대 옮김

우리 옆의 약자 이수현 지음

팔루자 리포트 치열했던 600일, 이라크 팔루자 전투 보고서 | 빙 웨스트 지음 | 이종삼 옮김

들어라 미국이여 카스트로 연설 모음집 | 강문구 옮김

한반도 환경대재앙 샨샤댐 진재운 지음 *2008 환경부 우수환경도서

만화로 보는 노무현 시대 이창우 화백의 정치평론 만평집 | 이창우 글·그림

당신이 판사 재미있는 배심재판 이야기 | 안영문 지음 *2008 간행물윤리위원회 청소년도서

절망사회에서 길 찾기 〈현장1〉 | 현장 편집부 엮음

르포, 절망의 일본열도 가마타 사토시 지음 | 김승일 옮김

도시, 변혁을 꿈꾸다 정달식 지음

촌기자의 곧은 소리 장동범 글 | 안기태 그림

강수돌 교수의 나무터 마을혁명 강수돌 지음 *2010 환경부 우수환경도서

아파트키드 득구 고층아파트 주거 문제 | 이일균 지음

현미경으로 들여다본 한국사회 정영인 지음

나는 시의회로 출근한다 김영희 의정일기 | 김영희 지음

여성학 이메일수업 여성학 강의의 실제 | 김선경 지음